编 委 会

主　编： 严功军

副主编： 刘玉梅　陈汝平

编　委（按姓氏笔画排序）：

李小青　余晓梅　张　庆　胡登全

钟谟智　姜淑芹　彭　江　彭　程

高等教育教学改革研究（第九辑）

主　编　严功军

GAODENG JIAOYU
JIAOXUE GAIGE YANJIU（DI–JIUJI）

图书在版编目（CIP）数据

高等教育教学改革研究．第九辑 / 严功军主编．—
成都 ：四川大学出版社，2022.12
ISBN 978-7-5690-5913-7

Ⅰ．①高… Ⅱ．①严… Ⅲ．①高等教育—教育改革—
研究—中国 Ⅳ．①G649.21

中国国家版本馆CIP数据核字(2023)第008497号

书　　名：高等教育教学改革研究（第九辑）
　　　　　Gaodeng Jiaoyu Jiaoxue Gaige Yanjiu (Di-jiu Ji)
主　　编：严功军

选题策划：陈　蓉
责任编辑：陈　蓉
责任校对：吴近宇
装帧设计：墨创文化
责任印制：王　炜

出版发行：四川大学出版社有限责任公司
　　　　　地址：成都市一环路南一段24号（610065）
　　　　　电话：（028）85408311（发行部）、85400276（总编室）
　　　　　电子邮箱：scupress@vip.163.com
　　　　　网址：https://press.scu.edu.cn
印前制作：四川胜翔数码印务设计有限公司
印刷装订：成都金阳印务有限责任公司

成品尺寸：148mm×210mm
印　　张：13
插　　页：2
字　　数：351千字

版　　次：2023年3月 第1版
印　　次：2023年3月 第1次印刷
定　　价：68.00元

扫码获取数字资源

四川大学出版社
微信公众号

目　录

跨学科交融式经贸类课程设计的挑战与创新*

——以国际服务与技术贸易课程为例

陈 书

（四川外国语大学 国际金融与贸易学院 重庆 400031）

摘 要：本文以国际服务与技术贸易课程建设为例，探讨了在新文科建设背景下，高校经贸类专业课程教学过程中存在的问题和挑战，并认为学科交叉与专业融合是教学改革的必然选择，也是重要的创新思路。专业课程教学可以通过开展专题讲座的方式，打通学科融合的渠道；通过打破传统的教学思路，展开头脑风暴激励学生自主学习；通过以案例教学为引，深入理论探讨与思维构建。以此为实现更高质量的专业教学，培养具有开阔视野和综合能力的创新型经贸人才奠定基础。

关键词：新文科建设 学科交叉 课程建设 挑战 创新

---

* 本文系四川外国语大学教学改革研究项目“新发展格局下《国际服务与技术贸易》课程设计融入‘新文科’理念的教学模式改革研究”（JY2296222）的阶段性研究成果；四川外国语大学国际金融与贸易学院2021年教育教学改革项目“新文科建设背景下《国际服务与技术贸易》课程教学改革与实践创新探索”的阶段性研究成果；四川外国语大学教学改革研究项目“新文科背景下‘双线教学’在国际经济与贸易专业《经济学原理》课程教学中的应用与研究”（JY2296223）的阶段性研究成果。

一、引言

目前社会经济发展已经进入了新阶段，在疫情的冲击下，世界政治经济局势变幻莫测，我国经济也进入了一个新的发展通道。在此背景之下，高校的人才培养模式必然发生明显改变。《新文科建设宣言》中提到，新时代、新使命要求文科教育必须加快创新发展。国际服务与技术贸易课程教学需要强化价值引领，积极推动习近平新时代中国特色社会主义思想进课堂、进头脑，努力提高学生的综合素养及思想品德。产学结合、理论联系实践是人才培养的基本要求。为了满足社会发展需要，高校在人才培养模式上面必然要兼具专业性和综合性。

孙春露认为作为起步相对较晚的贸易门类，有关服务贸易的理论、政策、实务和教学实践显得相对单调，这与已经非常成熟的国际货物贸易形成了鲜明对比，该领域紧跟社会政治经济发展演变的特点，向一线教师提出了更高的要求。刘黎明、李静指出当前众多高校所开设的国际服务贸易课程，在授课效果和课程建设水平上均难以满足企业岗位所需的创新型、复合应用型人才和我国区域经济发展以及转型升级的需要，存在课程设置和定位不合理，课程内容体系偏重理论化，专业师资实践培训不到位，缺乏实践及教学创新等问题。江晓珍提出从产学合作方面来看，国际服务贸易课程存在教学改革的必要性，但国际服务贸易课程在产学合作协同育人过程中，存在课程培养目标与企业需求不匹配，课程设置偏重理论，实践教学不足，教师队伍缺乏实践与行业经验，实践教学条件和实习基地有待完善，考核方式单一，未能体现实践环节等问题。

对于经贸类专业课程教学而言，除了需要传统理论的深入学习，还需要在教学过程中实时更新最新经济事件，深入研究分析新经济问题。现在社会经济活动各方联动日趋紧密，新经济问题和经济表现往往包罗万象，所以跨学科融合方式成为我们研究相关问题的一个更好的也是必然的选择。本文将以国际服务与技术贸易课程为例，分析专业课程教学中学科融合的必要性以及存在的问题与挑战，探讨创新型跨学科交融式教学的实现方法。

二、学科融合式课程设计的必要性

国际服务与技术贸易课程作为国际经济与贸易专业的核心课程，内容必须紧随国际经济贸易时事。教学设计和教学模式的改革创新，分析方法和分析内容的不断完善与更新，必须借助其他学科的知识应用，所以跨学科专业融合在国际服务与技术贸易课程中显得尤为突出和重要。

（一）教学内容前沿性的需求

国际服务与技术贸易的教学内容除了与传统货物贸易的联系与区别、基本概念和理论阐述，更涉及国际贸易方向最新前沿知识。

世贸组织界定的服务贸易十二大领域，包括商务服务，通信服务，建筑及相关工程服务，金融服务，旅游与旅行相关服务，娱乐、文化与体育服务，运输服务，健康与社会服务，教育服务，分销服务，环境服务和其他服务，都是当前世界经济的重点发展内容，更是世界经济增长的新动力。

目前我国正处于经济转型升级的关键时期，在国际服务与技术贸易方面有着较高专业人才素质要求。为顺应新发展趋势和应对新市场革新局面，高校在人才培养、课程建设、教学内容的安排上，必然要做出调整和改变，以适应人才市场的新需求和行业的新发展。

所以，为了满足教学内容的前沿性，聚焦行业热点和新贸易发展趋势，进行跨学科的融合势在必行。例如，在教学内容安排上，加入数字经济和数字贸易等内容分析研讨，将电信、计算机和信息技术等知识融入专业教学，将有利于引导学生对当前热点经贸问题有更清晰和深入的理解，有利于培养学生的综合学习能力和分析能力。

（二）教学方法综合性的需求

随着5G、云计算、人工智能、大数据等新一代信息技术加速发展并与传统产业深度融合，电信、计算机和信息服务业保持较快增长，经济社会已经在发生新一轮的科技变革。教学方式必然要求发生改变，传统的老师课堂讲授、学生被动接收信息的模式已经不能适应新的教学任务要求。

在如今信息爆炸的时代，学生接收知识、信息的渠道很多，老师除了需要向学生讲授基本专业知识点，更重要的是传授学习方法，培养学生梳理知识体系以及深入自学的能力。

为了满足更高质量的教学培养要求，教学方法的演进和更新也是当前课程建设的重点内容，合理的教学方法是让教学事半功倍的重要一环。例如，头脑风暴法、共享案例库、新型网络平台和数字终端的教学介入、线上线下互动平台的建立等，都为保障教学高质量发展提供了很好的条件。所以，为了配合教学内容的多样性、多层次和前沿性，教学方法的采用也应该是多样化的，跨学科借鉴和吸收，多种学科方式交叉利用，多种手段、媒介、渠道的采用尝试就成为丰富教学方法的一个必然选择。

（三）教学模式新颖性的需求

为了实现较好的教学效果和引入充实的教学内容，教学模式的选择和教学环节的设计尤为重要。新案例的引入，新教学方法的采用，以及新的教学评价体系的建立，都需要配合创新型的教学模式进行辅助，才能更好地满足当前不断变化的教学需求。

传统的课堂教学模式虽然在一定程度上可以帮助学生集中注意力，且在理论教学较多的经济贸易类课程中，可以保证教学效果和质量，使学生对经典理论有充分的认识，以完成系统专业知识结构的构建，但是在经济、政治、外交局势多变的新格局下，外贸的发展呈现新的特点，全球经济格局也在悄然发生改变，涉及现代国际贸易、现代国际金融等部分的国际经济学相关教学内容，尤其需要创新的跨学科交融教学模式辅助推进，以保证教学内容的时效性和教学效果的高质量性。

既然新的社会人才需求是多样化的、多元的、综合性的，那么教学目的和任务就应当与时俱进，满足新的人才教育培养目标。显然，创新性的跨学科融合教学模式能有助于教师传递更多的知识信息，帮助学生通过翻转课堂等方式，以问题为导向形成“引导式”“互动式”教育教学机制，更充分地掌握学科知识，建立更综合的、更全面的、更系统的专业知识体系。

三、学科融合式课程设计的问题和挑战

（一）学科专业的交叉融合，对任课教师的综合专业素养要求高

国际服务与贸易这门课程不仅需要大量运用微观经济学、宏观经济学、国际金融、国际贸易等基础课程的经济贸易知识予以辅助，同时由于它又是一门时效性很强的学科，受世界经济局势、科技发展状况、国际政治经济环境、国际贸易政策变化、新兴服务产业发展更迭等因素影响较大，所以，教师在教学过程中必须要做到与相关学科课程的有效衔接。一方面，需要教师拥有

足够扎实的专业理论知识；另一方面，又需要教师具备丰富的跨学科知识储备和足够开阔的全球经济视野。这对授课教师无疑是一个极大挑战。

在课堂教学过程中，老师不仅需要充分发挥自己的综合专业能力，改良教学模式设计，提高理论知识讲授的实际效果；更需要在教材之外，不断补充新的学习资料及时事热点经济问题材料。如何帮助学生建立系统性的经济学、贸易学理论体系，如何培养学生运用所学的各学科知识技能，对现实经济贸易问题进行分析，如何提高学生的专业素养和综合能力，都将成为授课教师必须面对的问题。

（二）教材体系偏理论，打造理论联系实际的综合课程教学模式难度大

国际服务与技术贸易课程内容多样且复杂，教学内容紧跟经济贸易问题发展前沿。当前的教材内容相对陈旧、比较保守，无法适应新发展格局下的教学需求，且教材内容更多的是理论分析，缺乏与时事的紧密结合，需要老师不断去更新案例库和教学内容。在实际的课程打造过程中，理论与实际的有效结合就成为老师最为头疼的问题。理论分析框架很完美，但是在遇到现实多变的经济问题时，却好像并不那么适用，这也会引发学生学习热情不高的问题。

要将一门偏重理论的经济贸易类课程讲授得生动有趣，提升学生们的上课热情，以及改善相对的教学评价效果，就是当前必须解决的重点问题。任何理论分析都应该是能帮助解决实践问题痛点的，这才是我们学习以及深入研究分析的初衷。理论学习不能成为“天空之城”，更应该接地气。理论教学是指引我们深入剖析现实问题的一个重要工具，如何运用好这个工具，如何更好地发挥主客观能动因素，如何打造一个理论充分联系实际，实现

预期教学目标任务的优秀课程，就成为当下我们必须深入思考的重点和难点问题。

（三）教学内容更新速度快，课堂上知识讲授体系化不足

国际服务与技术贸易课程作为经典的国际贸易课程的重要分支，不仅要讲授传统贸易理论在新的世界经济贸易问题下的适用性问题，更要紧跟时代潮流，引入数字贸易、技术贸易、知识产权竞争等新兴话题内容。当下国际政治经济局势每天都在发生剧烈变化，新一轮的科技革命正在悄然进行，新的世界经济格局正在形成，课程内容必须与时俱进，才能满足人才培养的需要，这对课程内容的丰富性、时效性和专业性的要求就很高。

在课程内容设置上，引入一个现实产生的经济贸易问题，并不能像新闻稿一样，简单知晓和陈述就可以。课程教学需要一个从现象到本质的发现、分析和总结的过程，以培养学生综合专业分析问题的能力为己任。所以教材内容的更新以及教学设计这一块，必须要做充分而翔实的准备，要引导学生有效采用经济学的分析体系和方法，来客观正确看待和研究现实中的新问题、新表现、新市场领域，以帮助学生建立起中国特色社会主义经济思维体系框架。

四、融合之法的尝试与创新

（一）开展专题讲座，打通学科融合的渠道

以教师单打独斗的方式来进行课程建设，确实非常难，也非常考验教师综合素质，且短期内要做到课程设计、教学内容和学科融合的跨越式发展也不太现实。所以，构建专业课程师资团

队，开展课程板块化、专题化建设，或许是解决目前师资力量薄弱，学科交叉效果不理想的一条理想途径。

根据课程内容的难易程度，以及与热点经济贸易问题的联系程度，可以分别开展以时事热点讨论为中心的专业讲座，和以理论专题教学为基础的学术研讨。由浅入深，环环相扣，根据学生的学习情况和教学进度，在教学设计上有序和合理安排相关系列专题讲座，以教师团队的形式进行讲授和推进相关工作，不同专业领域的老师负责自己的专题板块，并定期进行专业教学研讨。这样既能保证学生有较高的学习热情，降低对单个教师而言的交叉学科授课难度，又能很好地保证教学质量和教学效果。

（二）打破传统的教学思路，展开头脑风暴

传统课堂教学以讲授为主，在调动学生学习积极性、提高学生课堂参与积极性方面，实际效果并不理想。当下学生能接触和了解的信息量很大，各种新闻媒体渠道都会推送很多时事热点，各种网络教学资源也很丰富，如何能帮助学生在兴趣爱好和专业学习中寻找平衡，真正培养学生扎实的专业素养，是高校老师最应该关注的问题。

陈旧的教材信息和陈旧的教学方法，必然不能激发学生的学习热忱，或者并没有起到较好的学习效果。所以我们应当摆脱陈旧的单向教育灌输模式，通过“教”与“学”双向交叉引导的互相交融机制来保证更好的教学质量。例如，可以引入 Seminar 教学法，鼓励学生提问和展开自主话题讨论，通过研讨式的教学模式开展头脑风暴，以培养学生独立思考、分析、解决问题的能力，以及培养学生的发散思维、创新思维和团队协作能力。

（三）以案例教学为引，深入理论探讨与思维构建

理论教学难免枯燥，但是对于经济学学生的专业知识体系构

建却非常重要。理论联系实际，学习内容与现实问题挂钩，有利于培养学生系统化的经济学思维体系。所以，案例教学在其中就起到了非常重要的作用，而恰当的案例选择就成为关键一环。

一方面，案例可以对知识点进行导入，降低前期学习认知的难度，提高学生对现象问题的敏锐性和探知欲望；另一方面，经典的成功案例选择，有助于对理论知识的理解，增加学生的代入感，更能激发学生对问题进一步探讨的兴趣以及挖掘出深层次问题根源的动力。从而帮助学生由浅入深、由具象到抽象的理解和学习深奥的经济理论知识。

通过建立案例库，不断丰富和更新相关案例，鼓励学生对案例进行分析研讨，尝试在不同的学习阶段对相同案例进行不同角度的解读，也将进一步帮助学生建立起更丰富、更专业的分析视野，培养出更具自主分析能力、专业自信和创新综合能力的经贸人才。

五、结束语

新文科建设对高校经贸类专业课程教学和人才培养提出了新要求，学科交叉与融合是适应当前教学内容、教学方法和教学模式等多方面教学改革发展需求的必然选择。特别是在“国际服务与技术贸易”课程建设过程中，面对教师授课专业性强、难度大，教材内容偏理论、理论联系实际效果不佳，教学内容更新速度快、课堂教授缺乏体系化等教学困难和客观问题，需要通过学科融合和专业交叉的创新尝试来寻求解决之法。可以通过开展专题讲座的方式，打通学科融合的渠道；打破传统的教学思路，展开头脑风暴激励学生自主学习；以案例教学为引，深入理论探讨与思维构建，以期实现更高质量的专业教学，满足新时代发展背景下的高校经贸专业人才培养需求。

参考文献

江晓珍. 基于产学合作的国际服务贸易教学改革研究［J］. 湖北第二师范学院学报，2021（9）：73－77.

刘黎明，李静. “岗—课—赛”融合的国际服务贸易课程创新及实施研究［J］. 教育教学论坛，2021（26）：68－71.

权培培，段禹，崔延强. 文科之“新”与文科之“道”——关于新文科建设的思考［J］. 重庆大学学报（社会科学版），2021（1）：280－290.

孙春露.《国际服务贸易》课程教学思考和改革探析［J］. 现代商贸工业，2019（28）：151－152.

作者简介

陈书，女，1984 年生，博士，副教授。主要研究方向：国际贸易。

新文科背景下在线教学中探究式教学模式研究*

董竞飞

（四川外国语大学国际金融与贸易学院 重庆 400031）

摘　要：新文科建设对传统的学科发展提出了新的要求，专业交叉融合、课程教学改革势在必行。信息技术与教育教学深度融合是大势所趋，在线教学为推进课程教学和信息技术的深度融合提供了重要的机遇和挑战。本研究针对目前高校专业课程教学中探究式教学的现状和存在的主要问题进行了深入分析与讨论，梳理与界定新文科建设背景下在线教学中探究式教学模式的内涵、特征和演变过程，进而提出满足新文科建设要求的高等教育在线课程探究式教学模式，以期促进课程教学的高质量创新发展，为高校在线教学改革提供有价值的参考。

关键词：在线教学　探究式学习　教学模式

2020 年 11 月《新文科建设宣言》发布，标志着我国正式将新文科建设提上了日程。新文科建设要通过对传统学科、课程体系、教学模式进行转型、改造和升级，实现理论创新、机制创新、模式创新。课程教学改革是新文科建设最基本、最核心的要

* 本文系四川外国语大学教学改革研究项目“在线教学中探究式教学模式构建及其效果评价研究”（JY2146231）的阶段性研究成果。

素之一。移动互联网、云计算、区块链等网络技术的飞速发展，给社会发展各方面带来了巨大的冲击，并突出表现在对传统教学模式、教学手段、教学方法的冲击与影响。在线教学是课堂教学的迁移和发展，在线教学在增加教学容量、扩大学生知识面、提升教学的水平和层次方面具有重要作用。探索在线课程中探究式教学模式，提升学生对在线课程学习的兴趣和信心，促进专业学生培养目标的实现，具有重要意义。

一、在线教学现状分析

（一）授课平台多元化

自 2020 年以来，教育部先后组织了 22 个在线课程教学平台，涵盖本科 12 个大学科门类、专科高职 18 个专业大类的 2.4 万余门在线课程及 2000 余门虚拟仿真实验课程资源，面向全国高校免费开放，其中爱课程（中国大学 MOOC）、学堂在线、智慧树网、超星平台、雨课堂、中国高校外语慕课平台、重庆高校在线开放课程平台、实验空间、学银在线、好大学在线等平台资源丰富、功能强大、界面友好，为线上教学提供了多元化的平台选择。

（二）授课模式丰富化

相较于传统面对面授课模式，线上教学可采用“直播＋在线互动”“直播”“录播＋在线互动”“录播”“学生自主学习＋在线互动”“学生自主学习”等丰富的授课模式，增加了教学过程的趣味性、丰富性，直播的教学模式尤其受到学生喜爱，是师生互动最直接的模式。

（三）教学互动得到全面激活

在线教学过程中，教师不仅可以依靠各类在线教学平台开发的教学互动工具，如课堂点名、提问、布置作业、小组线上讨论等，而且可以运用其他形式多样的网络互动方式，如直播课堂、微信群、QQ 群等，开展在线讨论和答疑解惑。形式丰富的教与学互动形式，最大限度激发了学生课堂的参与度，特别是对线下授课中互动较少的同学有更大的激励作用，甚至有时还可“一对一”教学，使得师生关系更加紧密。在新颖的在线教学模式下，学生的学习积极性也被调动起来。

（四）教学质量与效果差异大

线上教学模式虽然新颖，但在教学质量监管方面仍处于探索阶段，并未形成完善的教学评价监管体系。教师在讲授方面，只能根据学生的反馈来判断线上课堂组织情况、教师的操作情况乃至教学活动的综合质量。由于教师的敬业度、投入度不同，教学效果不尽相同。学生在学习效果方面，受主观因素影响较大，学习自主性强、要求高的学生对于课程任务安排能够及时有效完成，学习效果好；学习自觉性较差的学生，存在应付任务的情况，对知识的掌握并不理想。

二、新文科背景下在线教学存在问题分析

“新文科”概念最早由美国希拉姆学院于 2017 年提出，其核心内涵是对传统文科进行学科重组、文理交叉，将新技术、新方法、新思维融入哲学、文学、语言等课程之中，为学生提供综合性的跨学科学习。在社会转型背景下，目前高校教育重点是要对学生的社会适应性、择业就业及终身发展负责。课堂教学与课程

建设是人才培养的重要环节，是保障人才培养目标实现的基本途径。随着新技术在教育教学中的应用，传统面对面教学模式受到各方面的挑战，在线教学在后疫情时代得到长足的发展，但也存在不少问题。

（一）在线教学平台方面

目前在线教学平台由不同企业开发设计，具有不同的特质，在交互功能、操作人性化、空间大小方面参差不齐。首先，单个在线教学平台设计功能单一，无法满足不同学科、不同专业课程教学差异化需求，一门课程的教学往往需要教师在多平台之间切换，无形中增加了教师授课、学生学习的负担。其次，在线教学平台在教学信息储存方面，往往难以体现教学全过程，对于课前预习、课后复习造成了一定的影响，同时也加大了教学监管成本。最后，新文科建设更加注重学科交叉、知识融合，对于新知识、新技术、跨学科教学资源的运用与设计相对薄弱，平台迭代更新不力就难以保障新文科建设背景下教学目标的实现要求。

（二）教学设计方面

教师对于在线教学往往更多将精力与关注点放在了平台操作与技术攻关方面，而对在线教学模式、专业知识内容呈现设计方式、课堂互动交流重视不足，整个教学设计缺乏灵活性、趣味性，通常表现为仅上传课程相关的最基本的 PPT，教学资源单一，影响学生对专业知识的理解与掌握；此外，还存在简单使用录播资料或优质课程资源替代真正意义上的在线授课模式，整个教学过程死板僵化的情况。

（三）学习效果方面

与传统课堂面对面教学相比，学生在线学习时与教师并非面对面的可视化学习，教师难以实时观察与了解学生学习状况，造成教与学同步性弱，学习效果不好。主要原因在于，一方面，教师难以在课堂上及时发现学生存在的问题，在线学习交互层次较低、范围有限，对问题进行讨论分析时仅仅是停留在抱怨、赞同与否等表面情感交流层次，没有实现真正意义上的问题讨论，遑论深度。同时，学生由于缺乏教师的现场指导，容易出现学习懈怠、知识遗漏的问题。另一方面，表现在教师与学生借助机器设备进行连接，缺乏一定的学习氛围，学习主动性不强或自控能力弱的学生课堂投入不足。

（四）教学管理方面

对于在线教学课堂的监管受到具体技术操作层面的影响，人机交互的局限性大大影响了对实时教学全程的监督。一方面，从教师对在线教学课堂的管理来看，在线教学直播中，教师无法真实掌握学生的听课状态，难以确保学生学习行为数据的真实性和有效性。授课教师设计的各类教学组织活动，在具体实施中无法保障。另一方面，从教学督导层面来看，对于在线教学过程的监管缺乏可行的技术支持，平台功能设计很少兼顾教学过程监管的需求，教学监管主体虽然可以借助对教案、PPT、课程设计等传统教学资源的检查来对教师的教学效果进行监督指导，但这种方式无法体现在线课程教学的特征，缺乏最重要的教学过程监管。

三、新文科背景下探究式在线教学模式构建

（一）探究式在线教学特征

探究式教学是一种研究与教学相融合的师生互动型教学，探究式教学的具体做法是以学生为中心，以提高学生自主学习和探

究能力为目标，将课程中的部分内容转化为一系列问题、项目或设计，让学生进行自主学习和探究。在对问题的探究中激发学生的学习兴趣、热情和潜力，提高学生自主学习与创新能力。探究式教学包括两方面：其一是在探究式教学中，教学活动让位于学习活动，教学从学习者本人出发，把教学的对象变成自我教育的主体，受教育的人成为自我教育的人；其二是学习者成为教育与教学活动的中心，随着个体的发展其自由度越来越高，并且学习者决定其学习内容、学习方法。在教学过程中教师创设一种类似科学研究的情境或途径，引导学生从学习活动及社会活动中选择和确定研究专题，用类似科学研究的方式主动地探索问题，发现规律，体验成功和失败。

探究式教学主要有三种课堂教学方式：一是教师提供问题和方法，让学生探究；二是教师只提供问题，让学生自己选择方法，探究答案；三是学生面对现象，自主提出问题，收集证据，进行探究，给出科学解释和建议。

（二）探究式在线教学模式构建

建构主义学习理论认为，学习是获取知识的过程，知识不是通过教师传授获得，而是学习者在一定的情境即社会文化背景下，借助其他人（包括教师和学习伙伴）的帮助，利用必要的学习资料，通过意义建构的方式获得。这种学习理论强调以学生为中心，不仅要求学生从外部刺激的接收者和知识的灌输对象转变为信息加工的主体和知识意义的主动建构者，而且要求教师由知识的传授者、灌输者转变为学生主动建构意义的帮助者、促进者。在线教学是一种互动式的教学模式，与建构主义学习理论倡导的教与学理念完全吻合。

新文科建设背景下结合当代大学生的心理特点、学习行为特征、课程教学目标，综合运用教学资源、教学平台、教学工具和支持服务，构建以学生为中心，以掌握专业知识为基本要求，以具备解决现实问题能力为目标，基于建构主义教学理念，构建探究式在线教学模式（如图 1），旨在通过提供高质量的在线教学资源和学习平台的个性化支持，满足学生学习需求和促进学生个人成长。

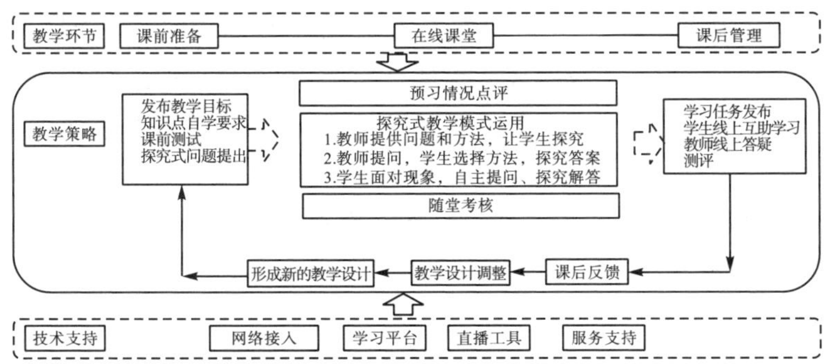

图 1　探究式在线教学模式

（三）模式解析

探究式在线教学模式基于建构主义教学理念，以探究问题为导向，注重教与学的互动，将课前、课中、课后三阶段学习过程有机融合，依靠网络环境的支持完成教学过程和达到教学目的，尤其适用于教师的在线教学和学生的线上学习。

1. 探究驱动、教学互动贯穿全过程

课前，教师发布学习资源和探究任务，学生完成任务并在学习平台互动，并将预习中产生的疑问带入在线课堂，教师可以通过课前互动改进教学设计。课中，教师利用三种探究教学模式，通过“问题引导+实例分析”设计教学内容，结合“任务驱动+多元测试”帮助学生形成自律、自信的学习素质。在教学的过程中，“教师为主导、学生为主体”的教学理念贯穿始终，培养学

生发现问题、提出问题、分析问题、解决问题的能力，并最终形成自己的知识与能力体系。教师通过直播方式引导学生在线上进行问题探究。课后，学生通过完成作业提交、多元测试等分享学习所得，反馈学习效果。

2. 在线直播教学+自主学习

教师通过钉钉、腾讯课堂、雨课堂、超星平台等直播在线教学平台，讲授重难点问题，并通过连麦、讨论区或课程群等方式与学生在线实时互动，及时掌握学生动态。课前教师可以通过在线教学平台发布预习任务，明确学习内容、学习目标、课堂形式和学习任务，分享课前学习视频；学生还可以根据教师提供的多媒体课件、教案等学习工具进行学习准备，实现自主学习习惯的培养。

3. 在线学习环境

在线学习环境涵盖了整个学习准备和学习过程，网络接入条件、学习平台和直播工具等在线支持服务为在线教学方式提供了技术支撑。学生是学习的主体。教师要根据总体教学目标，结合学生学习条件和需要，制定合适的学习目标。学生需要掌握多种学习工具，具备自主制定学习目标、自我管理、自我监控、自我评价等能力。

新文科建设背景下在线探究式教学模式构建需要教师根据专业课程特点对教学计划、教学内容及教学手段进行调整，采用直播形式，对课程进行总体规划、充分利用好各类线上资源，创新教学互动方式，激发学生学习欲望，提高学生课堂学习效率，深入探究专业知识，解答专业问题，创造性解决师生互动问题，提高学生课堂专注力，提高教学质量。

参考文献

陈周旺，段怀清，严峰，等. 新文科：学术体系，学科体系，话语体系——复旦大学教授谈新文科［J］. 复旦教育论坛，2021，19（3）：5－23.

邓海艳，吴晓莲，何汶霞，等. 基于微课的探究式教学模式对“外科护理学”教学效果的影响［J］. 科教导刊，2021（9）：110－112.

谷志群，纪越峰，顾仁涛. “人工智能+X”教学模式下智能信息网络课程建设［J］. 高等工程教育研究，2021（4）：93－97.

姜萌. 新文科视野下史学本科人才培养的挑战与应对［J］. 中国大学教学，2021（5）：28－32.

李琼，杨格丹，李敏辉. “以学生为中心”的融合交互教学模式研究——以清华大学深圳国际研究生院为例［J］. 现代教育技术，2021，31（10）：110－117.

梁竹梅. 在线教学对教师教学理念的影响研究——基于对J大学一线教师的调研和访谈［J］. 中国大学教学，2021（8）：86－91.

刘健西，林炜. 大学探究式课堂教学的实践与探索：内涵、形式与评价［J］. 中国大学教学，2018（4）：30－33.

刘志东. 新文科背景下投资学课程内容体系与课程建设探讨［J］. 中国大学教学，2021（5）：54－59.

申宁，张洪雷，张宗明. 新时代研究生思想政治理论课探究式教学的探索与实践［J］. 江苏高教，2021（12）：100－103.

王较过，何传杰，张梦琴. 探究式教学的有效性及其评价［J］. 教育理论与实践，2010（8）：47－48+54.

王丽华，刘炜. 助力与借力：数字人文与新文科建设［J］. 南京社会科学，2021（7）：130－138.

温雪梅. 基于建构主义教学观的探究式课堂教学设计［J］. 大学

教育科学，2013（5）：34－37.

邬大光. 教育技术演进的回顾与思考——基于新冠肺炎疫情背景下高校在线教学的视角［J］. 中国高教研究，2020（4）：1－6＋11.

叶荔辉. 基于STEM教育理念的PBL教学模式设计与实践研究［J］. 电化教育研究，2022（2）：95－101.

郑勤华，秦婷，沈强，等. 疫情期间在线教学实施现状、问题与对策建议［J］. 中国电化教育，2020（5）：34－43.

作者简介

董竞飞，男，1977年生，硕士，副教授。主要研究方向：企业经营与决策、组织行为。

新文科背景下高校双创教育与专业人才培养融合发展研究*

高福霞

（四川外国语大学国际金融与贸易学院 重庆 400031）

摘　要：新文科背景下高校双创教育融合专业人才培养，对提升新文科专业人才理论素养和创新创业能力、推动高校人才培养模式转型、促进地方经济社会高质量发展具有重要价值。本文在分析双创教育与新文科专业人才培养融合现状的基础上，提出了推动双创教育与新文科专业人才培养深度融合发展的路径，使二者从根本上发挥人才培养系统化优势，契合新时代人才教育发展需求。

关键词：新文科　双创教育　专业人才培养　融合发展

为贯彻习近平总书记关于教育的重要讲话精神，顺应新时代教育的发展趋势，2020 年 11 月教育部发布《新文科建设宣言》，新文科教育正式启动。为推动新文科教育创新发展、构建哲学社会科学新格局、培养新时代文科人才，新文科建设通过学科重

* 本文系重庆市高等教育学会 2019 年高等教育科学研究课题“《管理学》在线开放课程的设计与开发实践研究”（CQGJ19B51），校级教改课题（JY2146240）和重庆市高等教育教学改革研究项目“基于应用型人才培养模式的课程思政教学改革研究——以《管理学》课程为例”（213215），校级思政专项“大思政视域下高校基层党建引领课程思政建设路径研究”（sisu202157）的阶段性研究成果。

组、文理交叉、新技术融合，构建具有世界水平的中国特色文科人才培养体系，为解决新时代人才培养问题提供新思路。创新创业课程作为培养创新型、应用型、复合型人才的交叉学科，与新文科建设理念不谋而合，大学生通过创新创业教育能够更加积极地融合到社会发展大环境当中，为推动我国经济发展提供强有力的支持。因此，双创教育融合专业人才培养发展，对提升新文科专业教育与人才理论素养和创新创业能力、推动高校人才培养模式转型、促进地方经济社会高质量发展具有重要价值，是新时代中国高等教育转型提质的必然趋势。

一、新文科背景下双创教育与专业人才培养融合发展的价值分析

（一）有助于推动新文科专业人才培养模式转型

传统文科专业人才培养很大程度上与行业发展、产业需要脱节，对校地合作、校企合作重视不够。新文科要求学科交叉、理论与实践结合，也必然要求新文科专业教育、人才培养与行业、产业发展融合，要求校企合作。通过在专业人才培养中融合双创教育，以课程教学为载体渗透双创内容，开展形式多样的双创实践活动，通过双创教育与专业教育的融合，实现学科交叉、知识共享、专业融合，打破传统的学科专业壁垒和院系界限，开展校际合作和校企合作，对实现文科人才培养模式转型具有重要价值。

（二）有助于培养新文科专业人才的创新创业能力

双创教育强调对大学生创新创业意识和能力的培养，不仅可以解决人才供给与需求之间的矛盾，还可以促进我国创新驱动发

展、促进经济提质增效。创新创业能力的培养，不是通过新文科专业某一门课程或在某一段时间内就能完成的，而是需要整个专业课程体系和教学方式的创新设计，并贯穿专业人才培养的整个过程。新文科教育不仅要求注重学科间的交叉融合，还要求理论与实践的结合，注重学生专业实践能力、实践创新能力和创业能力的培养。因此，将双创教育融入新文科专业人才培养，对拓展文科人才学科视野、丰富文科人才专业知识、培养学生实践创新能力、培育学生的自主创业意愿和能力具有重要价值。

（三）有助于促进地方经济社会高质量发展

从经济发展方面看，实现双创教育与专业人才培养耦合联动，与区域经济结合，在专业教育上实现双创的局面，使专业教育更直接高效地服务社会实践，发展新动力，服务地方经济，也是对新文科人才培养的新要求。因此，将双创教育融入新文科专业人才培养，提高地方高校学生的双创教育实践能力，培养更多符合地方经济社会发展需要、具有创新创业能力的文科人才，将有益于更好实现双创教育与专业教育一体化融合根本目标，对更好地实现高等教育的社会服务功能、促进地方经济社会高质量发展具有重要价值。

二、新文科背景下双创教育与专业人才培养融合发展的现状分析

（一）高校专业教育与双创教育体系构建有待完善

专业教育与双创教育共同点在于，两种教育模式均注重对大学生实践能力的培养，是以理论教学为基础导向，基于专业教育实践进行延伸教学的学科。因此，专业教育与双创教育融合，的

确能帮助高校大学生提高专业从业水平。但不容忽视的是，专业教育与双创教育虽然在教育侧重点上有着一定共通性，但其专业技能要求及技能应用形式则千差万别。例如，在面向教育类专业人才培养方面，专业教育主要将教育培养侧重点放置于对大学生教育能力的发挥，并非单一强化理论知识积累。而双创教育则更重视对大学生知识积累的完善，确保大学生能将所学理论知识付诸实践。所以，专业教育与双创教育之间存在内容差异，需要通过教育体系优化及结构调整予以解决，以此保证双创教育与专业教育深度融合，促进实现新文科专业人才发展的教育目标。

（二）新文科专业创新创业教育师资力量薄弱

教育部提出双创教育是教育教学改革的抓手，它不是单纯地开设几门课程就能实现，更重要的是进一步探索创新型人才的培养机制。目前，高校双创教育教师队伍大多是由经管类专业教师以及负责学生工作的教师组成，他们中很多人还承担创新创业课程的讲授和创新创业竞赛的指导工作，然而大部分教师自身缺乏创新创业的学科背景和知识结构，缺乏实践经验，对市场环境了解不透彻，难以对学生进行科学有效的个性化指导。部分高校虽定期聘请企业高管进行双创教育，邀请产教融合企业专业人才给予培训指导，但也会受到资源有限、校外行业导师具有不稳定性等多重因素的制约，因此高校创业导师队伍建设迟缓，难以吸引具有丰富创业经验的创新型人才加入。由此可见，无论是内部培养，还是外部邀请，国内院校双创教育师资力量薄弱的情况均相对明显。

（三）双创教育缺乏科学系统的课程设置

虽然各高校新文科专业都从培养方案着手，根据国家政策积极完善创新创业教育的课程体系建设，但由于部分教师对双创教育的重要性认识还不够充分，不能有效地将双创教育融入专业课程教学，尤其是不注重对学生双创实践能力和观念的培养，仍停留于传统的灌输式专业教学方式。在教育环节上，多数高校的双创教育在很大程度上还局限于开设几门课程，教育方式也多限于课堂理论教学，双创教育的实践性没能得到体现，学生的实践能力得不到有效锻炼，创新意识得不到有效培养。总之，双创教育和新文科专业人才培养相融合的课程设置缺乏科学性和系统性，尚未达到理想的教学效果。

（四）双创教育和新文科专业人才培养实践平台匮乏

基于我国地方高校人才培养现状分析，教育实践平台匮乏问题由来已久。2016 年 4 月国务院出台系列政策决定建设一批双创示范基地，各高校加紧建设创业园、孵化器，为大学生创业提供强有力的支持和保障，旨在通过搭建平台激发双创活力。但是实际上，很多双创平台仅仅是为理工科专业提供了强大的技术保障，提高了理工科学生的科研水平，能切实为文科生的创业提供技术指导、资金支持的组织机构屈指可数。为更好落实双创教育与新文科专业人才培养融合发展要求，高校必须解决人才培养的教育实践平台问题，提高双创教育发展对不同教育实践形式的运用，以高校教育未来化发展为目标确立新的双创教育模式，确保双创教育与专业教育深度融合能发挥积极教育导向优势。

三、新文科背景下双创教育与专业人才培养融合发展的路径分析

（一）将双创教育理念深入融合到新文科专业人才培养过程

“新文科”专业人才培养要顺应哲学社会科学与新一轮科技革命和产业变革交叉融合的形势，改变传统的人才培养模式，创造适合学生成长发展的新型人才培养体系。创新创业教育不仅关系到国家的经济发展战略，还涉及大学毕业生的就业，因此高校对大学生的创新创业教育不能仅限于人才培养方案的修订，还要把创新创业教育的理念融合到新文科专业人才培养过程中。首先，营造双创氛围，培养学生双创意识。从新文科专业大学生进入校门开始，学校可以通过各种宣传引导、树立创新创业典范、开展双创教育讲座等方式营造一个创新创业教育的氛围，让大学生认识到创新创业教育的重要性，感知自己就是创新创业的一分子，形成创新创业意识。其次，加强双创教育，提高学生对双创的认识。在对新文科专业学生进行专业人才培养方案解读和专业教育时，让学生理解未来的就业方向和就业趋势，让学生认识到创新创业能力的提升不仅可以帮助自己更好地就业，还可以为国家的经济发展贡献一份力量，让学生深刻认识到创新创业的重要性，感受到创新创业的紧迫性，实现自我就业教育。此外，还可以通过邀请企业管理者、成功创业者到校面对面与学生交流，进行校企交流合作，带领学生到企业参观，学习了解创新创业相关知识，进而树立创新创业意识。

（二）加强新文科专业双创教育师资队伍建设

双创教育师资建设有利于更好推动双创教育与专业教育深度

融合，促进新文科专业人才的培养。首先，要让教师认识到双创教育作为国家教育改革顶层设计之一的重要性，双创教育是教育教学改革的抓手，教师只有在思想上认识到双创教育的重要性，才能做好新文科专业双创教育的深化改革。其次，新文科专业双创教育师资需要具备良好的岗位从业能力、创业经验，同时也需要胜任专业教育培养工作，可以从创新创业、专业培养多个维度开展教学工作，进一步降低双创教育与专业教育深度融合难度，使高校双创教育及新文科专业教育质量均能得到有效保证。再者，高校要培养真正具有双创能力的新文科专业双师型教师，要加强与企业的联系，学校既可以引进有行业工作背景的教师作为双创教育专职教师，或邀请具有管理经验的人员、创业成功者担任学校的双创课程兼职教师，还可以选派部分具有较高业务能力水平的教师到政府机关、区县及企事业单位进行挂职锻炼，加强学校和地方的联系与合作，更好地发挥学校为社会服务的职能，同时为广大教师提供难得的学习锻炼机遇及施展才华的平台。

（三）构建新文科课程体系，实现与双创教育的深度融合

经济新形势对新文科专业人才提出了新的需求：新文科人才必须具备更强的创新创业能力和跨界整合能力，同时要求其对专业及行业具有精准的把握，因此，新文科专业人才培养应重视课程类型的融合，构建大类课程群，促进通识教育与专业教育的融合，确保学生通用能力与专业能力的培养，更好地将双创教育融入新文科专业人才培养的全过程，在教学过程中潜移默化、循序渐进地增强学生的创新意识和实践能力，提高学生的创新创业能力。具体来说，大类课程群主要包括：通识基础课程群、学科基础课程群和创新创业课程群。通识课程群设置的主要目的是为学生提供适应面广的人文社会科学、数学和计算机基础等课程，培

养学生的人文素养、团队合作意识、社会责任感、家国情怀、全球视野、数学思维等；学科基础课程群由专业相关的学科基础课程构成，主要从未来产业及经济发展的角度为学生提供宽广的学科基础及条件，学科基础课程的设置要能够提升学生的长远发展能力及终身自主学习能力；创新创业课程群是以培养学生创新创业意识及能力为主的课程，一般涉及创业基础理论课程及创新创业实践课程。创新创业课程应该由校企协同、校内跨专业合作完成，由行业企业提供一定的资源，学生进行创新创业的探索，提升创新创业能力。

（四）打造多渠道的双创教育和新文科专业人才培养实践平台

双创教育与新文科专业人才培养融合是一项系统化教育工程，必须以多平台教育为载体才能保证教学融合有效实践。首先，地方高校要紧紧围绕当地产业特点，搭建校企合作平台，尝试以“订单式”人才培养模式培养企业和社会所需的应用型人才。加强与当地企业共建产教融合协同育人基地，将企业实际需求与学生专业相结合，在学校和企业导师共同指导下从企业发展面临的困境出发提出相应的创新对策，培养学生创新思维，提升其创新能力、管理能力和就业竞争力。其次，实施“一课一赛”制度，鼓励学生在完成每一个课程群的学习后参加相应的学科竞赛和行业比赛，用显性化的指标来实现以赛促学、以赛促教、以赛促创；同时聘请知名企业家组建导师团队，带领学生深度参与企业实践中的项目策划工作，在双导师指导下积极参加各种大学生创业大赛。这样不仅可以激发学生创新创业的积极性，增强学生的专业技能水平与专业实践能力，还能提升教师的专业水平与教学能力。再者，搭建多级孵化平台，提供“创意—创新—创业”外部动力。一是开设创新创业与就业指导课，邀请往届校友进行线上或者线下创新创业经验的分享，开展大学生职业生涯规划和设计活动；二是孵化学生创客团队，促进团队沟通和交流；三是通过与企业合作共建创新创业园区与孵化基地，设立孵化基金给予学生创业资金支持，引导学生创业，以创业带动就业。

参考文献

刘利．新文科专业建设的思考与实践：以北京语言大学为例［J］．云南师范大学学报（哲学社会科学版）．2020，52（2）：143－148.

芦晓珊．双创教育背景下高校人才培养模式构建［J］．膜科学与技术．2021，41（5）：185－186.

童昕，张积林．地方应用型本科高校新文科建设研究与实践［J］．国家教育行政学院学报．2021（3）：42－47.

吴德群，吴国阳．双创教育与新文科专业人才培养深度融合探析［J］．高教论坛，2021（6）：22－25.

谢芹．“新文科”专业多元融合式人才培养策略研究［J］．中国石油大学胜利学院学报，2019（9）：46－50.

张敏．“互联网＋”视域下双创教育与专业课程融合实践——评《互联网视域下高校大学生创新创业教育》［J］．中国教育学刊，2021（12）：119－120.

邹宝玲，郑沃林．新文科背景下文科技术型人才培养探究［J］．黑龙江高教研究，2021，39（11）：13－17.

作者简介

高福霞，女，1981 年生，硕士，副教授。主要研究方向：人力资源与社会保障研究。

新文科背景下“语言与文化”课程教学改革

——以“成语新解与阴阳辩证”专题为例

李丽萍

（四川外国语大学中国语言文化学院 重庆 400031）

摘　要：出于学生专业基础参差不齐、课程教学时数有限、教学模式传统单一、教学课堂枯燥乏味等原因，“语言与文化”课程的教学效果不理想。因此，有必要进行教学改革：以培养挖掘语言文化内涵的研究能力为核心，重构课程教学内容；“以学生为本”的主题教学法教育理念为导向，创新课堂教学模式；以学生小组专题发表为产出载体，反向设计形成性评价体系并反拨教学方法。实践证明，本教改取得了良好的成效。四川外国语大学中国语言文化学院语言与文化课程之“成语新解与阴阳辩证”专题的教学实践，对同类课程的教学具有一定的启发和参考价值。

关键词：新文科　语言与文化　以学生为本　主题教学法　小组专题发表

一、“语言与文化”课程教学现状

语言与文化课程是四川外国语大学中国语言文化学院的专业

选修课，面向汉语言文学专业和汉语国际教育专业三年级学生开设，其选修课程有现代汉语、古代汉语、语言学概论等。该课程内容涵盖语言与文化现象、语言学理论与基础知识、语言与文化专题三大板块。通过本课程的学习，学生可以一方面了解祖国的历史文化，提高文化修养，增强民族自信心、自尊心和自豪感；一方面关注现实生活中的具有文化内涵的语言现象，提高语言学修养，从而从整体上提高自身的人文素质。

出于学生专业基础参差不齐、课程教学时数有限、教学模式传统单一、教学课堂枯燥乏味等原因，语言与文化课程的教学效果不理想。根据调查研究及教学实践，目前存在的主要问题有：

（1）在课程标准上，过分强调知识传授目标，对价值引领与能力培养目标的重视程度不够。

（2）在教学内容上，偏重从理论层面探讨语言与文化之间的关系，对鲜活的语言运用案例关注不足，相对缺乏吸引学生的教学内容。

（3）在教学方法上，以教师讲授为主，学生的主体作用不明显，学生参与课堂的积极性不高。

（4）在实践教学上，实践活动形式单一，对学生的能力培养有限。

（5）在考核评价上，过分强调期末一次性考核，相对忽视学生平时的学习过程。

以上问题，导致了学生学习兴趣不高、学习效率低下。因此，在新文科背景下，根据“以学生为本”的教学理念，深入探索“语言与文化”课程的教学改革势在必行。

二、新文科背景下“语言与文化”课程教学改革

在2020年11月3日召开的新文科建设工作会议上，教育部

高教司司长吴岩指出："新文科"就是文科教育的创新发展，培养知中国、爱中国、堪当民族复兴大任的新时代文科人才；创造光耀时代、光耀世界的中华文化；并强调要培养适应新时代要求的应用型、复合型文科人才。[①] 在这一时代大背景下，笔者提出并尝试了基于小组专题发表的语言与文化课程教学模式，该教学模式是基于"以人为本"的主题教学法理念导向的课堂教学改革实践，能有效地解决上述存在的问题。

（一）主题教学法的教学理念

教育工作的最大特点在于它的对象是有思想感情、有独立人格的个体，"以人为本"是对人性的充分肯定，是对人的潜能的充分信任，是对人的自由民主、完善人格的追求。"以学生为本"的主题教学法，其主要理念[②]如下：

1. 以学生为主体、教师为主导，师生共同讨论交流

在教学过程中，进行换位思考，站在学生的立场，从学生的实际接受能力、心理状态、情感流露等情况出发，结合教学内容，适度引导。教师在主题教学中，充分发挥组织者、引导者、合作者的角色，真正发挥学生主体性和教师主导性的作用，使教与学最大限度地结合起来。

2. 给学生一个充分发挥的空间

大学生身心发展的各方面都潜藏着极大的可塑性，在主题教学过程中，充分利用其可塑性，鼓励他们大胆地发挥自己的想象力和创新意识。尽量启发学生的思考力，同时教给他们高效的学

---

① 详见吴岩：《积势蓄势谋势 识变应变求变 推进新文科建设》，新文科教育研究，2021，1（1）：5—11，141。

② 详见杨梅：《主题教学法探析》，载《陕西教育（高教版）》，2009 年第 8 期，第 88—89 页。

习方法，让他们抓住自己感兴趣的点深入挖掘下去。

3. 调动学生学习的积极主动性

学生是知识的主动建构者，而不是被动接收者。主题教学法具有针对性，能激发学生的学习兴趣，调动他们学习的积极性，让学生主动思考、主动学习。兴趣有了，积极性才能提高；积极性有了，主动性才能激发出来。

4. 给学生一个自信的世界

自信心是解决学习困难，提升学习兴趣和主动性的基础。善于发现学生的优点，真诚对待每一位同学，积极地期望和鼓励他们，有助于学生自信心的建立。教师要努力让每一位学生都树立起坚强的自信，让他们在自信、快乐中学习。

（二）基于小组专题发表的课程教学模式

文化是民族之根，而语言又是文化之魂。语言与文化课程教学改革的目标，是让学生积极主动地参与到整个课程的教学活动中，并且能在这个过程中体会到成就感，激发学习兴趣，提高课堂教学效果和学习效率，提升从文化角度研究语言的能力。

1. 教学模式

基于小组专题发表的语言与文化课程教学模式，分别从教师与学生的角度，从课内与课外两个维度，依托超星学习通教学平台、哔哩哔哩（B站）线上学习资源、微信学习群以及其他学习软件等，朝着“学习产出”即小组专题发表这个中心任务聚焦，旨在培养学生的自主学习能力和研究语言文化内涵的能力。详见图1。

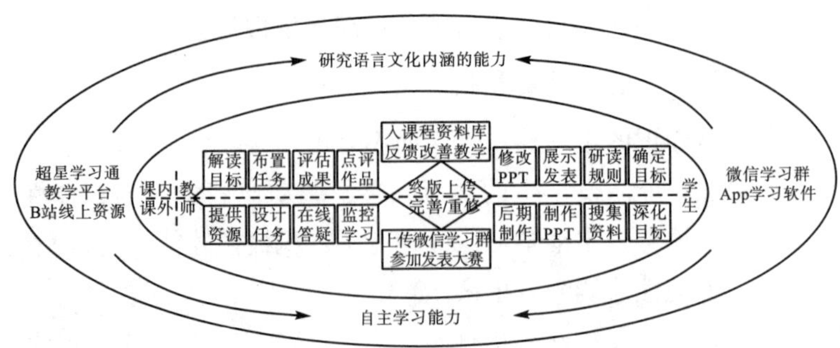

图 1　基于小组专题发表的“语言与文化”教学模式

2. 教学实践过程

教改实践周期为一学期（大三第一学期），参与对象为四川外国语大学汉语国际教育专业的大三学生，总人数为 32，分为确定目标、设计任务、展示与评估、总结与反思四个阶段。以“成语新解与阴阳辩证”专题为例，第一堂课，老师就把表 1 所示的教学过程发给学生，师生共同讨论通过，让学生一开始就了解本课程/专题的教学目标、教学内容、成果形式和评价体系等，主动掌控整个学习过程。

表 1　基于小组专题发表的“语言与文化”教学过程

具体过程		教师	学生
确定目标	课内	（1）明确“成语新解与阴阳辩证”专题的教学目标 （2）结合教学目标，构建本专题的教学内容 （3）利用线上资源，选择“讲解理论＋应用实践”教学 （4）建立科学的课程评估体系	（1）了解本专题的教学目标 （2）掌握“阴阳辩证”理论 （3）应用“阴阳辩证”理论新解成语 （4）了解课程的评估体系
	课外	将班级分成 14 个学习小组，每组 2～3 人，每组中的每人至少选择一个成语来新解；每组须按照专题要求在规定时间内制作出 PPT 并上台展示发表	每人加入一个学习小组，自行选出组长一人，小组成员讨论分工及具体工作安排

续表1

具体过程		教师	学生
设计任务	课内	(1) 细化“成语新解与阴阳辩证”专题的具体教学目标及参考性实施方案 (2) 多渠道提供相关学习资源 (3) 公布专题发表的具体要求	(1) 研读老师公布的实施参考方案 (2) 拟定专题发表的具体方案 (3) 详细了解专题发表的具体要求、PPT 的制作要求
	课外	班级群在线答疑，监督学生学习过程，公布专题发表要求： (1) 紧扣专题，用“阴阳辩证”思维去新解成语 (2) 具体内容不限，至少一人一语 (3) 制作 PPT，简单精美 (4) 语言表达准确，清楚连贯 (5) 发表时长 10 分钟内，附上小组人员分工情况	(1) 组长组织本组成员通过超星学习平台、B 站线上资源以及其他学习软件等学习本专题的“阴阳辩证”思维，逐渐掌握理论知识 (2) 熟练掌握阴阳辩证思维，并能应用到成语新解中 (3) 紧扣专题，制作发表 PPT (4) 进行反复演练，修改 PPT 内容
展示与评估	课内	(1) 安排课堂小组专题发表展示 (2) 组织学生自评与互评 (3) 老师点评并打分	(1) 展示专题发表内容，新解成语 (2) 解答师生提问、辩论交流 (3) 对发表进行自评
	课外	(1) 要求学生记录要点 (2) 欢迎学生以任何方式在线提问 (3) 欢迎以评述建议、表扬、批评等方式在线点评 (4) 在线提出改进修改建议	(1) 接受老师与同学的在线提问 (2) 反思别人提出的修改建议 (3) 提出改进对策
总结与反思	课内	(1) 总结反思 (2) 提出反拨教学的建议	(1) 总结反思 (2) 提出修改方案
	课外	(1) 建立课程专题发表资料库，丰富课程教学资源 (2) 专题发表 PPT 上传班级微信群，供师生观摩学习 (3) 挑选优秀作品参加年级专题发表 PPT 大赛	(1) 根据修改方案整改专题发表 PPT (2) 终稿 PPT 上传至班级群

由表 1 可见，本教学过程具体明确，步骤清晰，可操作性强。师生在教学过程中，随时可以对照课程教学目标，找到自己的努力方向并作出相应调整。

（三）“语言与文化”课程教学改革之成效

经过一个学期的教学实践，“以学生为本”的主题教学法理念为导向的、基于小组专题发表的语言与文化教学模式取得了哪些成效？学期结束后，笔者就此进行了问卷调查①，图 2 为调查结果。由图 2（a）可知，学生对该教学实践的满意度高达 100%。由图 2（b）可知，该教学实践主要取得了以下教学成效。

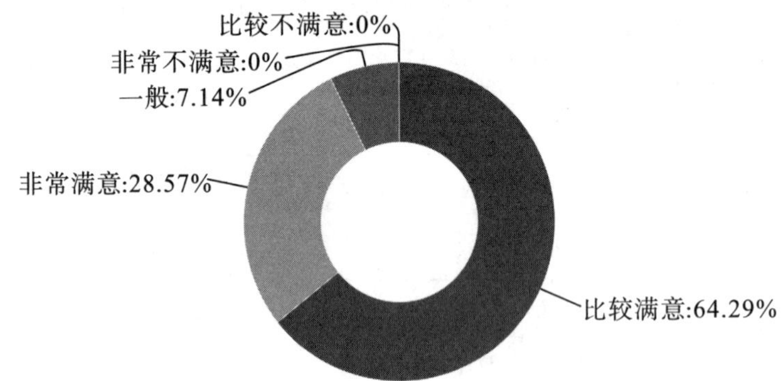

图 2（a） 关于教学效果满意度的调查结果

① 该问卷调查涵盖了整个课程的 32 位同学，由于分为 14 个小组，所以发放问卷 14 份，收回有效问卷 14 份。问卷主体由个人基本信息、个人对专题和课程的认识及相关评价、收获及建议等部分组成。在涉及学生态度的相关问题中，本问卷采用李克特 5 级量表进行测量，共设置 1－5 分，代表 5 种态度倾向。1 表示非常赞同该观点，2 表示比较赞同该观点，3 表示态度中立，4 表示比较不赞同该观点，5 表示非常不赞同该观点。

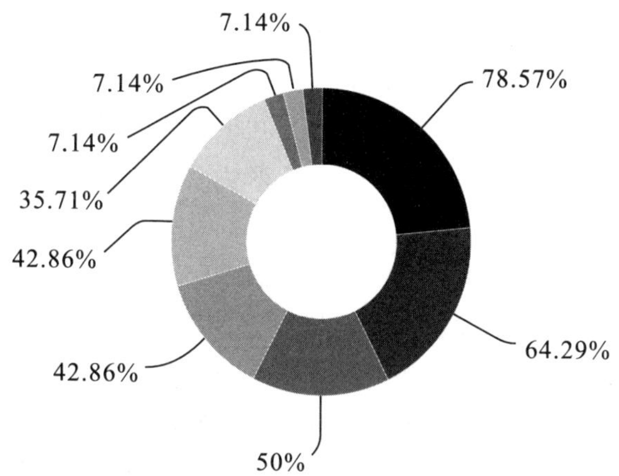

图 2（b） 关于学习收获的调查结果

第一，培养了辩证思维和学以致用的能力。在主题教学法中，没有固定的教材和讲义，每个学生对同一专题的认识和切入点可能不同，每个学生的自我表达能力、动手实践能力等都会有差异。主题教学法培养的是原创性的设计，对学生辩证思维、创新思维的培养和锻炼有非常好的促进作用。调查表明，约 79%的同学认为本课程的教学培养了自己的辩证、创新思维，约 43%的同学认为本课程的教学提升了自己学以致用的能力。

第二，提升了学习兴趣和探究精神。独立的专题任务更具趣味性和挑战性，更适合基于发表的语言与文化课程教学模式。学生根据自己的喜好与特长，与 1～2 位自己选择的同学组成学习小组，选择学习任务，进行独立思考，分析解决问题，完成具有挑战性的任务，在课堂上充分展示自己的才华。调查表明，64%的同学认为自己的学习兴趣和探究精神得到了明显提升。

第三，丰富深化了专业知识。根据课程要求，学生在发表时，必须体现出其具备与专题相关的语言知识和理论。因此，学生在 PPT 制作之前，必须通过自主学习、队员讨论、请教老师等多种方式掌握与本专题相关的语言知识和理论。在发表时，有个人陈述、师生提问、答疑辩论等，形式多样，气氛活跃。对于这些语言知识和理论，学生在制作 PPT、上台发表、答疑辩论等实际使用过程中得到了融会贯通，而且印象深刻。以小组专题发表为产出成果的教学过程，有效地扩展了专业知识，提高了语言学习的质量，实现了“语言与文化”课堂向教室外的延伸。

第四，培养了自主学习能力和团队协作精神。学生是课堂的主体，老师只是管理者、示范者和监督者。在 PPT 制作和发表展示过程中，学生利用课外时间，查阅大量资料，调用各种资源和多媒体技术，相互学习，协作完成。每位学生都参与其中，自己成为课件制作者或者上台讲演者，充分发挥自身优势，与队友分工合作，人人都有机会展示自己的聪明才智，个个都收获满满的成就感。以主题教学法理念为导向的教学模式，在无形中培养了学生的自主学习能力和团队合作精神。

第五，优化了课程评价体系。总体上，课程评价采用形成性评估与终结性评估相结合的手段。将学生 PPT 制作及发表展示过程中的学生参与度、自评互评、提问点评的结果列入平时成绩中，每位学生每阶段的努力都能及时体现在过程评价中，过程评价占总评成绩的一半。注重过程的评价方式让不同基础的学生在不同层次上得到了应有的肯定和相应的成绩，及时反馈出教学过程中的优劣，师生可以及时调整教学方法。

习近平总书记在北京大学师生座谈会上的讲话中谈道：在新文科建设中，我们必须把立德树人摆在首要、突出的位置，做到以树人为核心，以立德为根本。真正做到以文化人、以德育人，不断提高学生思想水平、政治觉悟、道德品质、文化素养。教师在人才培养和教学中，要将“教书”和“育人”有机结合起来，真正发挥教师“人类灵魂的工程师、人类文明的传承者”的天职，担负起“传播知识、传播思想、传播真理，塑造灵魂、塑造生命、塑造新人的时代重任”。[①] 新文科用中国理论、中国范式、中国标准、中国自信讲好中国好故事，壮大和弘扬文化软实力。换言之，新文科建设落实到立德树人，其重要的路径应该是致力追求中国传统文化的创新性解释与创造性发展。在这里，立德树人同时也就是知识生产，是传统中国文化的推陈出新。

在“成语新解与阴阳辩证”专题中，学生在掌握“阴阳辩证”理论的前提下，具体运用这一辩证思维对已有的成语（如“吹毛求疵，贪生怕死”）进行重新解释，进而在日常生活中尝试运用这一辩证思维提升生活品质，完善自己的人生观、价值观和世界观。如在对待自己方面，“不会一味地只看到自己的不足了”。在对待他人方面，“能理解别人有时候情绪时好时坏了”；在对待事物方面，如在学习上，“知道了要多方式学习”；在其他方面，“对社恐有点帮助”；等等。[②] 可见，这一教学过程做到了将传授语言知识与人文素质的培养有机地结合起来，做到了理论知识与实践运用的有机结合，做到了知识生产与立德树人的有机结合，做到了“教书”“育人”并重，在夯实学生语言专业基础的前提下，致力学生思维能力的培养与高尚人格的熏陶。

三、小结

新文科建设在时代变革的背景下应运而生，这一全新课题迫在眉睫，意义深远。语言与文化课程的教学改革是一项综合工程，必须从教学理念、教学目标、教学模式、教学内容、评价体系等方面系统展开。本教学改革实践基于“以学生为本”的主题

---

① 习近平：《在北京大学师生座谈会上的讲话》，载《人民日报》，2018—05—03。

② 实例均来自本课程的问卷调查。

教学法教育理念，注重培养学生从文化角度研究语言的能力，以学生自己创作的专题发表 PPT 为产出载体，重构了课程教学内容，创新了课堂教学模式，完善了形成性评价体系，取得了较好的教学效果。这对同类课程的教学，具有一定的启发和参考价值。

参考文献

吴岩．积势蓄势谋势　识变应变求变　推进新文科建设［N］．高教创时代．2020－11－03．

习近平．在北京大学师生座谈会上的讲话［N］．人民日报．2018－05－03．

杨梅．主题教学法探析［J］．陕西教育（高教版）．2009（8）：88－89．

作者简介

李丽萍，女，1981 年生，博士，讲师。主要研究方向：汉语教学与研究、地名学。

新文科背景下人工智能通识教育的实践与思考

刘一帆

（四川外国语大学网络信息中心 重庆 430041）

摘　要：本文结合当前国家“新文科”建设对人才培养的要求，指出应将人工智能课程作为计算机基础课程的延续纳入大学通识教育。同时，介绍了本校人工智能通识课“兴趣挖掘、文理兼容、语言特色”的教学理念，以及基于该理念构建的课程总体框架与具体实践探索。最后提出关于今后如何进一步改进教学的思考。

关键词：新文科　人工智能　通识教育

一、背景

2018 年 8 月中共中央首次提出“高等教育要努力发展新工科、新医科、新农科、新文科”（简称“四新”），2019 年 4 月，教育部、科技部、财政部等部门在天津联合召开“六卓越一拔尖”计划 2.0 大会，会上正式启动了“四新”建设工程，标志“新文科”从概念提出走向正式实施。对于什么是“新文科”，教育部高教司司长吴岩解释“新文科就是文科教育的创新发展”，通过“夯实基础学科、发展新兴学科、推进学科交叉融合”等途径，“培养知中国、爱中国、堪当民族复兴大任新时代文科人才”。

当前，我国社会经济正加速向数字化、智能化转型。为适应新的发展形势，教育部先后印发了《新一代人工智能发展规划》《高等学校人工智能创新行动计划》《教育信息化 2.0 行动计划》等指导性文件，引导高等学校不断提高人工智能领域科技创新、人才培养和国际合作交流等能力，为国家今后人工智能发展提供战略支撑。在此背景下，国内高校积极响应，纷纷加大人工智能普及教育，有条件的大学如上海大学甚至开设了“人工智能”系列通识课程，涉及“智能文明”“人文智能”“智能法理”“生命智能”等，旨在打通文、理、社科和艺术等学科壁垒。新文科建设启动后，各高校更是不断推动人工智能与文科教育的融合发展。在 2021 年 11 月教育部公布的首批新文科研究与改革实践项目中，既有“人工智能+”人才培养模式探索，如北京外国语大学的“外语与人工智能本科专业建设”、厦门大学的“人工智能+实践型法治人才培养研究”等；也有跨学科课程体系和教材建设，如中国人民大学“人工智能新闻（AI Journalism）跨学科课程体系和教材体系建设”等。这些项目对增强新文科建设发展理念、优化本科专业结构、打破专业学科壁垒、培养跨学科思维有积极意义。

二、开设人工智能通识课程的必要性

近年来，我国对通识教育的重视程度越来越高，并把“专业教育和通识教育有效结合作为我国高等教育人才培养的价值选择”。文科高校里开设人工智能通识课程，可以进一步促进“价值塑造、能力培养、人类核心知识获取”三位一体通识教育体系的形成。

首先，选修人工智能通识课可以促使学生养成多学科、多元化的认知视角。人工智能技术本身离不开自然科学与社会科学的高度融合，其应用场景更是覆盖几乎所有学科领域，诸如机器翻译、文本分类等热点应用的技术原理同样会对文科学生产生巨大吸引力，并引导其与自身专业学习结合，从而进一步扩展其知识视域。其次，选修人工智能可以使学生进一步加深对计算思维的理解。近年来，学界普遍认可计算思维是数字时代人们认识世界和解决问题的基本工具，也是所有大学生应该具备的素质和能力。为此，四川外国语大学面向大一新生开设的计算机基础课将计算思维能力培养作为一个重要目标，并贯穿整个教学过程。但出于课时等原因，实际上教师在讲授计算思维时往往局限于概念本身和少量例子，而很多学生进入大学前并没有对计算机进行过系统化学习，对计算机的认识往往停留在经验层面，这些都使得学生对计算理论和计算思维的内涵短时间内无法真正体会。人工智能和计算思维有不少知识重叠的地方，比如计算思维的本质是抽象和自动化，抽象体现在符号化和形式化，自动化体现在模型建立和算法实现，这些概念在人工智能里面都有具体解释和案例体现。因此，通过人工智能课程学习，学生可以进一步加深对计算思维的理解和记忆，将其内化为一种思维习惯、一种基本能力。最后，课程所涉及的人与人工智能关系，包括高阶人工智能有没有失控风险、未来的机器会不会挑战人类社会秩序、人机之间的道德法律等很多社会性话题，会引导学生深入思考生活的意义和生命的价值，也会促进学生理性思维和批判精神的养成。

三、人工智能通识课建设探索

四川外国语大学是以文科为主的多科型大学，本科专业覆盖外国语言文学、中国语言文学、新闻传播学、教育学、经济学、管理学、法学等学科。目前，我校计算机基础课程在“以思维和能力培养为导向、突出文科特色”教学理念基础上，设计了“4+X”的教学内容，即4个必讲的模块，包括信息技术基础、计算机软硬件基础、计算思维与算法基础、办公软件操作，以及人工智能、网络安全等选讲模块。由于课时所限，人工智能部分的教学主要以学生线上观看视频为主，课堂教学内容只讲解了人工智能基本概念和极少的应用例子，学生反馈效果一般。

（一）教学理念

人工智能通识课的教学目标是使学生在初步了解人工智能发展历史、技术原理、主要应用基础上，形成对人工智能整体的框架性认识，以为学生今后适应人工智能社会，或者跨专业跨学科学习奠定基础。考虑到学生的学科背景和教学目标，课程一开始就确立了“兴趣挖掘、文理兼容、语言特色”的教学理念。其中，“兴趣挖掘”指着重培养学生对人工智能的兴趣。一是降低学习门槛。教学以视野拓展和思维启发为主，避免复杂的数学推导和公式堆积。二是知识故事化。比如在讲解人工智能理论实验的时候，就通过《机械姬》《黑客帝国》等科幻电影来分析“图灵测试”“缸中脑”等实验背后的哲学思想。三是知识案例化。教学时尽量从常见的实例引入，以应用串联知识，避免单独讲解枯燥的概念。比如讲解神经网络技术时，先导入“刷脸消费”的例子，然后分析其背后“人脸识别”的技术原理，进而联系到神经网络与深度学习实现过程，便于学生建立人工智能知识和应用的对应关系。“文理兼容”包括教学中注重人工智能技术演进背后的哲学思想变迁、文科领域的应用场景、设计综合性实验等。人工智能在其发展过程中，在不同的时期经历了不同的学术流派，其中的符号主义和联结主义都能在古希腊哲学思想里找到源头，近现代的图灵、哥德尔、维特根斯坦、乔姆斯基等对人工智能发展做出巨大贡献的科学家，对很多文科学生来说也是耳熟能详的。一般来说，文科学生对具体技术细节理解起来可能有困难，但理解人工智能哲学思想则相对更容易。此外，在使用虚拟歌手软件创作歌曲实验里，不仅涉及神经网络的训练等内容，还涉及部分乐理的讲解。“语言特色”指教学中会讲解自然语言处理方面的应用，包括机器翻译、语音助手等，它们的技术原理、当前的发展水平、今后的发展方向有助于进一步扩大语言专业学生的学术视野。

（二）教学内容

由于人工智能涉及诸多学科，其概念、知识十分繁杂，如果不能把握学科脉络、厘清其中的关系，容易令学生产生不知所云的感觉。同时，一般人工智能教材都有大量的公式推导和数学计算，这实际上增大了文科学生的学习难度。作为通识课，修读对象又是以外语学科为主的文科生，概念、原理、算法等细节不是重点。鉴于此，作者把整个课程知识分为三个部分，分别是人工智能的哲学世界、技术世界和未来世界，三个部分各有侧重。

其中的哲学世界主要是讲历史，包括人类智能、计算理论、机器智能的发展历史，重点分析人工智能的哲学思想根源以及从演绎逻辑到分析哲学的变迁，建立“智能的核心是思维”“认知即计算”的概念，明确“人工智能就是计算机用逻辑方法把思维还原为简单数字来模拟人脑的过程”，从而从理论上把握人工智能的发展规律以及未来的发展方向。人工智能的技术世界则重点介绍符号主义和联结主义的技术路线。其中符号主义主要包括知识表示和逻辑推理，进一步从理性上理解思维与逻辑、命题与推理、符号化与计算的关系。联结主义则重点介绍机器学习、神经网络、深度学习的基本概念，并通过日常所见的机器翻译、人脸识别等例子，使得各个专业的学生都有可能从不同视角了解人工智能的技术原理、应用场景；未来世界则着眼于人工智能今后的发展，通过一些影视作品中人与人工智能社会关系的探讨，引导学生摈弃人类傲慢、深层次理解未来人机共存的社会形态。

（三）实施及考核

在当前AI热潮下，人工智能通识课自2019年面向大二学生开课以来，学生选课热情、到课率和听课率一直维持在高位。为进一步激发学习兴趣，推动学生持续学习，课程根据教学进度和内容安排，设置了小组讨论与分享、上机实验、随堂作业等考察环节，其中第一部分（哲学世界）讲授完毕后，分小组根据课堂讲授的人工智能基本理论，对《西部世界》《2001太空漫游》《人工智能》《黑客帝国》等人工智能科幻电影（电视剧）中的人与AI关系、AI意识觉醒、AI情感等方面进行讨论与分享；第二部分（技术世界）讲授完毕后，结合教学内容里的逻辑推理、神经网络，分小组完成Prolog人物关系推理编程和虚拟歌手歌曲制作；整个课堂教学完成后，进行一次开放性的随堂作业，目的是通过小组讨论、上网查资料等方式，进一步加深对知识的理解。

四、人工智能通识教育实践反思

（一）学生基础薄弱

据课堂问卷调查，我校绝大部分二年级学生（73.4%）听说过人工智能，但见过或者用过实际产品的很少（23.3%），主要是大多数学生对人工智能产品的定义不清楚，不知道每天使用的智能手机其实就涉及很多人工智能技术；绝大多数学生没有学过人工智能相关课程，如极少数学生学过哲学（21.1%）、语言学

(10.5%)，几乎没有人学过程序设计（python）和概率与统计(中学阶段知识除外)，也几乎没有人专门去阅读相关书籍或学习类似网课，因此，降低课程门槛和学习难度是必然选择。

（二）学习主动性不够

对学习目标，大部分同学（70.0%）希望以基本技术和应用为主，23.3%的同学则希望能够进一步了解人工智能基本原理，还有少数人（6.7%）没有目标。对于为什么来学习这门课程，“感兴趣”和“为适应智能社会需求”几乎一样，各占三分之一强，也有少数同学想今后在人工智能领域进一步深造（13.3%），但无所谓或者纯粹为了拿学分的学生也不少（近 15.0%）。

（三）教学资源缺乏

目前“人工智能”通识课程建设刚起步，所需资源中除少量可在网上获取外，大量资源需要自建；此外，缺乏必要的人工智能实训平台，比如机器学习对文科学生来说太抽象，即便是最简单的神经网络训练过程也不便于在课堂上完全展示，现有的一些商业化实训平台，如华为、百度等开发者平台，又需要一些程序设计的基础，因此，亟需可视化的、能够在一定程度上展示技术原理、又便于学生操作的实训平台。

（四）教学内容需进一步凝练

人工智能知识体系繁杂，涉及计算机、数学、哲学、心理学、语言学等诸多学科，技术迭代更新速度又很快，而“人工智能基础”教材一般又偏技术原理，其中的逻辑推理、机器学习、神经网络等内容都涉及大量数学公式和编程，并不适合直接作为文科学生的通识课程教材。因此，如何选择合适的教学内容，还需要不断摸索。这方面，一些学校做了尝试，比如让不同学科专业的老师分别教授不同的内容，这样既能站在学科前沿向学生教授最新知识，也能够更好地促进人工智能与专业的有效融合。

五、结语

在国家新文科战略背景下，文科院校传统的以信息技术知识和技能为主要教学内容的计算机基础课程已经不能满足新时期人才培养的要求。在文科院校开展人工智能通识教育，是打破学科专业壁垒，提升学生计算思维、数据思维、人工智能思维的有效手段。经过实践，尽管存在学生相关学科基础薄弱、教学实验环境不完善、教学内容与专业融合有差距等困难，但从长远看，人工智能作为国家战略和社会经济发展的新动能，在未来必然会是所有学生必备的素养，因此，推动人工智能通识教育的普及，促进人工智能与其他学科专业的融合发展，是“新文科”建设的重要途径。

参考文献

黄启兵，田晓明．“新文科”的来源、特性及建设路径［J］．苏州大学学报（教育科学版），2020（2）：75－82.

顾晓英．打开“脑洞”创造“金课”——以上海大学人工智能系列通识课程为例［J］．思想政治工作研究，2019（5）：41－44.

教育部高等学校大学计算机课程教学指导委员会．大学计算机基础课程教学基本要求［M］．北京：高等教育出版社．2016：6－9.

齐红倩，张佳馨．人工智能与新文科建设协同发展机制［J］．中国高等教育，2021（12）：47－49.

王浩，吴共庆，等．新工科背景下人工智能通识系列课程建设与实践［J］．计算机教育，2019（2）：112－114.

王甲海，印鉴．人工智能教学与计算思维培养［J］．计算机教育，2010（19）：68－70．

闫坤如．人工智能的哲学思想探源［J］．理论探索，2020（2）：5－10．

朱玉莲，刘佳，等．人工智能问题求解与计算思维教学初探——以南京航空航天大学为例［J］．工业和信息化教育，2018（9）：57－60．

作者简介

刘一帆，男，1971 年生，硕士，高级实验师。主要研究方向：计算机及其应用。

新文科背景下高水平应用型外国语大学商科专业“产教科教融合”创新实践育人模式研究*

鲜京宸

（四川外国语大学国际金融与贸易学院 重庆 400031）

摘　要：梳理产教科教融合概念及其内涵，总结商科专业实践育人路径，建设实践育人教育模式，将实践育人教育融入专业建设，有效增加实践教育的深度和广度，提高大学生综合素质，促进国家经济发展，并对如何正确对待大学创新实践育人的教育体系提出了合理化建议。

关键词：商科专业　产教科教融合　实践创新育人

一、引言

2018 年 12 月 20 日，教育部经济和管理类教指委主任委员联席会议暨工商管理类专业教指委第一次全体会议在苏州召开，会议聚焦“新时代 新文科 新经管”，对新文科建设和卓越拔尖

* 本文系 2019 年重庆市高等教育科学研究课题项目“数字化转型期产学研协同创新精准创业育人模式研究”（CQGJ19B203）阶段性研究成果；2021 重庆市教育科学“十四五”规划课题项目“新时代推进高等院校产教融合激励制度体系深化研究”（2021-GX-362）阶段性研究成果。

经管人才培养进行了部署。2019 年 4 月，教育部、科技部等 13 个部门联合启动“六卓越一拔尖”计划 2.0，明确提出全面推进新工科、新医科、新农科、新文科建设，旨在切实提高高校服务社会经济发展能力，实现高等教育内涵式发展。

二、概念与内涵

2020 年 11 月，新文科建设工作会议在山东大学召开，教育部围绕新文科建设等问题做出系列重要论述。《新文科建设宣言》构建了系统科学的新文科建设理论体系，为推进新时代新文科建设指明了根本方向、提供了重要遵循依据。我国通常将文科概称为哲学社会科学，新文科建设关注内涵、外延、边界等在新时代的变化并加以实现，故新时代新文科建设具有重大现实意义和深远历史意义。

（一）概念的提出

“新文科”概念最早由美国希拉姆学院于 2017 年 10 月提出，主要是把新技术融入哲学、文学、语言等课程中，为学生综合性跨学科学习提供条件。

国内最早于前文所讲教育部的苏州会议中提出。《教育部办公厅关于推荐新文科研究与改革实践项目的通知》（教高厅函〔2021〕10 号）对“新文科”内涵进行了扩充，指哲学社会科学与新一轮科技革命和产业变革交叉融合，形成交叉学科、交叉融合学科及交叉专业的新文科的一系列建设事项和建设工作；主要建设项目为“新文科研究与改革实践项目”。

协同创新是一项复杂的创新组织方式，其关键是形成以大学企业研究机构为核心要素，以政府金融机构中介组织创新平台非营利性组织等为辅助要素的多元主体协同互动的网络创新模式，通过知识创造主体和技术创新主体间的深入合作和资源整合，产生系统叠加的非线性效用。其核心“协同学”的概念最早由德国物理学家 Haken 在 20 世纪 70 年代提出，他认为“协同”是大系统中各主要因素超越单独个体，产生融合联动。之后，“协同创新”由 Peter Gloor 提出，他强调协同创新需要主体之间形成网络互动，进行思想、技术和信息等方面的交流，最终实现目标。

教育部 2012 年启动“高等学校创新能力提升计划”（简称“2011 计划”），旨在建立一批“2011 协同创新中心”，大力推进高校与高校、科研院所、行业企业、地方政府以及国外科研机构的深度合作，探索协同创新模式，营造协同创新的环境和氛围。

（二）关键内涵

1. 新文科建设目标内涵

目前最常见的看法就是新文科要进行学科交叉，在学科边界上拓展并形成新的知识领域，尤其是要与科技相结合，实现文理交叉，从而推进新文科的建设。新文科建设的内涵主要应该围绕着对中国现代化进程的认识来展开。新文科建设在知识生产上寻求知识的增量建设，而不是知识的存量重组。同时，新文科建设应该重视人的培养。人的培养是高等教育的根本目的，这个培养在现代社会主要是知识导向的能用的人，所以实践育人的重要性就凸显出来了。

2. “产教科教融合”实施效果目标

普通高等院校尤其是应用型本科院校仅仅通过理论来教学是远远不够的，必须辅以有效且完善的实践教学体系才能完成教学目标和任务。传统的实践教学模式缺乏生产、学校、科研院所之间的有机结合，难以充分反映三者之间的关系，适应性较差。产教科教融合教育模式则使学生能够更多地参与到企业中，学习相应岗位的知识，并将生产实践过程中对理论的需求反馈到学校的学习计划中，从而达到培养的目的。

3. “实践育人”的实践目标

新时期对高校培养人才提出了新要求，即高校应加强与同类院校、企业的合作。商科专业作为应用性较强专业，只有理论和实践并重，完善课程设置，构建强大的师资队伍，通过建立系统的实践教学体系，大力培养学生的业务操作技能，才能适应目前社会对商科专业毕业生的高标准要求。因此，商科专业开展实践教学，离不开高校与其他同类院校的协同合作、高校与企业的协同合作。

三、产教科教融合驱动要素

高校人才培养，坚持把“产教科教融合”理念融入人才培养全过程和各教学环节，融入学生科研实践和社会实践。构建更高水平的人才培养体系，需建设以课程和教材为重点的产教科教的教学体系，要进一步加强教育教学质量保障体系建设，强化教学实践质量日常管理、内控和动态监测，关注用人单位对毕业生的综合评价，促进人才培养质量全面提升。

（一）创新驱动，国家需要

新文科建设是当下国家在教育领域的重大发展战略，是建设创新型国家的重要支撑，是突破西方科技圈、经济圈围困的重要手段，也是为未来教育的高质量发展提供强大动力的源泉之一。创新创业教育就是产教科教融合的源头之一，创新资源、创新力量需要有根基，也需要有传递，才能将创新之产品、创新之结果扎扎实实融入高等教育教学之中。

新文科背景下，高水平应用型高校只有主动适应教育发展新指导方针，把人才培养落脚在全面提升学生综合素质，突破传统的教育形式，探索实践型人才培养新模式，建立一个相对完善的实践教育教学链条，推动实践教育教学走向科学化和系统化，才能激发和提高大学生实践能力，为创新型国家建设提供实践型人才支撑。

（二）教育内部驱动，社会需要

高校实践教育教学作为教育形式，是新文科建设的重要一环，只有主动适应市场需求，对实践教育进行科学合理的定位，优化实践教育教学体系，结合新时代经济社会发展需求，通过开展高质量的实践教育教学工作，促进高校人力、智力、物力资源与行业、产业和企业的充分融合，才能为驱动高质量教育和社会发展提供智力驱动力，从而实现高校自身教育体制改革。

随着我国经济发展进入新常态，推动产业转型升级和经济社会高质量发展已经成为当前时代发展的主旋律。而这种发展态势势必会对高等教育改革与发展以及高校创新创业人才培养提出更高要求，迫切需要高校实施教育教学的转型发展，强化人才培养的市场驱动导向和需求导向，丰富以实践为导向的人才培养模式是时代发展赋予高校的历史使命，也是新文科教育改革的方向之一，推动高校人才培养供给侧改革，培养适应新文科教育的实践型人才，提升高校的综合实力。

（三）质量驱动，时代需要

产教科教融合理念下的实践创新育人是高校的教育改革期待和时代发展的要求，也是新时代提升高校人才培养质量的重要驱动力。实践育人教育作为高校提高人才综合素养的一种教育模式，能够大大提高学生动手能力，同时还兼具优化人才培养的针对性和时效性，响应经济社会发展对创新型、应用型、复合型人才的强烈需求，深化人才培养供给侧改革。

“产教科教融合”教育的价值追求和目标有助于改变现有人才培养困境，转变传统人才培养模式，实现理论知识教育与实践动手能力培养有机结合，提升人才培养质量，促进高校实现内涵式发展和提升社会价值。作为新文科建设提升人才培养质量的重要突破口，实践育人可以把专业教育、创业教育、通识教育等深度融合，逐层递进深化培养大学生的创新精神品质和创业意识能力，从而满足经济社会高质量发展对创新型和创业型人才的迫切需求。

四、实践育人建设路径

（一）产教融合建设路径

产教融合是产业与教育的深度合作，是实现新文科建设目标下高校提高人才培养质量的选择手段之一。推进产教融合培养人才，就要坚持产业需求导向与教育目标导向相统一，推动高校与行业企业深度合作培养人才，着力提高学生的综合素质和适应能力。要把产教融合、协同育人理念贯穿人才培养全过程，在校内实现校内实验、校内基地的融合渠道，实现资源共享、平台共建，促进跨学院、跨学科的交叉融合、互动发展；在校外汇聚各类社会资源、拓展育人空间，与政府、行业产业和用户实现多元主体的跨界整合、协同创新，面向产业需求深化教学内容与课程体系改革，以学科前沿、产业和技术最新发展成果更新教学内容。

从理论、实践、应用三个维度，打造校企联合培养人才的平台，联合开发课程、编写教材，共建专业实习实训基地和现代产业学院等，把培训内容和成果有机嵌入专业教学计划，建立紧密对接产业链、价值链的专业体系，提高特色专业、优势专业的集中度，打造一批行业产业急需、优势突出、特色鲜明的应用型专业。要构建校内实践教学基地与校外实习实训基地相联动的实践教学平台，建成一批共享型、专业化的产学研合作、协同育人实践平台，促进校企间合作育人、合作发展。要加强“双师型”教师队伍建设，聘请行业企业的技术与管理专家到高校兼职任教，并作为青年教师的实践实习导师，同时促进企业主动为青年教师提供挂职实习锻炼岗位，增强教师实施产教融合培养人才的实践能力。（见图 1）

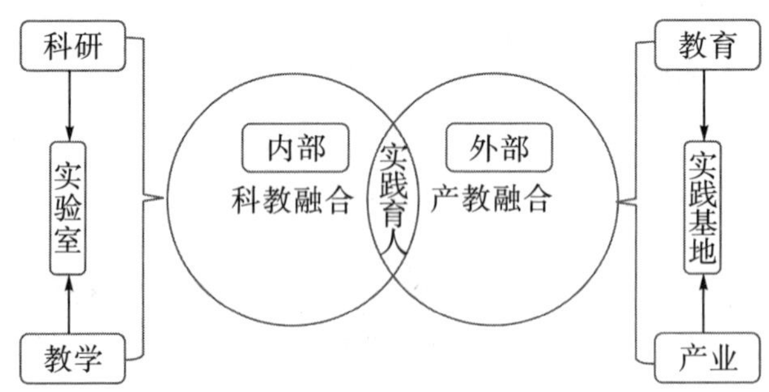

图 1　实践育人建设路径图

（二）科教融合建设路径

高水平科技创新与高层次人才培养的密切结合，已经成为大学教育教学规律；由师生组成的探究式学习共同体，已经成为知识创新和传承的交汇点。科教融合的本质就是在科研—教学—学习的过程中进行知识的创新、传授、传播和传承，使师生基于学术共同体进行互动式学术探究，取长补短、开拓进取。科教融合培养人才的过程中，教学与科研始终是相互促进、相辅相成的。推进科教融合培养人才，就要以学生发展为中心，加强科研同教学的结合，推动高校与科研院所深度合作培养人才，推动高校内部的科研与教学紧密结合培养人才，把优质科研资源转化为育人资源和优势，把科研设施转化为教学创新平台，把科研成果转化为教学内容，把“科学研究的密度”转化为“教学创新的浓度”，把学生参与科研作为一种有效的教学形式，通过制度安排使学生成为教师科研的伙伴，共同开展科研活动，进行有效的自主性、创新性学习，师生在共同探索、整合、应用、传播知识的过程中相互学习、共同提高，真正实现研究性教学、探索式学习。要营造鼓励探索、自主创新的学习氛围，为学生开展科学研究搭建平台，支持学生早进课题、早进实验室、早进科研团队参与各种科研活动，支持校内教师和科研机构研究人员将最新科研成果引入人才培养，开设更多研究性课程，提供研究性学习条件，着力培养学生的创新思维和创新能力，以高水平的科学研究支撑高质量的人才培养。

五、“产教科教融合”人才培养模式的相关建议

针对高水平应用型高校人才培养过程中容易出现科研、教育与产业相对独立、彼此分割，普遍存在科研与教学分离、产业与教育融入不深，进而导致学生应用研究能力和应用实践能力不强等问题，提出构建基于科教融合的科技创新育人长效机制、建设校企长效共赢机制等相关建议。

（一）构建二级学院的科教融合创新育人长效机制

一是二级学院成立由院领导负责的科技创新领导中心。结合学科与专业发展需要，搭建科研小助手、班导师制、学生科研项目、科研训练课程、学科竞赛、社会实践等层级递进式科技创新平台，通过课内外融合、分层次培养、重点培育等模式，促进教

学、科研、实验、实践等“四层递进”共同发展，实现教学科研的“全面融合”。

二是以“项目制”的方式链接各类科技创新活动。各类竞赛项目明确项目主题，开展培训和指导；实验课程以真实项目为案例开设。有了明确真实的项目，学生的学习兴趣得到激发；通过项目锻炼，学生的应用科研能力得到提升。学院逐步形成以赛促学的教学方法。学院对学科竞赛采用集中培训、分组指导的组织方式。学生自行设计方案，学院导师提供指导，“以生为主，导师为辅”，以竞赛促进学生学习的主动性，提升其解决复杂工程问题的能力。

三是科研反哺教学。教师将自己的科研项目、竞赛案例带入课堂。课程内容更加丰富多彩，广受学生欢迎。这些课程纳入培养计划后，使科研项目训练、学科竞赛训练有效覆盖到相关专业所有学生，学生应用研究和创新能力培养有了基本保障。

（二）建设高校与企业合作共赢长效机制

一是创新体制机制，构建适合产教融合的治理结构。鼓励二级学院与行业企业共建基于学科和专业大类的科技服务性中心、联络站等小机构，增加高校人力资源和设备资源的利用率，提高与社会的互动性，增强二级学院的办学活力和社会服务能力，提高二级学院社会影响力和社会化服务能力。

二是服务区域经济，搭建校地共赢的研究与服务平台。面向区域现代产业集群，结合学校学科专业方向，聚焦行业产业经济发展的核心共性问题，建设支撑地方产业的应用研究与技术服务平台。鼓励二级学院与企业共建产业学院和企业工作室、产业技术实验室，合作建立地方研究院，为企业提供多方位的科技服务。利用二级学院设备和人才资源开展社会培训，将学校建成服务行业和主要企业的培训平台。

三是构建产教基地，建设基于二级学院的产教融合综合应用平台基地。将平台建成相关专业学生的实践教学和创新创业基地、相关专业学生实习就业和企业技术需求的信息集散地、相关学科的应用研究中心、相关产业的科技服务平台、相关专业的应用型师资培训中心、相关行业技术人员的社会培训机构，形成校企合作长效共赢机制，提升学生应用实践能力。

参考文献

段禹，崔延强. 新文科建设的理论内涵与实践路向［J］. 云南师范大学学报（哲学社会科学版），2020（2）：149－156.

教育部. “六卓越一拔尖”计划 2.0 启动实施［EB/OL］.（2019－03－04）［2021－03－25］. http://www.gov.cn/xinwen/2019－04/30/content_5387710.html.

吴岩. 勇立潮头，赋能未来——以新工科建设领跑高等教育变革［J］. 高等工程教育研究，2020（2）：1－5.

袁凯，姜兆亮，刘传勇. 新时代 新需求 新文科——山东大学新文科建设探索与实践［J］. 中国大学教学，2020（7）：67－70.

中华人民共和国教育部. 新时代呼唤新文科建设 教育部经济和管理类教指委主任委员联席会议暨工商管理类专业教指委第一次会议召开［Z］. 2018－12－21.

周杰，林伟川. 地方院校新文科专业建设的掣肘及路径［J］. 教育评论，2019（8）：60－65.

作者简介

鲜京宸，1975 年生，在读博士，讲师。主要研究方向：金融学。

“课程思政”理念下大学生职业生涯规划课教学路径的探索与实践*

包淑萍

（四川外国语大学国际关系学院 重庆 400031）

摘　要：本文从课程思政融入大学生职业生涯规划课的价值入手，分析“课程思政”融入大学生职业生涯规划课的现状；探索大学生职业生涯规划课蕴含的“课程思政”元素；构建大学生职业生涯规划课实施“课程思政”的方法。

关键词：课程思政　大学生职业生涯规划

2016年12月，习近平总书记在全国高校思想政治工作会议上提出：“要坚持把立德树人作为中心环节，把思想政治工作贯穿教育教学全过程，实现全程育人、全方位育人，努力开创我国高等教育事业发展新局面。”“其他各门课都要守好一段渠、种好责任田，使各类课程与思想政治理论课同向同行，形成协同效应。”① 大学生职业生涯规划课在塑造学生职业价值观、探索自我与职业世界、实现职业定位方面有着重要的引领作用，与思政

＊ 本文系2021年度国际关系学院院级教学研究和课程建设项目“外语院校大学生职业生涯规划课课程思政实施的教学模式研究”的阶段性成果；四川外国语大学校级2022年“三进”课程思政专项教改立项阶段性成果（SJ223016）。

① 《习近平在全国高校思想政治工作会议上强调：把思想政治工作贯穿教育教学全过程开创我国高等教育事业发展新局面》，载《人民日报》，2016－12－09。

教育具有教育目标上一致和教育内容上交叉的特点，在这个过程中将“课程思政”融入其中，是大势所趋，也必将大有所为。

一、“课程思政”融入大学生职业生涯规划课现状分析

（一）“课程思政”内容融入不充分

大学生职业生涯规划课作为大学生公共必修课程，是为适应社会主义市场经济体制的需求，依照高校对人才培养的目标而设立的，其主要教学内容和目标是帮助学生明确自身的职业兴趣、性格、技能和价值观，了解就业形势，熟悉国家的就业政策，提高就业竞争意识，熟练掌握就业的基本途径和流程，以及简历、推荐信等求职材料的制作和撰写方法、笔试面试的技巧，提高就业竞争能力，并最终顺利就业，在务实性和应用性方面强调过多，主要侧重于就业技能的掌握、就业知识的传递和就业率的达标。而在价值引领方面，如引导学生形成正确的职业观、养成良好的职业道德、服务社会、实现自己的人生价值等方面重视不够。这就需要将思政内容融入其中，才能起到良好的教育效果。

（二）“课程思政”融入方式滞后

部分高校的大学生职业生涯规划课主要采取单向、单一的“灌输式”教学方式，主要传授知识、讲解理论，与“课程思政”割裂开来，出现了“两张皮”现象，没有将“教书”与“育人”结合起来。这需要教师充分利用课程载体、活动载体和网络载体，探索新的、有吸引力的教学方法和融入途径。在学生的学习形式上也需要探索小组或团队合作模式，增强学生的团队合作能力和集体荣誉感，提高学生课堂参与的热情，实现理想的课程教

育效果。

（三）“课程思政”作用发挥不充分

目前高校的一些毕业生的功利主义、享乐主义、实用主义倾向比较明显，片面追求薪资待遇，追求去一线城市、发达城市，不愿去基层和欠发达地区。受疫情和经济发展形势等因素影响，就业中追求“铁饭碗”和“求稳”心理特别明显。在就业范围的选择上，体制内工作成为首选，考公务员，考事业编，进国企央企，不屑于去私营企业。主动就业意识淡薄，“躺平”、慢就业、懒就业现象近年来愈演愈烈，呈现等、靠、要的思想。就业过程中不讲诚信，随意违约，严重影响了自己的形象，也损坏了学校的声誉。

这些不良的就业现象都表明大学生职业生涯课在价值引领方面、思政教育方面还没有充分发挥作用，在提高课程教育效果方面还有很大的提升空间。

二、大学生职业生涯规划课“课程思政”的构建与实施

（一）挖掘“课程思政”元素

1. 理想信念教育与到基层建功立业结合起来

近年来，出于基层治理、乡村振兴的需要，政府出台了很多优惠政策，鼓励学生到基层就业，到国家最需要的地方建功立业。但到新疆、西藏等边远地区的大学生相对还是很少，有的去了后看到条件太差，没有坚持下来。大学生职业生涯规划课就是引导青年大学生要将个人的发展与祖国的发展、国家的需要联系起来，这方面要做出的努力还有很多。

目前来看，基层就业理念欠缺、就业技能不足，这是影响大学生基层就业的主观因素。也有一些大学生认为基层就业空间较为宽广、竞争压力较小，因而盲目选择到基层就业，但没有做好吃苦的准备，也没有准备好相关的技能，难以胜任相关的工作，他们不仅缺少对基层就业的理性认识，也没有选择适合自己的岗位，导致基层就业效果差甚至失败。同时，大学生专业知识相对丰富，但基层就业技能却相对不足，同样难以胜任基层就业岗位的需要。比如，一些大学生不了解基层工作特点，不能采取符合基层工作需要的方式、手段来完成工作。

2. 劳动法律教育与依法治国理念结合起来

职业生涯规划课要给学生讲授《中华人民共和国劳动法》《中华人民共和国劳动合同法》《中华人民共和国就业促进法》《中华人民共和国劳动争议调解仲裁法》《中华人民共和国工会法》等内容，提高大学生的法律意识。讲授这些内容不仅要学生记住与自己就业息息相关的重要的法律条文，更重要的在于在必要时能用法律武器捍卫自己的合法权益。还要通过学习这些法律知识，诚信就业，不弄虚作假，尤其在简历撰写、面试过程中以诚待人，如实报告自己的学业、实践等情况。

对于法律条文的学习，我们要上升到依法治国的高度。例如，我们可以引导学生学习习近平总书记的重要文章《坚持走中国特色社会主义法治道路　更好推进中国特色社会主义法治体系建设》，法治兴则民族兴，法治强则国家强。青年学生不仅要知法、守法，还要用法。高校要结合自身学科和专业特点加强法治理论研究和宣传，把新时代中国特色社会主义法治思想落实到各法学学科的教材编写和教学工作中，推动进教材、进课堂、进头脑。对于我们外语院校而言，需要学习和应用涉外法，讲好中国法治故事，为提升我国法治体系与法治理论的国际影响力和话语权贡献力量。

3. 实习实践教育与了解国情、民情结合起来

高校职业生涯规划课的实习实践方式，目前来讲主要有以下几种：参加就业工作坊、参加企业的宣讲会、参加校友分享会等活动，就我校而言还有面试工作坊、师能技能训练营、新媒体运营训练营、创新创业训练营等。整体而言高校的职业生涯规划课重理论的输入，而在实践方面出于种种原因，实施得比较少。

职业生涯规划课需要创新教育途径，积极开展就业实践活动，创新实践环节。具体来讲在进行职业生涯规划课的课程思政建设时，可以将课程的实践环节和各地方政府的人才引进工作、市场的人才需求结合起来，为学生搭建到机关、企事业单位进行实习实践、挂职锻炼的平台和机会，使学生在真实的公司、真实的职场环境中体验和领悟，在不断的实践中增强本领，在克服困难过程中锻炼意志品质，教育和引导学生扎根中国大地，服务国家建设。另外，要结合专业特点和专业能力培养的需要，带领学生走访生产一线、深入乡野田间、参与社区基层服务等，通过这些实践形式，使学生增进对国情、民情的认知，端正就业观念，对“懒就业”“慢就业”说“不”。同时，通过实习实践环节，引导学生学以致用、发挥专业所长，努力践行习近平新时代中国特色社会主义思想，为实现中华民族伟大复兴的中国梦贡献力量。

（二）探索“课程思政”的融入方法

1. 理论讲授与实践体验共同发力

习近平总书记在清华大学考察时提出教师要成为大先生，做学生为学、为事、为人的示范，促进学生成长为全面发展的人。职业生涯规划课的老师要成为大先生，就要着眼于对学生的影响力和引领力，在理论讲授环节，将职业知识、技能与学生一生的生涯发展结合起来，既要有深度、广度，还要有高度。同时需要

理论与实践结合，让学生在实践中将自我思想道德素质的提升更好地融入自身就业生涯规划。校园内的生涯实践也是丰富多彩的，如职业生涯规划大赛、学业规划大赛、简历大赛，让学生在大赛中进行职业和学业的规划，树立正确的就业价值观和学业观。结合外语专业特点，组织学生参加模拟联合国大赛、智博会志愿服务、抗疫志愿服务等方式，让学生增强责任感和使命感。带领学生参观企业、去实习基地兼职实习，指导学生了解企业文化，这些都有利于学生了解外在市场，提高自身能力。目前学校也正在大力推进访企拓岗的活动，必将为学生的实践提供更多的机会，学生更深入社会、职场开阔眼界、培养能力和锻炼才干。

指导学生参加大学生创业项目和创建特色的科研创新团队，让学生在实验和项目中学习，塑造严谨、细致的科学精神，为就业奠定坚实的基础。近年来，“互联网+”大学生创新创业大赛越来越受到学校的重视和同学们的欢迎，2021 年我校在高教主赛道和“青年红色之旅筑梦”赛道共 1492 人报名，累计参赛学生 1857 人次，累计参赛项目 285 项；经过学院初选，学校组织专家评审复选，确定 9 个项目入围市赛。互联网+大赛是“三全育人”的重要方式，可以让学生的创新创业能力得到有力提升，实现技术赋能的效果。

2. 案例分享与人物访谈同向同行

案例教学法与人物访谈结合，增强思政育人的效果。邀请职业生涯规划名师到校指导活动，邀请校企合作单位团队来校宣讲，邀请优秀校友来校举行座谈会，等等，丰富课堂的授课模式，增强课堂的吸引力，让学生真正参与到自己的职业生涯规划中去，在榜样中寻找自己的职业定位与职业选择，提高课堂的实效性和学生的获得感。鼓励学生访谈优秀校友或行业精英，学习优秀人才严谨求实、甘于奉献的职业素养。访谈参加“三支一扶”计划的校友，学习他们甘于奉献，扎根基层，支援西部，不怕苦、不怕累，到基层，到西部，到祖国需要的地方去建功立业的高尚情操。

案例教学和人物访谈法的应用提高了课堂的吸引力，鼓励学生独立思考，以榜样为引领，做好就业的准备；同时更注重学生能力的提高，而不局限于知识的积累，学生在案例中学到了求职和职场中应该具备的能力，在现实中就要有意识去锻炼和提高；另一个重要的作用是案例教学和人物访谈应注重双向交流，教师与学生，校友与学生，在思想的碰撞中，在语言的沟通中获取更有“含金量”、更多元丰富的信息。

3. 团队组建与分类指导协同推进

任课教师指导学生就某个领域进行深入的挖掘与调研，了解客观真实的就业市场，把握企业用人的标准，形成调研报告进行分享和发表，将调研成果共享给需要的同学。让学生在调研中学会结合外在市场的要求校准自己的就业价值观，提高自己的就业能力，同时提高团队意识和协作能力。对于高年级学生建立行企职调研团队，深入某个行业进行调研，了解人才需求，掌握简历撰写和面试的方法与技巧，了解违约相关的法律法规，最终为就业做好充分的准备。我院建立了三级就业帮扶机制，就是学院领导带队，专业课教师积极参与，辅导员主动作为，为学生更高质量、更充分就业提供保障。职业生涯规划课老师则需要结合学生特点，组建就业互助小组，在无领导小组讨论、结构化面试、简历优化、信息分享方面互相成就。

重点关注“懒就业”“慢就业”和就业困难群体，提早甄别、分类指导，着重加强价值观引领，提高就业信心以及就业能力。疫情暴发以来，报考研究生、报考事业单位和公务员的学生人数激增，针对这两个考试大军的教育、引导和帮扶又是一项重要工作。

2020 年 5 月 28 日，教育部印发的《高等学校课程思政建设指导纲要》指出，要全面推进高校课程思政建设，建设高水平人才培养体系，必须将思想政治工作体系贯穿其中，抓好课程思政建设，解决好专业教育和思想政治教育“两张皮”问题。以上通过对职业生涯规划课融入“课程思政”的价值探索，弥补现阶段“课程思政”融入的不足，进一步挖掘本课程的“课程思政”元素，落实“课程思政”的实施方式，实现职业生涯规划课立德树人、为党育才、为国育人的教育功能。

参考文献

韩宪洲. 论课程思政建设中的几个基本问题——课程思政是什么、为什么、怎么干、怎么看［J］. 北京教育（高教），2020（5）：48—50.

教育部办公厅关于印发《大学生职业发展与就业指导课程教学要求》的通知［EB/OL］. http://www.moe.edu.cn/publicfiles/business/htmlfiles/moe/moe_745/200802/11260.html.

刘合新. 课程思政理念下大学生职业生涯规划教育路径探索［J］. 西华师范大学学报（哲学社会科学版），2020（5）：120—123.

习近平在全国高校思想政治工作会议上强调：把思想政治工作贯穿教育教学全过程 开创我国高等教育事业发展新局面［N］. 人民日报，2016—12—09（1）.

作者简介

包淑萍，女，硕士，讲师。主要研究方向：思想政治教育。

家国情怀与全球视野：人类命运共同体思想指导下的法语视听说课程改革与实践*

葛长义

（四川外国语大学法语学院 重庆 400031）

摘　要：中国参与全球治理需要一大批具有家国情怀、全球视野和人类命运共同体情怀的高级法语专业人才。四川外国语大学法语学院积极探索人类命运共同体思想指导下的法语人才培养改革，以法语视听说课程为突破口，把人类命运共同体思想融入教学实践。这需要我们从完善课程目标、选用视频资料和加强实习实践三个方面入手，进行教学改革创新。

关键词：人类命运共同体思想　法语视听说　改革

引　言

2013 年 3 月习近平总书记在莫斯科国际关系学院演讲中首次向国际社会系统论述“人类命运共同体”理念，随后在多次重大场合强调“人类命运共同体”理念。“人类命运共同体思想体

* 本文系四川外国语大学教学改革研究项目“人类命运共同体背景下《法语视听说》课视频资料选取与使用研究”（JY2146237）的阶段性研究成果。

现出中国对全球治理困境的理性反思，体现出中国积极贡献于全球治理的自信和决心，也得到了世界各国的广泛认可。”[①] 近年来，人类命运共同体这一概念已成为全球政界和学界的热词。“坚持推动构建人类命运共同体成为新时代中国特色社会主义思想的重要内容和基本方略，成为中国为世界做贡献的目标。”[②]中国积极参与全球治理，加快建构人类命运共同体，“提升我国世界话语权”，“为解决人类问题贡献更多中国智慧和中国方案，为世界和平与发展作出新的重大贡献”[③]，需要强有力的外语人才支撑和保障，其中就包括了解法语国家社会、经济、文化，并且具有人类命运共同体情怀的高级法语人才。本研究在思考人类命运共同体思想内涵的基础上，以四川外国语大学（以下简称川外）法语专业本科三年级法语视听说课程为例，探讨如何把人类命运共同体思想融入该课程，这对于新时代国际化法语人才的培养将是有益的尝试和探索。

一、法语人才培养与全球治理需求

法语是世界第五大语言，讲法语的人口接近三亿。目前，国际法语国家组织[④]的成员已达 88 个国家和地区，遍布五大洲，尤其是欧洲和非洲；法语也是联合国、国际奥委会等多个重要国际组织的官方语言和工作语言。因此，法语人才的培养事关我国

---

① 洪岗：《基于人类命运共同体理念的外语院校人才全球素养培养》，载《外语教学》，2019 年第 4 期，第 50 页。

② 王战等：《人类命运共同体理论的构建与践行——以中法非人文交流为中心》，载《江汉论坛》，2019 年第 9 期，第 62 页。

③ 马建堂：《构建人类命运共同体为世界贡献中国智慧》，载《求是》，2017 年第 22 期，第 39 页。

④ 该组织（Organisation Internationale de la Francophonie，简称 OIF）的官方网站为 www. francophonie. org.

在政治、经贸、军事、文化、体育等众多领域的国际合作交流和核心利益，以及对全球事务的参与程度。中国特色社会主义进入新时代以来，在人类命运共同体的背景下，我国对包括法语在内的外语人才培养提出了更高的要求，正如习近平总书记 2016 年 9 月 27 日在中央政治局第三十五次集体学习会上指出的，“参与全球治理需要一大批熟悉党和国家方针政策、了解我国国情、具有全球视野、熟练运用外语、通晓国际规则、精通国际谈判的专业人才”①。为更好地参与全球治理，做好法语人才储备，外语院校应在继续培养好专业和复合型人才的同时，积极研究人类命运共同体思想的内涵和构成要素，探索培养具有人类命运共同体情怀的高素质法语人才，为我国参与全球治理和人类命运共同体的建设作出贡献。

二、人类命运共同体思想指引下的法语人才培养

人类命运共同体是指尽管社会制度和文化传统存在差异，世界各国人民的命运仍紧密联系在一起，拥有着共同的利益，面临着共同的挑战。坚持人类命运共同体理念意味着我们不仅要立足本国，还要了解世界文化的多样性，坚持和而不同，包容和欣赏不同的思维方式，有效地进行跨文化互动，共同面对全球性的危机和挑战，为全球可持续发展和人类福祉采取积极行动。“人类命运共同体建构的理念强调的不是文明的对抗或改造，而是建构相互欣赏、相互理解、相互尊重的人文格局，在文化自信的基础

① 《习近平主持中央政治局集体学习强调推动全球治理体系变革》，载《人民日报》（海外版），2016－09－29。http://paper.people.com.cn/rmrbhwb/html/2016-09/29/content_1716113.htm。

上实现文明互鉴。”[①] 结合习近平总书记对全球治理人才的描述，具有人类命运共同体情怀的法语人才应具备以下两方面素质：一是全面深入了解我国的国情和政情，二是具有全球视野，因为唯有在了解和认识自身文明的基础上，加深自身文化自觉性同时，在平等尊重的前提下，深刻理解世界各国文明的异同性，才能进而推动不同文明对话、和谐共生。[②]

（一）讲好中国故事的家国情怀

在法语人才培养中践行人类命运共同体理念，首先要帮助学生熟知党和国家的方针政策，了解中国特色社会主义建设取得的成就，熟悉中国传统文化，为讲好中国故事做好知识储备。党和国家的方针政策是基于中国和世界发展的时代特征而制定的，是全党全国人民认识国家与世界发展特征的思想指南，也是我国与世界有效互动的行动指南。[③] 只有及时了解党和国家的各项方针政策，才能正确认识时代责任与历史使命。因此，我们要帮助学生及时了解、掌握党和国家的外交方针政策，以及中国参与全球治理的理念与思路，并将这些内容融入相关课程，帮助学生了解党和国家的方针政策、发展成就和全球治理理念。建设人类命运共同体，还需要充分了解中国的优秀传统文化，为全球治理提供中国智慧，培养对中国传统文化的认同感，增强参与全球治理的使命感和责任感。

---

① 王欣，陈凡：《角度、深度和温度——新文科背景下价值引领与外语专业课程思政建设》，载《外国语文》，2021 年第 6 期，第 17 页。

② 土欣，陈凡：《角度、深度和温度——新文科背景下价值引领与外语专业课程思政建设》，载《外国语文》，2021 年第 6 期，第 19 页。

③ 洪岗：《基于人类命运共同体理念的外语院校人才全球素养培养》，载《外语教学》，2019 年第 4 期，第 51 页。

（二）倡导文化多样的全球视野

参与全球治理的法语人才除了要深入了解中国，还需要具备跨文化沟通能力和全球视野。2001 年 11 月联合国教科文组织通过的《世界文化多样性宣言》认为，文化在不同时代、不同地方有不同表现形式，这些多样性的具体表现构成了人类各群体、各社会所具有的独特性和多样化。文化多样性是交流、革新和创造的源泉，对人类来讲，就像生物多样性对维持生态平衡那样必不可少。文化间的对话是和平的最佳保证。[①] 在以人类命运共同体为背景的法语人才培养中，应把保护和发展文化多样性作为一项指导思想，帮助学生理解文化多样性的内涵，及其对全球治理和人类命运共同体的重要意义。我们的法语人才还需要树立全球领导意识，熟悉全球治理所需的国际知识，为我国竞争国际组织的高级职位，参与制定和实施国际规则做准备。我们应帮助学生了解重要国际组织的性质、作用和运作机制，帮助学生理解现有国际管理体系，为将来参与全球治理工作做知识上的重要储备，并促使其进行深入的思考和研究。

三、人类命运共同体思想与法语视听说课程的融合

为培养法语专业学生的人类命运共同体情怀，我们首先应加强人才培养的顶层设计，把人类命运共同体理念融入培养方案和课程设置。在明确了人类命运共同体理念的内涵和构成要素后，我们要研究通过何种课程和具体的教学实践环节来培养这些素养和理念。接下来，我们以四川外国语大学法语学院本科三年级法语视听说课程为例，从课程目标、教学视频资料和实习实训三个

① UNESCO, *UNESCO Universal Declaration on Cultural Diversity*, Paris, UNESCO, 2001.

方面，探讨如何把人类命运共同体理念融入课程教学活动和教学实践，进而培养具有人类命运共同体情怀的法语人才。

（一）完善课程目标

法语视听说课程是川外法语学院法语专业本科三年级开设的专业必修课，授课时间为一学年，共计六十四学时。授课过程使用现代化的视听设备，模拟真实的语言环境，利用原汁原味的视听教学资料，使学生在听觉和视觉感知的双重刺激下，快速理解视听资料提供的信息，并将听到和看到的信息用口头方式表达出来。在具体的教学环节中，我们首先要求学生学会根据不同主题和形式视听资料的语言特点，通过语境提示、资料主题、逻辑推理等，快速理解视听资料提供的主要信息；其次，要求学生在理解视听资料信息的基础上进行思考和言语表达，吸收不同主题所涉及的语言知识和文化知识，提高正确使用法语的能力。本课程视、听、说三方面的实践训练，旨在全面提高学生的信息理解水平和口语表达能力，增强运用语言文化知识进行跨文化交际的能力。

法语视听说作为一门能力养成和提升课程，在培养具有扎实专业基础的法语人才方面发挥了重要作用，有力支撑了法语专业人才培养目标的实现。为了更加有效地参与全球治理，我国对外语人才的培养提出了更高的要求，那就是外语人才不但要能熟练运用外语，还要了解我国国情、具有全球视野、通晓国际规则。这势必要求我们不断完善该课程的培养目标，用以指导教学实践和具体教学操作环节，其中就包括课堂视频资料的选取和使用。

（二）选用视频资料

对于法语视听说教学而言，视频资料的选取至关重要，因为它们不仅包含了学生需要掌握的语言和文化知识，还传达了资料本身所宣扬的观点和价值取向。在人类命运共同体理念的指引下，我们选取的视频资料应符合以下原则：一是加强对中国发展的关注，增强学生的文化自信和民族自豪感；二是拓展学生的视野，让学生放眼全球，了解世界各地发生的重要事件和不同国家的人们所处的不同生存状况，增强人类命运共同体建设的使命感；三是注重资料时效性，让学生紧跟时代发展的步伐；四是资料在语言和主题方面的难度应适中；五是资料的主题和形式应尽量多样化。

在以上原则的指导下，便可以着手选取和录制视频资料。渠道方面，国内的法语视频资源主要集中于中央电视台法语频道；国外的资源相对较多，主要有法国五洲电视台 TV5Monde 等电视频道，但应加强资料的甄别与筛选，保证“思想健康和语言规范”[①]。主题方面，我们应尽可能关注更多的领域，尤其是人类共同面临的挑战和关注的问题，如抗击疫情、环境保护、气候变化、能源危机、粮食安全、减贫事业、太空探索、移民危机、战争危害、网络安全、多边主义、碳排放、核安全、新能源开发、科技发展、社会公正、男女平等、南南合作等。对此类主题的关注有助于学生把握全球治理面临的困难，增强参与全球治理的使命感，激发其为人类命运共同体建设树立远大理想，并把对相关问题的思考融入自我成长中。形式方面，视频资料可以是新闻报道、演讲、专题采访或纪录片，也可以是人物传记、电影片段或辩论，应尽量多样化。

在使用视频资料的授课环节，我们应坚持讲授语言知识与课程思政相结合的原则。一方面，向学生讲解视频资料中的语言、社会和文化知识，让学生具备扎实的语言基本功，能用法语论述

① 王欣，陈凡：《角度、深度和温度——新文科背景下价值引领与外语专业课程思政建设》，载《外国语文》，2021 年第 6 期，第 20 页。

以上相关主题；另一方面，教师应提高思政意识，增强思政能力，注重培养学生过硬的思想政治素养，帮助学生树立正确的价值取向，坚持知识传授与价值引领相统一，实现思想政治教育与知识体系教育的有机统一。[①] 在涉及以上相关主题时，应结合国内外形势，从中国视角和发展中国家视角了解现有全球治理体系，培养人类命运共同体意识和情怀，为学生将来参与全球治理工作提供知识储备，实现知识学习、能力提升和立德树人三位一体的教学目标。[②]

（三）加强实习实践

课堂之外，我们应发挥第二课堂育人功能，引导学生开展关于人类命运共同体思想内涵和外延的研究，加强对民情和国情的了解，增强社会责任感，鼓励相关的创新课题申报；重视实习实训环节和社会实践，培养学生运用专业知识解决实际问题的能力，尽可能给学生提供到国内各级政府涉外部门、国际组织实习见习的机会，以及在重要的国际政治、经贸、文化活动中担当志愿者的机会，使学生在实践中运用专业知识，在跨文化跨领域交流中不断成长；此外，我们还可以通过短期留学、国际夏令营、联合培养等方式，拓展学生的国际视野，加强共同体意识。

结　语

人类命运共同体思想是新时代中国参与全球治理的重要指导思想，也是培养具有全球视野的法语专业人才的指导方针。在人

① 洪岗：《对外语院校课程思政建设的思考》，载《外语电化教学》，2020 年第 6 期，第 23 页。

② 孙有中：《课程思政视角下的高校外语教材设计》，载《外语电化教学》，2020 年第 6 期，第 50 页。

类命运共同体思想指引下，我们要让学生不但有讲好中国故事的崇高责任感，还要有倡导文化多样的全球视野和博大胸怀。法语视听说作为川外法语专业必修课，是培养学生人类命运共同体情怀的重要阵地。为更好地把人类命运共同体思想融入该课程，我们要从课程目标、视频资料和实习实践三个方面进行改革和创新。这不仅有利于高素质法语专业人才培养，也是新时代我国全球治理人才储备和培养具有国际视野、中国情怀、创新精神的高素质外语专业人才和复合型外语人才的有益探索。[①]

参考文献

UNESCO. *UNESCO Universal Declaration on Cultural Diversity* [R]. Paris：UNESCO，2001.

洪岗. 对外语院校课程思政建设的思考 [J]. 外语电化教学，2020 (6)：23−26.

洪岗. 基于人类命运共同体理念的外语院校人才全球素养培养 [J]. 外语教学，2019 (4)：50−55.

教育部高等学校外国语言文学类专业教学指导委员会. 普通高等学校本科外国语言文学类专业教学指南 [M]. 北京：外语教学与研究出版社，2020.

马建堂. 构建人类命运共同体为世界贡献中国智慧 [J]. 求是，2017 (22)：39−41.

孙有中. 课程思政视角下的高校外语教材设计 [J]. 外语电化教学，2020 (6)：46−51.

王欣，陈凡. 角度、深度和温度——新文科背景下价值引领与外语专业课程思政建设 [J]. 外国语文，2021 (6)：16−22.

---

① 教育部高等学校外国语言文学类专业教学指导委员会：《普通高等学校本科外国语言文学类专业教学指南》，北京：外语教学与研究出版社，2020 年。

王战，刘天乔，田婧. 人类命运共同体理论的构建与践行——以中法非人文交流为中心 [J]. 江汉论坛，2019 (9)：62−67.

作者简介

葛长义，男，1982 年生，博士研究生，副教授。主要研究方向：法国文学、法语教学。

“三全育人”理念下高校教学秘书角色定位及育人效能提升*

何 琴 李 竹

（四川外国语大学国际关系学院 重庆 400031）

摘　要：“三全育人”是高校落实“立德树人”根本任务的重要抓手，是践行为党育人、为国育才的重要举措。在“三全育人”理念下，教学秘书作为教学信息传递者、教学秩序维护者和教学过程的管理者，是高校“三全育人”综合改革中不可或缺的重要一环。在本职工作中践行育人铸魂有明显的岗位优势，然而，当前高校教学秘书工作存在育人意识薄弱、育人能力欠缺、协同机制不健全、保障体系待优化等问题。应当通过强化“三全育人”理念、增强育人能力、优化协同机制、加强保障体系来提升高校教学秘书的育人效能。

关键词：“三全育人”　教学秘书　角色定位

2016年12月，习近平总书记在全国高校思想政治会议上指出：“要坚持把立德树人作为中心环节，把思想政治工作贯穿教育教学全过程，实现全程育人、全方位育人，努力开创我国高等

* 本文系四川外国语大学教学改革研究项目“新时代高校教学秘书身份认同研究——以四川外国语大学为例”（JY2062216）的阶段性研究成果。

教育事业发展新局面。"[①] 2017 年 2 月 27 日，中共中央、国务院印发了《关于加强和改进新形势下高校思想政治工作的意见》，要求"坚持全员全过程全方位育人。把思想价值引领贯穿教育教学全过程和各环节，形成教书育人、科研育人、实践育人、管理育人、服务育人、文化育人、组织育人长效机制"[②]。2020 年，教育部关于印发《高等学校课程思政建设指导纲要》的通知，明确表示要"让所有高校、所有教师、所有课程都承担好育人责任"，"构建全员全程全方位育人大格局"。[③]

"三全育人"是指高校在育人过程中应实现全员育人、全过程育人、全方位育人。具体来说，全员育人是指育人主体不限于思政课教师，而是全体教职工，高校教职工要以立德树人理念为引领，在本职工作中对大学生进行直接或者间接的教育引导；全过程育人是指将思政教育贯穿于大学生成长的全过程，融入大学生学习、生活和实践等各方面；全方位育人是强调要从不同维度，比如校内校外、线上线下等，将立德树人贯穿于课程体系、实践体系、科研体系、服务体系、网络体系和管理体系等领域。培养什么样的人、如何培养人以及为谁培养人，是教育的根本问题。国家的性质和国情决定了我国高等教育培养的是为社会主义建设服务的建设者和接班人。青年是国家的未来、民族的希望，青年的价值观决定了国家和社会的价值走向，因此，高校思政教

① 《习近平在全国高校思想政治工作会议上强调：把思想政治工作贯穿教育教学全过程 开创我国高等教育事业发展新局面》，中国共产党新闻网，http://dangjian.people.com.cn/n1/2016/1209/c117092－28936962.html，查询日期 2022－03－01。

② 中共中央 国务院印发《关于加强和改进新形势下高校思想政治工作的意见》，中华人民共和国中央人民政府网站，http://www.gov.cn/xinwen/2017－02/27/content_5182502.htm，查询日期 2022－03－02。

③ 教育部关于印发《高等学校课程思政建设指导纲要》的通知，中华人民共和国教育部，http://www.moe.gov.cn/srcsite/A08/s7056/202006/t20200603_462437.html，查询日期 2022－03－04。

育要加强对青年价值观的引领，在“拔节孕穗期”为青年扣好“人生的第一粒扣子”。将“三全育人”工作融入办学治校全过程，是高校全面贯彻新时代党的教育方针，自觉担负起培养担当民族复兴大任的时代新人的历史使命。

一、教学秘书工作中的“三全育人”元素

教学秘书要发挥好桥头堡、先头兵的作用，在日常管理服务工作中，想学生所想、急学生所急，切实解决学生面临以及关心的问题与困惑。教学秘书在高校的管理工作中有着多重角色，包括教学信息的传递者、教学秩序的维护者、教学过程的管理者等。

（一）教学信息的传递者

教学秘书工作起着上传下达的作用，一般负责将学校教学管理部门发布的新教学规定、通知等信息，如教学安排、人才培养方案的修订、学校补课安排、学生考试时间等，及时通知到学院师生。此外，教学秘书还需要将师生对教学相关信息的建议、意见反馈给领导或者学校的上级管理部门，以及协调学生、教师及其他与教学有关的人员之间的沟通。

（二）教学秩序的维护者

教学秘书负责教师的课堂监督、备课等。如教学秘书要协助学院领导检查老师上课情况、教学材料准备情况等。这些工作都是在主管领导的指导下进行，但教学秘书是具体的执行者，责任可谓重大。

（三）教学过程的管理者

教学秘书作为基层的教学管理人员，日常工作都是围绕教学

活动进行的，贯穿整个教学过程，虽繁杂琐碎但也至关重要，应根据既定的教学进度表做到有计划地安排，不能出现遗漏和差错。如教师调停课的报备，教师课时量的统计与核算，期末试卷的印制与保管，学生选课问题解答，等等。

（四）教学秘书育人工作的优势

在“三全育人”理念下，教学秘书在本职工作中践行育人铸魂有明显的岗位优势。首先，学生与教学秘书有直接接触，且部分学生接触频繁。如涉及选课、考试、答辩等。其次，学生在学业过程中能从教学秘书那里寻求到帮助，教学秘书一定程度上影响着学生的就读体验与学业价值观的形成。除此之外，教学秘书能查看学生成绩的信息，能直观发现学生在学习上存在的问题并发出预警，进而与辅导员、班级导师形成育人合力，共同促进学生成长成才。

二、教学秘书育人工作的短板

高校已逐渐构建起“三全育人”格局，初步形成十大育人体系，但是教学秘书尚未真正融入三全育人大格局。教学秘书践行育人铸魂有明显的岗位优势，但也存在育人意识不强、育人能力有限、协同机制不健全、保障机制有待优化的短板。

（一）育人意识薄弱

当前有不少教学秘书对“三全育人”认识不足，思维眼界受限，缺乏对大思政环境的思考，未能及时转变观念，仍认为思政教育是辅导员、班主任、思政教师等人员的职责，在育人工作中缺乏主动性、积极性。

（二）育人能力欠缺

习近平总书记强调，“做好高校思想政治工作，要因事而化、因时而进、因势而新”①。但部分高校教学秘书所学专业与工作相关性低，多依赖“老带新”模式开展工作，仅仅掌握岗位技能及业务知识，对教育教学规律、学生成长成才规律把握不全面，思政工作能力弱。尽管教学管理服务工作中育人切入点、契合点良多，但受限于能力，不少教学秘书难以在“三全育人”体系构建中充分发挥个人作用。

（三）协同机制不健全

许多高校没有认可教学秘书在高校管理工作中的地位，也没有意识到教学秘书角色的重要性，甚至认为教学秘书就是跑腿打杂、送材料的角色。高校缺乏对教学秘书工作融入“三全育人”格局的系统部署谋划，致使高校教学秘书队伍的“三全育人”参与度不高。

（四）保障机制待优化

部分高校对教务工作队伍重视不够，相关人员未列入编制、流动性大、素质参差不齐、发展空间有限等问题长期未得到解决，致使教学秘书缺乏对职业的认同感、对高校的归属感、对教育的使命感，育人意识淡薄，游离于“三全育人”体系的边缘。

① 《习近平在全国高校思想政治工作会议上强调：把思想政治工作贯穿教育教学全过程 开创我国高等教育事业发展新局面》，中国共产党新闻网. http://dangjian. people. com. cn/n1/2016/1209/c117092 − 28936962. html，查询日期：2022−05−07。

三、提升教学秘书育人效能的途径

从教学秘书的角色定位可以看出，教学秘书对于高校教学运行有着重要的作用，在“三全育人”理念下，教学秘书育人有着其岗位优势，但也存在一些问题。针对这些问题，可通过强化育人理念、增强育人本领、强化协同机制和优化保障体系来提升教学秘书育人效能。

（一）强化育人理念

意识在前，行动在后。教学秘书应提高政治站位，深入理解“三全育人”内涵，优化职业认知，端正价值取向。第一，积极将个人发展融入“三全育人”工作主题，将个人发展融入高校与教育事业发展，增强使命感、责任感。第二，立足教学秘书承上启下、反馈协调、维护教学秩序的角色定位，以爱岗敬业的精神投入工作，在教学管理服务的过程中尽职尽责，服务立德树人中心工作。第三，主动总结反思，挖掘思政元素嵌入点，在常规工作中结合新形势、新要求、新问题，创新开展教务政策解析、学业预警帮扶等措施，拓展教务领域思想价值引领载体。

（二）增强育人能力

固本培元，守正创新。教学秘书育人要先育己，增强育人本领。第一，应加强思想政治教育理论储备，深入学习马克思主义中国化理论知识、思想政治教育专业基本理论、习近平关于教育的重要论述等，确保思想政治教育方向正、观念新、效果好。第二，在教学管理服务过程中注重沟通方法，结合当代大学生的特点与成长规律开展工作，化“指导式”工作为“引导式”教育，以细致的政策讲解、严谨的教学管理、周到的业务服务，引导学生主动思考，进而树立正确的学业观、成才观；助力教师规范教书育人，投身思政育人，让育人职责与业务工作有机融合。

（三）强化协同机制

全员参与，协同联动。教学秘书应聚焦工作方法改进，让思想政治教育与工作实际、师生个性特点相契合，借助新媒体搭建教务通知平台，完善教师排课、学生选课、考务提醒、学业预警、课堂管理的人性化管理服务机制，进一步加强与辅导员、班级导师、任课教师的联动，形成育人合力，确保与思政教育同向同行。

第一，与课程教师保持沟通，及时反馈学生对课程的意见和建议，增强课程思政效果，提升课程育人的水平和质量；第二，作为与学生沟通的一线窗口，有意识地了解学生群体的舆情热点、思想动态和鲜活事例，及时将学生中存在的问题以及对学校的意见和建议反馈给相关部门，消除各类隐患和风险，避免重大事件尤其是群体性事件的发生；第三，配合学院思想政治教育，发挥自身在学生群体中的影响力，主动作为，积极宣传正确的价值理念，对学生党建和班团集体建设给予指导和支持。

（四）优化保障体系

强化队伍，健全机制。要想充分激发教学秘书队伍的育人效能，建设一支符合新时代教育改革要求的教学秘书队伍，离不开强有力的制度保障。高校应进一步强化教学秘书队伍建设，将其纳入“三全育人”综合改革，强化教学秘书参与“三全育人”工作的顶层设计，充分发挥新时代教育评价改革的指挥棒作用，鼓励教学秘书主动、创新参与“三全育人”工作。因此，高校需要健全培养激励机制，大力加强教学秘书队伍建设，如完善培训机制，提高专业化工作水平；构建考核评价体系，增强工作获得感；明晰职业发展路径，增强队伍稳定性等，不断提高教学秘书岗的吸引力和归属感，为高校思想政治工作增添新的动力和活力。

结　语

高校是“三全育人”的直接执行者，构建“三全育人”模式是立德树人的必然要求。教学秘书队伍为高校教学工作提供必要保障和服务，是高校“三全育人”综合改革中不可或缺的重要一环。教学秘书作为教学信息的传递者、教学秩序的维护者和教学过程的管理者的角色，在“三全育人”理念下，有着育人岗位优势，但也存在着育人意识薄弱、育人能力有限、协同机制不健全、保障体系待优化的问题。可以通过强化育人理念、增强育人能力、强化协同机制、优化保障措施等途径来提升育人效能。

在“三全育人”理念下，教学秘书在教学管理过程中要做到“管理育人”“服务育人”。其严谨的工作作风影响着学生，以人为本、爱岗敬业踏实作风能有效帮助学生形成正确的人生观、价值观。要提高教育教学质量，教学秘书应有较强的创新和实践能力。他们不仅要在教育观念上有创新、管理制度上有创新，还要求其在管理手段上有创新，这样才能为培养创新性人才服务。总之，“三全育人”理念下的教学秘书工作是一项系统工作，需要广大师生通力合作，边实践边调整，以便更好地维护教学秩序的正常进行。教学秘书应时刻保持认真谨慎、耐心细致的态度以加强管理责任担当，提升教学管理效果以提高人才培养质量，贯彻实施“全程育人”。

参考文献

樊怡. 浅谈关于高校教学秘书工作的几点思考［J］. 科技风，

2021（25）：3.

郭珍妮，关煜航．“三全育人”视角下教务工作者育人效能的提升［J］．开封文化艺术职业学院学报，2021（9）：79－80.

李志博，徐建伟，赵志明．新时代高校教学秘书的工作现状及提升路径［J］．教育教学论坛，2020（38）：2.

罗璇，蔡萌．“三全育人”理念下对推进学院本科教务管理的探索［J］．高教论坛，2021（11）4：17－19.

任瑜艳．高校教学秘书岗位定位与素质要求［J］．现代交际，2021（2）：159－161.

孙子淇．“大思政”视域下教学秘书角色定位的转变与发展［J］．山西青年，2018（12）：60.

唐魏．赋能与重塑：新时代高校教学秘书的转型发展［J］．教育教学论坛，2021（9）：48－51.

吴光双，谭美玲．“三全育人”角度下教务员与辅导员协同育人的路径研究——以广州商学院为例［J］．高等教育，2021（12）：92－93.

焉炳飞，李文佐．新时代背景下的高校教学秘书管理创新研究［J］．产业与科技论坛，2019（6）：239.

焉炳飞．“课程思政”背景下二级学院教学秘书管理工作探究［J］．产业与科技论坛，2020（19）12：265.

杨信．公办高等学校教学秘书队伍建设现状与改革创新［J］．科教导刊，2021（11）：29－31.

尹祝凤．角色定位困境与教学秘书队伍建设［J］．当代教育论坛，2011（10）：8.

Guo Jianwei. New requirements for the ability and quality of Teaching Secretaries from the Perspective of Internet＋'s Teaching Management［J］. *Modern Communication*, 2018（13）：119.

Tu Muzhe. Research on the predicament of Teaching Management and the Professional Development Strategy of Teaching Secretary in big data era [J]. *Journal of Mudanjiang Institute of Education*, 2015 (5): 41.

作者简介

何琴，女，1991 年生，硕士研究生。主要研究方向：教学管理。

李竹，女，1990 年生，硕士研究生。主要研究方向：教学管理。

微时代红色文化融入高校课程思政建设的作用路径探讨

——以旅游管理专业为例*

黄雅婷

（四川外国语大学国际工商管理学院 重庆 400031）

摘　要：高校课程思政建设是实现立德树人根本目标的必然要求。旅游管理专业基于文化与旅游的天然统一性，借助微时代文化传播的挑战和机遇，以红色文化传承发扬为着力点，通过微资源、微平台、微分享和微互动，构建微时代红色文化融入课程思政建设的育人新模式，实现旅游管理专业学生专业知识和思想素养的同向同行提升。

关键词：红色文化　微时代　课程思政

习近平总书记在视察原南京军区机关时指出：要把红色资源利用好、把红色传统发扬好、把红色基因传承好。红色文化是中国共产党领导人民在民族解放、现代化建设和改革开放的进程中凝练而成的，蕴含了高尚情操的教化价值和理想信念的引领价值，是大学生思想政治教育的宝贵资源。而在以微博、微信、抖音等微平台为主要传播媒介的“微时代”，各种文化充斥其间、

* 本文系四川外国语大学教学教改研究项目“文旅融合视阈下旅游管理专业红色文化协同育人模式构建研究”（JY2146241）阶段性成果。

大量信息纷至沓来，由于分辨能力不强、信仰不够坚定，部分大学生对红色文化产生了认同危机。同时，红色文化在高校中的传播尚未形成稳定的传承创新体系，也未能建立起有效的运行机制，严重影响了红色文化融入课程思政教育的质量和效果。

“读万卷书，行万里路”，旅游自古就兼具游憩与教育的天然属性。旅游管理专业的课程思政建设是将思想政治工作融入专业教育的必然要求，是培养德技兼修的旅游专业人才的必由之路。面对全新的时代背景，本文将探索如何利用微博、微信、抖音等新媒体平台，把红色文化以润物无声的方式融入旅游管理专业的课程思政教育中，从而实现立德树人根本目标。

一、红色文化融入旅游管理专业课程思政建设的时代挑战

（一）红色文化的认同危机较重

改革开放四十余年来，中国经济快速发展，社会变化日新月异，人民群众的物质文化需求得到满足的同时，也呈现出了对精神文化的渴望。

根据文化冰山模型，文化分为外显物、价值观及内隐的基本假设三个层次。目前对红色文化的展现主要通过唱红歌、诵经典、观红色电影、访红色景点等形式进行，而这些符号和活动都只属于文化的外显层次；纯粹外显层次的文化展示会导致大众对红色文化的认知停留在表象层面，削弱红色文化的力量。因此，应更加深入地挖掘红色文化所蕴含的态度、信念、价值观等元素，进一步探究红色文化的精神内核，并把这些内容以更加丰富多元的形式，结合年轻人感兴趣的新元素加以展现。

（二）红色文化的传播渠道缺失

微时代以微博、微信、抖音等新媒体平台作为文化传播的主要媒介，成为各种亚文化的聚集地。比如存在于微博的超话频道便是粉丝文化的传播平台，签到、打投、控评等任务成为粉丝群体的共同行为，完全崇拜并无条件维护偶像是他们的精神寄托。除此之外，还有形形色色的平台承载着诸如宅文化、弹幕文化、二次元文化等对大学生群体影响甚广的亚文化类型。

反观红色文化的传播渠道，主要是电视、报纸等传统媒介。令人担忧的是，在大学生群体活跃的各个新媒体平台上，红色文化的传播却近乎失语。这一现象的产生，主要是由于红色文化的传统表现形式如红歌、主旋律影片、专题片等，不适合追求内容短小精悍、视觉冲击力强的微博、抖音等平台。因此，要占据微时代传播平台，需探索适合新媒体平台传播的红色文化表现形式，使新媒体平台成为红色文化传播的主渠道和主阵地。抗击新冠肺炎疫情期间，众多医护人员、社区工作人员和志愿者的感人事迹，被创作成短视频，在微博、Bilibili 等年轻用户极为活跃的微平台上广为传播，是红色文化在微时代传播的一个典型。

（三）红色文化的叙事策略单调

在微时代，每个人都是传播主体，既是内容的消费者，又是内容的生产者。年轻一代更加注重个性、独立和自我意识的表达。而由于其深刻性和崇高性，对红色文化的呈现通常采取宏大叙事策略，注重历史发展的必然性，个人在其中扮演的多是工具化和脸谱化角色。当高校在红色文化教育中也采取宏大叙事策略时，便会在大学生群体中产生内容空洞、形式主义甚至脱离生活的认知。时代的发展固然势不可挡，但在个性化备受推崇的今天，大学生们更重视个人选择和个人命运的呈现。

近期在青年群体中大受好评的《觉醒年代》，描绘了中国共产党人在波澜壮阔的革命年代舍生取义的忘我精神。该剧有别于其他主旋律剧作的一大特点，便是叙事策略从单一宏大叙事转向个人与时代互动的多元策略，将宏大的建党历史融入对陈独秀、李大钊、陈延年等人生历程的刻画，让观众看到一个个真实的人如何在历史中挣扎、浮沉、取舍，最终坚定不移地选择了共产主义道路，实现了思想性和观赏性的高度统一，是红色文化多元叙事策略在微时代的一个应用范例。

二、红色文化融入旅游管理专业课程思政建设的可行性

习近平总书记在俄罗斯中国旅游年开幕式上的致辞中指出，旅游是传播文明、交流文化、增进友谊的桥梁。从孔子周游列国到郑和下西洋，无不印刻着儒家思想、地理文史、大国开放的历史烙印。旅游业快速发展，有利于我国经济新旧动能转换、国内国际双循环，有助于促进乡村振兴、助力精准扶贫、实现可持续发展。将红色文化融入相应课程，是旅游管理专业开展课程思政建设的天然条件，也是旅游管理专业开展专业思政改革的独特优势。

（一）“文旅融合”特质是红色文化融入课程思政的天然基础

国家《“十三五”旅游业发展规划》明确提出，要“促进旅游与文化融合发展”。红色旅游的蓬勃发展反映了旅游和红色文化内在的统一性和良好的融合性。四川外国语大学地处红色资源丰富的歌乐山下，继承解放军俄文训练团的红色传统，拥有把红色文化融入铸魂育人工作的基因。在红色文化和旅游深度融合的

时代背景下，将红色文化引入旅游管理专业人才培养体系，为旅游管理专业思政改革提供了新解法，为在人才培养中将立德树人根本任务与专业技能培养相融合提供了新路径。

（二）专业培养目标是红色文化融入课程思政的必然要求

旅游管理专业致力培养旅游行业专门人才。随着我国社会经济的发展，旅游已经成为中国人民生活的重要内容。强业必先强才，行业的快速发展迫切需要与之相适应的数量足、结构优、素质优、有活力、能担当的旅游人才队伍。同时，旅游行业是国家对外宣传的重要窗口，旅游从业人员有着“民间外交大使”称号，要在深刻理解我国文化内涵的基础上，以坚定的文化自信，向世界讲好中国故事，传播中华优秀文化。因此，在旅游管理专业人才培养过程中，必须坚持专业和思政的有机融合，贯彻立德树人的根本任务，提高学生的职业素养、文化素养和审美素养，引导学生树立正确的价值观、历史观、国家观、民族观、文化观，激发学生热爱家乡、建设祖国的家国情怀，培养学生服务地方旅游业发展的责任感。

（三）专业课程设置是红色文化融入课程思政的坚实保障

旅游管理是综合性应用型专业，理论课程具有很强的交叉性和综合性，知识内容源自产业实践并服务于产业运营需要，涵盖了丰富的内容，上至天文、下至地理，集广度、深度和温度于一身；旅游管理专业实践课程重在学思结合、知行统一，增强学生勇于探索的创新精神和善于解决问题的实践能力。思政在专业课程中的渗入，充分体现了育德于课，在课程中介绍祖国美丽河山，展现行业的发展，展示国家现代化的经济、科技、文化，树立文化自信，培养爱国精神。旅游管理专业致力应用型人才的培养，注重实践课程与理论课程的有机结合，实现了理论与实践融合、专业与行业融合、学校与社会融合，构建了“三全育人”基本框架，为更好地进行专业思政改革提供了有利条件。

三、红色文化融入旅游管理专业课程思政建设的作用路径

在互联网时代，“个人和集体存在的所有过程都直接受到新技术媒介的塑造”①。信息技术的广泛应用重塑了文化传播和思想引领的方式，给新时代的思政教育创新提出了新的课题。微时代的高校课程思政建设，必须着眼于对新思维、新技术和新方法的有效运用，从问题出发、以学生为中心，将红色文化创造性地融入思想政治教育，具体的实践应用可以从以下几方面着手。

（一）善用“微资源”，红色文化精准嵌入专业课程

旅游业的发展是政治稳定、经济发达和社会开放的结果，中国旅游业的进程更是一部中国共产党领导中国人民革命、建设、改革、走向共同富裕的复兴史诗，是红色文化在旅游领域的投射。因此，基于旅游与红色文化的良好融合性，旅游管理专业应该在课程设计中巧妙融入红色文化元素，取得微言大义的效果。

以《旅游学概论》课程“乡村旅游”一节的课程设计为例，首先应明确课程内容与红色文化的思政契合点，即乡村振兴战略。乡村旅游有利于实现农业的多功能性价值，有助于农民脱贫增收，是实现乡村振兴的重要途径和抓手。在明确了思政契合点之后，便需依据时代性、思想性和契合性原则，获取能够反映乡

① 曼纽尔·卡斯特：《网络社会的崛起》，夏铸九、王志弘译，北京：社会科学文献出版社，2006年，第64页。

村振兴内涵的热点话题、新闻事件、图片、视频等微资源，并分别设计成章节背景导入、案例分析、辩论议题、小组讨论话题、情景模拟等模块，精准嵌入课程内容。

（二）搭建“微平台”，拓宽红色文化传播渠道

微平台是大学生群体获取信息的主要途径，更应该成为红色文化教育的主要阵地。根据奥德佛提出的 ERG 理论（人本主义需要理论），人类同时拥有生存、相互依存和成长三种需求，而如果较高层次需求的满足受到抑制，那么人们对较低层次需求的渴望会变得更加强烈。通过微平台提供的信息和社交属性，大学生可以获得生存和相互依存两种需求的满足，但如果微平台不能满足他们的成长需求，那么他们只会去追求更多交友、追星、消费等低层次的需求。成长需求是最高层次的需求，具备更强的精神属性，需要通过世界观和价值观的赋予获得满足。红色文化具有极强的思想引领价值，应该利用微平台加强传播，以满足大学生群体的高层次需求。

微信的社交属性较强，专业课教师应该充分利用个人微信，通过展示工作和生活中的红色文化元素，将红色文化潜移默化地融入学生的生活日常。在个人微信之外，还应积极利用学校、学院和社团的微信公众号，作为更加系统地梳理和介绍红色文化的平台。微博兼具信息传播和社交属性，适合文字、图片和视频的整合传播，本专业可以通过专门的微博账号，发布精心制作的红色文化内容，并通过学生的转发扩大传播范围。

（三）促进“微分享”，提升红色文化认同感

分享是微时代的本质属性，互联网上的个体通过分享实现联结，构成了全新的社会形态。群体的划分标准不再是性别、年龄、职业，而是分享的内容。社会认同理论的提出者塔弗尔认

为，社会认同是“个人拥有关于其所从属的群体，以及这个群体身份所伴随而来在情感与价值观上的重要性知识”。个体通过社会分类，对自己的群体产生认同，并通过维持积极的社会认同来提高自尊。

短视频是微时代最受欢迎的一种传播载体，各大短视频网站用户数量不断增长的同时，各种简单易学的短视频剪辑软件也走进了大众视野。大学生学习能力强、技术接受度高，可以通过布置红色文化短视频作业的方式，鼓励学生创作短视频，并在Bilibili、抖音等短视频平台进行发布。通过同学作业互评、点赞和转发，促进红色文化短视频的分享，群体成员受内群体偏好的影响，便会强化对红色文化的积极认知，而积极的红色文化认知又会进一步提升群体凝聚力，形成正向闭环，最终提升大学生群体对红色文化的认同感。

（四）强化“微互动”，重塑红色文化教育方式

思想政治教育本质上是一种交往活动，教育者和受教育者是平等的主体，而不是主导与被主导的关系。红色文化融入课程思政建设，不是要向学生灌输红色文化，而是要让学生接受红色文化，并将其蕴藏的精神本源内化为自己的价值观。微互动是对师生角色的重新定义，变自上而下的纵向互动为交织并行的横向互动，把课堂内的正式互动延伸到课堂外的非正式互动。

班导师辅导、导师茶话会、师生座谈会可以分享知识、交流情感，是非常有效的师生线下微互动形式；通过常态化的师生交谈，关注学生的思想动态、回应学生的现实关切，并利用红色文化精神对学生进行引导和疏解，提升学生对红色文化引领价值的认知。微时代的师生互动还应积极利用线上平台，开展微直播、微问答、微沙龙等活动，就学生关心的人际关系、学习压力、科研难点、就业方向等问题展开深入交流。从个人经历出发，以红

色文化所蕴含的崇高理想引导学生制定更高远的人生目标，并做好为之奋斗的准备。

结　论

红色文化是构筑中华民族共有精神家园的重要内容，文化与旅游良好的融合性奠定了红色文化融入旅游管理专业课程思政建设的坚实基础。面对微时代红色文化的传播困境，关注学生需求、把握时代脉搏，用好新媒体平台这一“双刃剑”，通过微资源、微平台、微分享、微互动等方式，对红色文化进行整合、转化、传承和发扬，推进旅游管理专业课程思政建设与专业思政改革，使学生从思想政治教育的被动接收者成长为红色文化的信仰者和捍卫者，从而真正实现德技兼修、立德树人的根本目标。

参考文献

黄艳．红色文化融入高校思想政治教育路径研究［J］．北方民族大学学报，2021（6）：148－155.

黄震方，黄睿，侯国林．新文科背景下旅游管理类专业本科课程改革与“金课”建设［J］．旅游学刊，2020，35（10）：83－95.

廖钟迪．旅游管理类专业课程思政改革研究——以“旅游市场营销”为例［J］．黑龙江教育（高教研究与评估），2020（12）：29－31.

刘润为．红色文化是文化自信的根本支撑［J］．马克思主义文化研究，2019（2）：192－193.

马兆兴．文旅融合背景下旅游院校红色文化协同育人模式的构建［J］．中国职业技术教育，2019（21）：92－96.

曼纽尔·卡斯特．网络社会的崛起［M］．夏铸九，王志弘译．北京：社会科学文献出版社，2006：64.

南楠. 大学生对红色文化的认同危机及对策研究［J］. 决策与信息，2017（2）：82－88.
杨立淮，徐百成. “微时代”下大学生思想政治教育的应对［J］. 中国青年研究，2011（3）：103－106.
张明明. 微博、微信网络环境下高校思想政治教育研究［J］. 思想理论教育导刊，2014（4）：104－106＋110.
周金堂. 把红色资源红色传统红色基因利用好发扬好传承好［J］. 党建研究，2017（5）：46－48.

作者简介

黄雅婷，女，1984 年生，硕士，讲师。主要研究方向：旅游管理。

翻译教学的课程思政探索：以《习近平谈治国理政》英译本的分析讲解为例

刘　嘉

（四川外国语大学英语学院　重庆 400031）

摘　要：翻译课程的价值潜能突出，可供挖掘的思政元素丰富，教学过程中应着力凸显“技”与“道”的关系。以《习近平谈治国理政》英译本的分析讲解为例，教师应从宏观着眼，引领学生深刻领会以国家意识为主的价值导向以及在此导向下采取的政治语汇翻译策略。与此同时，还应强调话语传播中内外有别的原则，引导学生充分认识服务受众的意识与语篇翻译层面诸多变通技巧之间的关系。在讲解翻译技能的同时，凸显以国家意识为主、受众意识为辅的价值导向有助于实现思政元素与专业知识的深入融合。

关键词：课程思政　翻译教学　《习近平谈治国理政》

2016年，习近平总书记在全国高校思想政治工作会议上强调：“要坚持把立德树人作为中心环节，把思想政治工作贯穿教育教学全过程，实现全程育人、全方位育人，努力开创我国高等教育视野发展新局面。”[①] 习近平总书记的讲话为高校在新时代

① 习近平：《把思想政治工作贯穿教育教学全过程》，新华网，http://www.xinhuanet.com//politics/2016-12/08/c_1120082 577.htm。

建立“大思政”格局指明了方向。教育部在此方针引领下发布了《高等学校课程思政建设指导纲要》，进一步明确了课程思政建设的要旨：“寓价值观引导于知识传授和能力培养之中，帮助学生塑造正确的世界观、人生观、价值观。”① 结合以上文件精神，我们可以对课程思政的内涵做如下阐释：课程思政是一种适应新时代育人要求的教学理念，力求通过优化课程设置、修订教学大纲、增补教学内容、改进教学管理等方式，在专业课程中增设并贯穿一条思想价值引领的主线，以确保非思政的专业课程与思想政治理论课同向而行，发挥立德树人的核心功效。

值得一提的是，作为一种将思政元素融入专业课、通识课的教学实践活动，课程思政不是要弱化专业课程中讲授的知识，代之以思政课程的教学内容，而是力图让专业课教师在提升自身道德修养的同时做好“大先生”，积极挖掘所授课程中蕴含的思想政治教育元素，并以适切的方式融入课堂教学的各个环节，在思政教育与专业教育之间缔结有效关联。换言之，课程思政能否持久深入地开展下去，取决于思政元素与专业知识在课堂教学这个主渠道中能否实现有效融合，价值引领与知识传授能否实现有机结合。本文以此为思考重点，围绕《习近平谈治国理政》（中、英文版）中的语篇材料在笔译课程中的运用与讲解展开论述，旨在探索思政元素与翻译知识的融合方法，有效践行外语教育立德树人的核心理念。

一、翻译课程中蕴含的思想政治教育元素

与其他课程相比，翻译课程的价值潜能突出，可供挖掘的思

① 教育部：《教育部关于印发〈高等学校课程思政建设指导纲要〉的通知》，中国政府网，http://www.gov.cn/zhengce/zhengceku/2020-06/06/content_5517606.htm。

政元素丰富，主要体现于以下两个方面：第一，翻译从根本上讲是一种以价值为核心的评价活动，译者通过诉诸与其文化立场、文化身份相关的价值术语，对原文中蕴含的、契合译者核心诉求的价值面向进行重新确认，以此方式引导受众的观念与态度，在目标语境中开创新的局面。以近现代翻译史为例，无论是晚清译者所展现的引进西学开启民智、挽救民族国家于危难之中的翻译姿态，还是五四新文化运动中采取的在世界视野中进行文化革新的翻译姿态，抑或是抗战时期和新中国成立初期为争取民族独立解放、助力社会主义革命而进行的红色翻译，无不向我们证明，翻译并非机械、中立的语言转换活动，而是一种引领价值的文化行为，在民族国家价值观念和精神世界的形成过程中发挥着不可小觑的建构作用。这一共识是我们在翻译教学中进行课程思政的重要立足点。

第二，与富有价值意蕴的翻译活动一样，翻译教学话语（包括课堂话语、所选教材、语篇翻译材料等）同样具有价值属性——既包含与翻译之“技”相关的知识，如翻译变通技巧、机器翻译技术、计算机辅助翻译技术等，同时也涉及与翻译之“道”相关的知识，比如翻译在塑造文化身份、重构话语体系、主导民族间相互关系方面发挥的建构性作用等。教师如果能从大局着眼，全面把握新时代背景下对于翻译人才培养的战略需求，有意识地从众多译本中挑选那些体现国家翻译规划和翻译能力，在巩固、推进社会主义核心价值观方面发挥积极作用的语篇翻译材料及赏析材料，同时将关注重点从技能性知识转向翻译技能背后的价值主张与价值传播，将有助于实现思政元素与翻译知识的有效融合，培养出国家发展建设所需的“手中有术，心中有道”

的翻译人才。①

二、思政元素与翻译技能在《习近平谈治国理政》译本讲解中的有效融合

从思政的角度来讲，《习近平谈治国理政》无疑是一套具有重要教育意义的政治文献。该套文献的译介既代表了我国当前的政治外宣翻译的最高水平，也凸显了新时代背景下对外翻译与传播的顶层设计和核心话语策略。有鉴于此，翻译教学中应充分利用《习近平谈治国理政》这一学习材料进行思政探索，在对其英译本进行分析讲解时，着力凸显变通技巧与整体性价值导向之间的内在关联，让学生了解并掌握翻译实践中为弘扬社会主义核心价值观、传播好中国声音所采取的策略法。

（一）凸显以国家意识为主的价值导向与政治语汇翻译技巧之间的关联

具体而言，在《习近平谈治国理政》译本的分析讲解中，以国家意识为主的价值导向应成为评价重点。教师应从宏观着眼，引领学生深刻领会这一国家翻译实践背后的价值诉求，即向世界展示习近平新时代中国特色社会主义思想的创新成果，为外国民众重新认识中国这一崛起的东方大国，了解当代中国的最新治国理念与执政方略提供有效途径；与此同时，全力扭转国际话语体系“西强东弱”的局面，使具有中国特色的对外话语体系在世界舞台上站稳一席之地。在认清这一整体性价值导向的基础上，教师应引导学生进一步把握该套文献中针对核心概念的翻译所采取

① 程维：《道术并举，知行合一——翻译专业课程思政建设的思考与实践》，载《中国翻译》，2021 年第 4 期，第 58 页。

的“坚持中国话语自信与话语自觉”的翻译立场[①]，并运用政治等效原则对这一翻译立场背后的学理依据做出合理的阐释。所谓“政治等效”，是指外交翻译中“一方面准确、忠实反映原语和说话者的政治思想和政治语境，另一方面，要用接受方所能理解的译入语来表达，使双方得到的政治含义信息等值，使译文能起到与原文相同或者相似的交际功能”[②]。应让学生充分认识到，当前的国际媒体与话语导向中仍不乏对中国的误读之声，不少外宣翻译中的惯用表达被用心不良的西方媒体涂抹贬义色彩，对我国的国家利益造成了负面影响。有鉴于此，译文选词尤其是核心概念的翻译应学深悟透，在深入当下政治语境，充分领会政治思想与文件精神的基础上进行精准翻译，提升政治话语的传播效果。

为了使学生深入理解政治等效的具体实施方案，进一步把握以国家意识为主的价值导向在翻译选词中的体现，可在理论阐述的基础上进行译例分析或译文辨析。例如在分析第三卷中出现的“底线思维”的翻译策略时，可引导学生对这一政治术语进行溯源，并在此基础上把握两种译文之间的价值差异：一种是与原文“貌合神离”的还原性翻译，“bottom-line thinking”，有账本底线之意，常用于隐射见利忘义、为追求利益而无视社会责任感的行事原则。一种是《习近平谈治国理政》中采用的阐释性翻译，“worst-case scenario thinking”[③]，不仅准确再现了新时期我国政治方略中“坚持底线思维”的内涵（即增强忧患意识，为最坏的情况做好准备），而且有效避免了机械直译可能引发的中国舍义

① 祝朝伟：《〈习近平谈治国理政〉中典故的英译方法及对外宣翻译的启示》，载《外国语文》，2020年第3期，第88页。

② 杨明星、齐静静：《外交修辞的复合性翻译标准：“政治等效+审美在线”——以国家领导人外交演讲古诗文为例》，载《中国外语》，2018年第6期，第91页。

③ 习近平：《习近平谈治国理政第三卷》（英文），北京：外文出版社，2020年，第261页。

取利的论调。同样的，在分析第三卷中关于“海洋强国”的翻译“a global community of shared future”[①]时，可让学生对“strong nation”与“power”（强国）做进一步阐释，并引导其认识专家译者在翻译核心术语时的政治考量与国家意识——“power”一词强调控制权，容易让外国读者产生海上霸权的联想，与中国建设海洋强国的宗旨不符，故选用中性色彩的短语“strong nation”，以避免在传播过程中被别有用心的外国媒体加以利用，与“中国威胁论”发生关联。通过对国家意识下的政治语汇翻译策略的细化分析与讲解，学生不仅能领悟到外宣翻译中坚持政治等效、维护国家利益的重要性，而且能够在译文赏析过程中增强人文情怀，形成政治品格与时代担当。

（二）凸显以受众意识为辅的价值导向与句法翻译技巧之间的关联

此外，《习近平谈治国理政》英译本的讲解还应凸显服务受众的意识，强调政治话语传播中“内外有别”的原则。具体来讲，对内传播通过传达方针政策、思想路线来加强学习了解、促进教育感化，为促进思想团结、采取一致行动提供保障[②]，因而宣传力度强，地方性价值突出。与之相比，对外宣传旨在有效传播中华民族优秀文化，并且让国外受众及时了解我国的治国理政方略，以期在国际社会中树立良好的大国形象，增强国家的软实力，因而特别强调译文要减少宣教意味，贴近国外受众的认知心理与阅读习惯，使其消除关于中国的刻板印象，产生亲切感与认同感。教师应阐明这一价值取向背后的理论依据，并以此为视

① 习近平：《习近平谈治国理政第三卷（英文）》，北京：外文出版社，2020年，第513页。

② 朱义华：《外宣翻译研究体系建构探索——基于哲学视野的反思》，上海外国语大学博士学位论文，2013年，第45页。

点，对译本在语句层面采用的变通技巧进行专题讲解。

比如在“化繁为简”这一专题下，可针对《习近平谈治国理政》三卷中的标题翻译策略进行系统性的解读，对中文标题工整对仗、语义重叠的特点以及英文标题简洁质朴、逻辑严谨的特点进行细致的对比，在此基础上深入理解译者针对中文标题中常见的副词、隐喻性表述、重复性表述所采取的省译法，关注省译在淡化宣教色彩、提高话语传播力方面的功效。在“化隐为显”这一专题下，可着重分析外宣译者翻译习近平总书记的讲话、谈话、演讲时，如何实现汉英思维方式的转换，通过在句子翻译中增补必要的关联词，突出政治话语表述中的隐含逻辑，厘清语段各句之间的内在关联，使译文表述贴近国外受众的思维习惯。在“动静结合”这一专题中，可针对政治文献英译中主语的选择问题展开例证分析，通过对比以往翻译中惯常使用的被动句与《习近平谈治国理政》中大量出现的由泛指人称代词“We”开头的主动句在交际效果方面的差异，使学生认识到政治文献外宣翻译中人称代词的使用在拉近讲话者与受众之间的心理距离、促成身份认同方面的积极作用。

（三）凸显二元共存的价值取向与整体性翻译策略之间的关联

在此基础上，还有一个问题值得深入探讨：“以我为准”、以国家意识为主的价值取向和以目的语文化为依归的价值取向之间究竟是怎样一种关系？在对这一问题的讨论中，教师应引导学生关注政治文献外译中的二元价值取向。应该让学生认识到，作为一种国家翻译实践，政治文献外译的根本目的是维护国家利益，塑造大国形象，为世界人民理解当代中国提供合宜的路径。然而译者同时面临着文化背景、价值体系的巨大差异所导致的与国外受众之间的认知分歧。鉴于此，译者的翻译行为旨在借助精心设计的翻译话语说服和打动受众，使具有不同价值立场的人群相互理解、彼此认同。在这一动机的引导下，译介过程中必然要同时兼顾两种价值取向：一方面用“他们”的思维方式等进行言谈，营造一种亲切的对话氛围；一方面着力展现“我们”的政治立场和文化态度，使“我们”的独特性为“他们”所认同。学生可由此领悟到，《习近平谈治国理政》英译本在句法结构、语体风格方面贴近国外受众的阅读习惯，顺应其认知心理，营构和谐的对话空间；在选词层面则追求准确性，对所译词条在英语语境中的内涵外延、褒贬色彩等进行考量与把关，务求忠实传达政治语汇的精神意蕴，维护民族国家的利益。词法、句法两个层面的话语建构有机结合在一起，共同打造出具有说服功效的话语效果，使社会主义核心价值观通过翻译这一载体，逐渐为国外受众所认可。

结　语

综上所述，《习近平谈治国理政》英译本中蕴含着丰富的思想政治教育元素，展现了新时代背景下我国对外翻译与传播的顶层设计和核心话语策略，是翻译课程思政中不可多得的学习材料。本文认为，讲解分析的重点不在于“技”，而在于引导学生认识“道”与“技”之间的关系，这也是翻译知识与思政元素的融合点所在。为此，讲解过程中应着力凸显以国家意识为主的价值导向与政治语汇翻译技巧之间的关联，让学生对词汇翻译中的“政治等效”原则深有领悟；同时应凸显以受众意识为辅的价值导向与句法翻译技巧之间的关联，使学生对“内外有别”的外宣翻译原则有透彻的理解。唯有如此，才能实现思政元素与翻译知识的有效融合，培养出国家发展建设所需的、专业技能与政治品格皆备的新时代翻译人才。

参考文献

程维. 道术并举，知行合一——翻译专业课程思政建设的思考与实践［J］. 中国翻译，2021（4）：57－60.

习近平. 习近平谈治国理政第三卷［M］. 北京：外文出版社，2020.

杨明星，齐静静. 外交修辞的复合性翻译标准："政治等效＋审美在线"——以国家领导人外交演讲古诗文为例［J］. 中国外语，2018（6）：89－96.

祝朝伟.《习近平谈治国理政》中典故的英译方法及对外宣翻译的启示［J］. 外国语文，2020（3）：83－90.

朱义华. 外宣翻译研究体系建构探索——基于哲学视野的反思［D］. 上海：上海外国语大学，2013.

作者简介

刘嘉，女，1981 年生，博士在读，副教授。主要研究方向：当代译论、翻译教学。

论“大思政”格局下外语院校主流意识形态教育的新特点与新要求*

孟　颖

（四川外国语大学马克思主义学院 重庆 400031）

（海南师范大学马克思主义学院 海口 571158）

摘　要：新时代以来，国际国内态势复杂化，文化多元化，思潮多样化，我国思想政治教育进入“大思政”发展阶段。高校作为意识形态前沿阵地，必须肩负起意识形态教育的重大责任，集中体现在思想政治教育教学过程中。本文聚焦外语院校思想政治教育教学，从课程思政、思政课程、课程与教学、教师四个视角对“大思政”格局下外语院校表现出的新特征进行分析，并从“大思政”基本原则和育人合力两个方面提出要求。

关键词：外语院校　思想政治教育　新特点　新要求

在我国，当前的主流意识形态集中表现为以马克思主义为指导的，带有鲜明中国特色的社会主义理想信念。习近平总书记多次强调“意识形态工作是党的一项极端重要的工作，是为国家立

* 本文系重庆市高等教育学会关于 2021—2022 年高等教育科学研究项目“新时代高校精准思政创新发展路径研究”（CQGJ21B063）阶段性成果；四川外国语大学 2019 年度党建和思想政治教育项目“新时代外语院校学生主流意识形态培育研究”（sisu2019067）阶段性成果。

心、为民族立魂的工作”[①]。“坚持社会主义办学方向，就要把坚持社会主义意识形态作为根本特征。”[②] 主流意识形态教育是高校思想政治教育的核心内容和本质要求。本研究聚焦外语院校主流意识形态所面临的新挑战与新要求，缘于外语院校大学生群体是特殊而又关键的一个群体，他们是中外文化交流的使者，也是扩大中国国际影响力的主力军。加强对外语院校师生主流意识形态教育的研究，对于推进我国教育改革、优化高等教育、把握思想教育规律具有重大意义。

一、“大思政”视域下外语院校主流意识形态教育面临的新特点

教育是一个多变的领域。当前形势下，各种意识形态正以个性开放、交互性强、影响面广等特点全方位地渗透于当代大学生的学习与生活中。思想政治教育和意识形态教育具有融通性，甚至在某种程度上“思想政治教育实际上是意识形态教育”[③]。

（一）课程思政视角：外语院校思想政治教育呈现出跨越文化边界的特点

课程思政是思想政治教育在新的时代背景和条件下教育资源的重组与再生。它既是一种教育理念，也是一种教育实践，是将思想政治教育责任由思想政治理论课向所有课程延伸。习近平总书记对高校课程思政提出改革要求：“挖掘其他课程和教学方式中蕴

① 中共中央宣传部：《习近平新时代中国特色社会主义思想学习纲要》，北京：学习出版社，2019年，第140页。

② 教育部课题组：《深入学习习近平关于教育的重要论述》，北京：人民出版社，2019年，第76页。

③ 郑永廷：《论社会意识形态与思想政治教育的内在联系》，载《中国高校社会科学》，2015年，第6期。

含的思想政治教育资源，实现全员全程全方位育人。”① 2020 年 5 月教育部印发《高等学校课程思政建设指导纲要》，指出：“落实立德树人根本任务，必须将价值塑造、知识传授和能力培养三者融为一体、不可割裂。全面推进课程思政建设，就是要寓价值观引导于知识传授和能力培养之中，帮助学生塑造正确的世界观、人生观、价值观，这是人才培养的应有之义，更是必备内容。”② 这些要求让课程思政成为高校主流意识形态教育的重要推力。

课程思政在外语院校的实施，使思想政治教育打破文化边界，显现出跨越性。这主要表现在中国优秀传统文化同西方文化之间的跨越、西方不同文化之间的跨越两个方面。这大幅度拓展了思想政治教育的内涵与外延，提高了外语院校思想政治教育的难度，同时也提供了教学创新的机遇。外语院校不是单纯地积累专业知识、学习不同文化的场所，而是在一定中外思想文化碰撞的学术研究基础上，以文化人，以文育人，培育出具有合理价值观、科学世界观、正确人生观的，有崇高共产主义理想信念、高尚思想道德品质和爱国主义情怀的新一代青年。

外语院校属于专门性学校，师生多语言组成、多文化背景是其突出特点，课程思政使思想政治教育渗透到各类课程教学过程中的同时，注重同各类课程本身所传达的知识、文化、价值之间的融合，以及各课程思想政治教育之间的协调，推进知识传授、能力培养、价值塑造于一体的课程思政育人理念的实施。

---

① 《思政课是落实立德树人根本任务的关键课程》，载《中国教育报》，2020－09－01。

② 《教育部关于印发〈高等学校课程思政建设纲要〉的通知》，中华人民共和国教育部，http://www.moe.gov.cn/srcsite/A08/s7056/202006/t20200603_462437.html，2020－05－28。

（二）思政课程视角：思想政治理论课功能发生由外而内、由此及彼的渗透与扩展

思想政治理论课是思想政治教育的主渠道，其功能是基于思想政治理论课的本质属性和自身定位而产生的，渠道与功能发挥的程度与水平关乎课程自身建设，关乎意识形态工作与高校学生的成长成才。

1. 由外而内地渗透

思想政治理论课功能可以分为外部功能与内部功能，外部功能主要表现为：政治功能、经济功能、文化功能等，内部功能主要表现为：人文功能、认知功能等。传统思想政治教育更多地强调思想政治理论课的外部功能，忽略其内部功能的发挥。“大思政”格局下，思想政治理论课功能开始向内渗透，内外双向统筹了思想政治理论课的系统功能，利于更好地服务于主流意识形态教育。

2. 由此及彼地扩展

“大思政”格局的形成将思想政治教育的各种功能联系起来，构建课程思政教育理念使思想政治教育责任向思想政治理论课外的其他所有课程拓展。对公共基础课程、专业教育课程、实践类课程三大功能类课程，以及文学、历史学、哲学类专业，经济学、管理学、法学类专业，教育学类专业，理学、工学类专业，农学类专业，医学类专业，艺术学类专业七大专业类课程作出明确的思政教育教学要求，使各类学科、专业课程在主流意识形态教育方向上有法可依，有力可使。思想政治理论课由里到外、由此及彼地形成一张稳固的育人“网络”，各类课程课内思政资源的挖掘，课程间思政资源的互补，构建了高校思想政治教育一体化育人体系。

（三）课程与教学视角：重新认识外语院校各类课程与教学的育人作用

英国教育家斯宾塞曾提出过一个具有划时代意义的问题：“什么知识最有价值?”这开启了着力让主流意识形态逐渐成为学校教育制定课程与教学核心内容的根据。[①] 对于以意识形态教育为根本指导思想的课程与教学而言，相比“什么知识最有价值”，或许“谁的知识更有价值”更具有现实关切意义。人们对外语院校各类课程与教学的关注，大多集中于外语或非外语类课程与教学标准、课程与教学设计、课程与教学大纲、课程与教学目标等，并且关注也多限于教育学或语言学意义，而对于课程与教学内容本身所涵育的思想政治教育价值、意识形态功能关注甚少。语言是传递思想、文化、意识形态的工具，同时，语言作为一种文化现象，本身就是一种思想表达形式。党的十九大以来，我们着力习近平新时代中国特色社会主义思想进教材、进课堂、进头脑的“三进”教育活动，正是对于课堂上要教什么、怎么教和教得怎么样这些问题的直接回答。外语院校各类课程与教学在思政教学资源挖掘、发挥思政作用等方面都面临极大的挑战。

（四）教师视角：外语院校教师课程思政意识与能力的发展起关键性作用

思想政治理论课的关键在教师，外语学院教师既是国外文化知识的传播者，同时更肩负着传播和巩固社会主义意识形态的义务和责任；既是课程的实践者，也是学生的引路人。外语院校学科、专业、课程均具有显著的意识形态性。意识具有三个基本特

① 迈克尔·W. 阿普尔：《意识形态与课程》，黄忠敬译，上海：华东师范大学出版社，2003 年，第 2 页。

点：自觉性、能动性、社会制约性。[①] 课程思政意识包括对思想政治教育在理念认知上具有自觉性，在策略方法上具有能动性，在价值取向上具有一定社会制约性。能力有一般能力和特殊能力之分。前者适于多种活动要求，后者适于某种专业活动要求。[②]各类课程均拥有各自独特的学科性、专业性，其教学需要特殊的学科、专业能力，同时也需要一般育人能力，这也是“教书育人”“课程育人”的基本要求。因此，教师的课程思政意识与能力对于外语院校学生主流意识形态培育起到至关重要的作用。

二、“大思政”格局对外语院校思想政治教育提出的新要求

围绕“大思政”格局下外语院校主流意识形态教育所面临的新特点，学校要准确把握新时代总体特征，紧扣思想政治教育总目标，精准掌握教育教学对象和群体的整体特殊性，不断扩充意识形态教育阵地与渠道，形成意识形态教育合力等，切实提高外语院校意识形态教育的实效性。

（一）基本原则：坚持各类课程思政与思政课程同向同行的原则

《高等学校课程思政建设指导纲要》要求全面推进高校课程思政建设，使各类课程与思政课程同向同行。“同向”指方向一致，“同行”即步调一致。同向是前提条件，同行是目的路径，二者合而为一。外语院校语言专业多，文化背景复杂，课程思政

① 顾明远：《教育大辞典（简编本）》，上海：上海教育出版社，1999 年，第 577 页。

② 顾明远：《教育大辞典（简编本）》，上海：上海教育出版社，1999 年，第 341 页。

与思政课程同向同行的内涵包括以下几个方面：

1. 政治方向一致

习近平总书记旗帜鲜明地指出：“政治方向是党生存发展第一位的问题，事关党的前途命运和事业兴衰成败。”“我们所要坚守的政治方向，就是共产主义远大理想和中国特色社会主义共同理想。”① 外语院校各类课程与思政课程同向同行即坚持用中国特色社会主义理想信念抵御不良政治诱惑，坚持共同的政治方向，以“立德树人、教书育人”为根本任务，防止在政治方向上出现偏离，防范颠覆性错误的发生。

2. 价值取向一致

从人类社会发展的过程和规律来看，青年人的价值取向往往决定着社会的未来价值取向。外语院校青年大学生容易受各种文化思潮的影响，这对课程思政与思政课程教育教学不断提出新要求，需要教师不断创新内容与方式，引导学生用马克思主义理论武装头脑，突出思想政治教育价值引领作用。这种价值取向不可止于自我价值，而是要达成一种宏观的价值共识，即课程思政和思政课程同向同行必须坚持价值塑造上的共同导向。主流意识形态教育需要各类课程与思政课程在教育教学过程中，坚持理论联系实际，以教学知行合一促进学生成长的知行合一。

3. 协同性一致

各类课程与思政课程虽然内容、性质、功能各有不同，但二者拥有“协同”的责任和“育人”的共性。为保障政治方向、价值取向的一致性，各类课程与思政课程要确保全校上下拧成一股绳、心往一处想、劲往一处使，着力解决专业课教师在思想政治

---

① 《习近平主持中共中央政治局第六次集体学习并讲话》，中国政府网，http://www.gov.cn/xinwen/2018-06/30/content_5302445.htm?cid=303。

教育中的认知问题、挖掘问题、效果问题以及考评问题，形成课程思政与思政课程相互补充、相互促进、步调一致、协同前行的良好局面。

（二）形成合力：形成引领“大思政”协同育人的合力

我们可以简单地认为：协同即某领域内或跨领域间的合作，合作的力量之合，即合力。在《路德维希·费尔巴哈和德国古典哲学的终结》中，恩格斯这样论述历史发展：“无论历史的结局如何，人们总是通过每一个人追求他自己的、自觉预期的目的来创造他们的历史，而这许多按不同方向活动的愿望及其对外部世界的各种各样作用的合力，就是历史。”[①] 恩格斯在此异常鲜明地指出，人类历史发展是由不同个人的意志、愿望形成的各种合力推动前进的。思想政治教育当然也需汇集各种合力，育人合力的形成需要全员、全过程、全方位的努力与付出。2017 年《高校思想政治工作质量提升工程实施纲要》中提出了“十大育人”的一体化育人体系。这一体系包含了课程、科研、实践、文化、网络、心理、管理、服务、资助、组织十大内容。要形成引领“大思政”协同育人的合力，自然涉及这十大内容的各部门各层级人员，每个部门内部以及部门之间的协同问题、分工问题。

1. 关于合力的协同

思想政治教育的合力的协同涉及领导者、管理者、教育者、教育对象、教学科研等要素。外语院校在合力协同方面会比其他院校更复杂，主要在于专业复杂、语种多样、文化多元等因素使合力的形成及协同的难度较大，如外语类课程思政与普通课程思

① 《马克思恩格斯文集（第四卷）》，北京：人民出版社，2009 年，第 302 页。

政的协同，外语类课程思政与思政课程的协同，有着不同文化背景的出国出境、访学交换教师与学生之间的合力与协同等。对外语院校而言，“大思政”教育协同合力的形成尤其是一项巨大的构建工程。

2. 关于合力的分工

论及协同，就一定涉及分工。协同让方向明确，分工则使职责分明。首先，各部门思想政治教育相关人员要负起思政责任，明确分工意识；其次，马克思主义学院教管人员需要大力协助、支持其他部门及教师尤其外语类专业教师，给予他们课程思政教学改革思路、目标、评价等多方面的指导，包括对案例选择合目的性、合规律性等方面的把握；再者，各级部门、各类课程教师有责任加强对学校思想政治教育内容与目标、主体与对象、方法与技巧、科研与管理等方面的创新发展，以凸显不同专业、课程的独到之处，促进思想政治教育统一性与多样性相结合。

高校思想政治工作、意识形态教育从来就不是思想政治理论课一己之力可以完成的，它是一项包含多元性主体参与、多样性资源挖掘和多态性实践活动的系统工程，不仅需要党团干部、辅导员、班主任、服务管理人员等各方力量的协同共进，更需要发挥思想政治理论课在大学生思想政治教育中的主渠道作用，深度挖掘各类课程的思想政治教育元素，做到与思想政治理论课同向同行。思政课程教师与各类课程教师共同努力，形成育人合力，着力构建既符合知识体系规律，又体现思想政治教育目的与价值，即合规律性、合目的性与合价值性集于一体的主流意识形态教育机制，着力培育大学生的社会主义核心价值观，为实现中华民族伟大复兴的中国梦凝聚新时代新生力量。

结　语

新时代是一个多元包容的时代，思想政治教育进入“大思政”发展阶段，各种社会思潮、舆论通过新媒体、融媒体、信息化、大数据等技术，涌向高校这个人才培养场所，使我国思想政治教育面临国内外复杂多变的形势，经受各种考验与挑战。外语类院校大学生的思想状况容易受到不同意识形态与价值观的冲击。在这种形势下，加强外语院校学生思想政治教育，提高当代外语类院校大学生的思想政治素质，对主流意识形态教育进行不断的、有针对性的创新研究，是一项复杂而艰巨的系统工程，需要多方面的积极配合与努力。要在多变的社会条件下，持续地强化对外语类院校大学生的主流意识形态引领，这需要理论与实践两方面的共同努力。

参考文献

陈锡喜. 意识形态：当代中国的理论和实践［M］. 北京：中国人民大学出版社，2018.

邓卓明. 新时代引领社会思潮合力研究［M］. 北京：中国社会科学出版社，2021.

《高校意识形态工作论纲》编写组. 高校意识形态工作论纲［M］. 北京：人民出版社，2019.

郭凤志. 高校思想政治理论课程建设研究［M］. 北京：北京师范大学出版社，2019.

教育部课题组. 深入学习习近平关于教育的重要论述［M］. 北京：人民出版社，2019.

李晓莉. 思想政治教育协同论［M］. 北京：中国社会科学出版社，2018.

汤荣光. 走向马克思主义意识形态理论深处［M］. 北京：人民出版社，2018.

作者简介

孟颖，女，1981 年生，硕士，四川外国语大学讲师，海南师范大学马克思主义理论专业在读博士研究生。主要研究方向：思想政治教育，精准思政，思想政治理论课程与教学。

习近平“六种思维”方法引领管理学课程思政改革*

裴　琳

（四川外国语大学国际工商管理学院 重庆 400031）

摘　要：管理学课程依托课程思政建设再设计、再创新，将习近平“六种思维”方法融入课程，重在发挥专业课程润物无声的价值渗透和引领作用，使学生在学习专业知识的同时通过“六种思维”方法提升高阶思维能力，提高管理理论水平和综合应用能力，从而激发主动学习和勇于实践的精神，提升历史使命感和发展创新精神，加强爱国主义、正确世界观和人生价值观的教育，成长为具有高尚道德情操、良好行为习惯和职业工匠精神的优秀人才。

关键词：习近平“六种思维”方法　管理学　课程思政

一、研究背景

思维问题历史悠久，本身属于哲学范畴，既是思考问题的方

* 本文系重庆市高等教育教学改革研究项目“习近平‘六种思维’方法深度融入大学生高阶思维能力培养的价值、目标与路径”（213223）阶段性成果；重庆市教育科学规划剂量“资源保存理论视角大学生在线课程学习主动性行为模式研究”（2020－GX－307）的阶段性成果。

式，也是处理问题的艺术，二者相辅相成，互相交叉，互为存在前提。思维方式内涵十分丰富，决定了人的行动方向。党的十八大以来，习近平总书记多次强调各级领导干部要努力学习掌握科学的思维方法，防止出现“新办法不会用，老办法不管用，硬办法不敢用，软办法不顶用”的情况，以科学的思维方法保证各项改革顺利推进。习近平总书记针对中国当前实际，提出了“六种思维”，即战略思维、历史思维、辩证思维、创新思维、法治思维和底线思维。

“课程思政”的实质是一种课程观。课程是落实立德树人教育目标的重要载体，学校课程是国家意志和教育理念转化为学校具体教育思想和办学理念的缩影。实施课程思政的根本目的在于解决“高校培养什么样的人、如何培养人以及为谁培养人”这个根本问题，实现高校立德树人的根本任务，帮助学生确立正确的世界观、人生观和价值观，增强学生的“四个自信”，实现知识传授、价值引领与情感关怀相统一，配合其他思想政治教育方式，解决学生成长之路上遇到的困惑以及产生的消极迷茫。

“六种思维”方法阐释了科学思维的核心内涵，对这六个方面思维方法的理解和应用，本质上决定了人才高阶思维能力培养的质量和有效性。从中国目前所面临的异常复杂局势来看，高等教育在实现中华民族伟大复兴的中国梦的历史使命上责无旁贷，重视大学生“六种思维”的培养和提高，意义特别重大。

对于管理类学科来说，思维能力决定着管理者的工作效率和效果，对未来管理者思维方式的培养尤为关键，对管理类学生的高阶思维能力培养决定着“培养什么样的人、如何培养人以及为谁培养人”这个根本问题的解决路径和方向。

二、面临的教学问题

管理学是为经济管理类专业本科生开设的专业基础课，是从事经济管理专业工作的必备知识、基础与技能的浓缩，作为经济管理类学生入校的“开学第一课”，具有前瞻性和指导性，起到价值引领的作用。目前的教学中亟须解决的问题是：

（一）解决“课程思政”抽象化的问题

课程思政在课程中的融入，容易存在找不到着力点的问题。“六种思维”方法的融入，能够引导专业课教师认识到实施“课程思政”的重要性，努力提升自己的“课程思政”意识和能力。同时，系统化设计课程思政的融入路径，有助于坚持思政教育基本要求，坚持正确的政治立场，提高教师政治意识，逐步培养学生形成正确价值观、人生观。

（二）解决课堂缺乏深度的问题

目前，相当一部分课程在低阶思维的状态下运行，没有或很少涉及高阶思维，导致课堂教学难以走向深入，学生在理解知识、建构意义和解决问题等能力发展上严重不足，难以有效促进学生高阶思维的发展。将科学的思维方法引入课堂，有助于推进课堂革命，更好地将知识学习与价值引领结合起来。

如何将“六种思维”方法深度融入专业课程建设与教学，是值得深入研究和实践的方向。信息技术 3.0 时代，信息化、全球化推动着教育体系发生大变革，对未来人才的素养提出了新需求。大数据背景下，要通过思维方式学习，提升学生的高阶思维能力，促使学习者积极参与，则进行理解、迁移运用和创造性解决问题的深度学习尤为重要。课程组以“六种思维”方法为引领，对管理学课程的课程目标、课程内容、教学模式、课程考核以及课程反馈等方面进行了再设计。

三、管理学课程思政教学改革

（一）重塑课程教学目标

课程组通过与国内管理学科专家学者研讨，确立本课程的教学目标为：以坚持历史唯物主义和辩证唯物主义为基石，以习近平总书记“六种思维”方法为引领，以“立德树人”为最终目的，通过理论与实践相结合的教学方式，采用案例式沉浸教学，帮助学生通过对管理学基本知识内容、基本理论和基本技能的学习，了解管理学实践，提高管理理论水平和综合应用能力，从而激发主动学习和勇于实践的精神，提升历史使命感和发展创新精神，加强爱国主义、正确世界观和人生价值观的教育，成长为具有高尚道德情操、良好的行为习惯和职业工匠精神的优秀人才。

（二）以学生为中心的混合式教学模式改革

在教学模式改革中，课程组全体教师统一思想，以“自我决定理论”为基础进行“以学生为中心”的教学模式设计。自我决定理论是由美国心理学家 Edward L. Deci 和 Richard M. Ryan 等人在 20 世纪 80 年代提出的一种关于人类自我决定行为的动机过程理论。自我决定是一种关于经验选择的潜能，是在充分认识个人需要和环境信息的基础上，个体对自己的行动做出自由的选择。自我决定论将人类行为分为自我决定行为和非自我决定行为，认为内驱力、内在需要和情绪是自我决定行为的动机来源。

课程组教师统一思想，认识到学生是学习的第一责任人，只有激发学生的内驱力、内在需要以及积极的情绪才能真正实现“以学生为中心”，真正达到教学效果。

课程注重现代信息技术与教育教学深度融合，探索实施网络化、数字化、智能化、个性化的教育，推动形成“互联网+高等教育”新形态，以现代信息技术推动课程质量。课程组设计了混合式教学模式，线上线下活动更加强调“学生中心”，打破传统沉默的教学方式，提倡“以学生为中心”的参与式学习、自助式学习、互动式学习等多种教学模式的转变。

依托学习共同体，学生真正成为课堂的中心，实现了深度学习。依托混合式课堂，学生可以更专注于主动学习，深入地思考问题。学生的主体性更为突出，更能凸显“以学生为中心”这一理念。

（三）“六种思维”方法融入课程内容

管理学采用了“马工程”版教材，重新修订了教学大纲、梳理了教学知识点，根据管理总论、决策、组织、领导、控制、创新六个板块的理论和实践侧重点，有针对性地融入“六种思维”方法，将碎片化知识模块化，通过闭环管理将模块化知识系统化。

第一，在基本原理板块融入历史思维和辩证思维。

历史思维是运用历史唯物主义的观点，通过对历史过程的科学梳理、对历史问题的深入分析、对历史人物的认真研究，充分总结历史发展规律，汲取推动历史发展的智慧和方法，预览历史发展的未来的一种思维方式。辩证思维是反映和符合客观事物辩证发展过程及其规律性的思维。其特点是从事物的内在矛盾的运动变化中，从其各个方面的相互联系中进行考察，以便从整体上、本质上完整地认识对象。

通过案例教学、对比分析引导学生透过现象看本质，启发学生探索我国改革开放、扶贫攻坚等重大管理举措背后的现象、经验、问题、管理知识等，激发学生主动学习管理知识，勇于探索实践的精神。引导学生积极关注和正确认识我国的管理历史演变。

第二，在决策板块融入战略思维和底线思维。

战略思维是指思维主体（个人或集团）对关系事物全局的、长远的、根本性的重大问题的谋划（分析、综合、判断、预见和决策）的思维过程。

底线思维是一种思维技巧，具有这种思维技巧者会认真计算风险成本，估算可能出现的最坏情况，并且接受这种情况。底线思维是一种唯物辩证法，是“有守”和“有为”的有机统一。

管理学课程结合国家重大决策，通过案例分析方式，在决策的方法上促使学生了解国情，提升国家荣誉感。

第三，组织板块融入了法治思维。

法治思维就是将法治的各种规定转换为且运用于认识、分析、处理实际问题的思维方式，是一种基于法律规范的逻辑化的思维方式。

管理学授课团队结合我国历史、党史和现代的国家组织、社会组织、企业组织、班级组织等，帮助学生树立团队意识、协作意识，提高学生的道德品质，为学生成长为中国特色社会主义事业合格建设者、可靠接班人奠定思想基础。

第四，领导板块融入了法治思维和底线思维。

授课教师在传授专业理论知识的同时引导学生了解中国优秀文化在现代管理学中的应用、中国企业家带领企业走出去所体现的企业家精神、改革开放四十年来中国企业的蜕变，增强学生的民族自豪感、自信心和责任感。

第五，控制板块融入了战略思维。

课程设计过程中注重对学生的人生观引导，嵌入人生风险控制知识，充分做好事前控制，防范风险和错误，在目标执行过程中，定期检查与纠偏，事后总结经验与不足，为实现更高的目标奠定基础。

第六，创新板块有意识地融入了创新创业教育，将创新思维培养贯穿课程始终。

创新思维是指以新颖独创的方法解决问题的思维过程。借助这种思维能突破常规思维的界限，以超常规甚至反常规的方法、视角去思考问题，提出与众不同的解决方案，从而产生新颖的、独到的、有社会意义的思维成果。

课程引入习近平总书记引自儒家经典《大学》的对青年人的寄语“苟日新，日日新，又日新”，鼓励学生要敢于创新，敢于尝试与探究，让青春年华在为国家、为人民的奉献中焕发出绚丽光彩。

（四）结合课程目标挖掘课程思政元素

课程组坚持理论与实践相结合，从实践中挖掘“课程思政”教育元素，因事而化、因时而进、因势而新。管理学课程中所蕴含的思政元素非常丰富，主要表现在：

其一，马克思主义哲学。如历史唯物主义、辩证唯物主义、中国共产党人的思维方式等。

其二，社会主义核心价值观。核心价值观，承载着一个民族、一个国家的精神追求，体现着一个社会评判是非曲直的价值标准。课程组教师在课程教学过程中，结合不同专业特点，将社会主义核心价值观的基本内涵、主要内容等有机、有意、有效地纳入整体教学布局和课程安排，做到专业教育和核心价值观教育相融共进，引导学生做社会主义核心价值观的坚定信仰者、积极传播者、模范践行者。

其三，中国传统文化思想和管理智慧。如诸子百家、传统伦理道德、中国管理思想等。

其四，个人素养和职业素养。如工匠精神、敬业精神、科学精神、奉献精神和企业家精神等。

其五，借助特定情境，融入思政元素。如学校身处红岩文化圈，附近有白公馆、渣滓洞、红岩革命纪念馆等实习实践基地，课程组设计实践环节，让学生感受红色文化，以营造爱国主义教育的现实情景和庄重氛围，衬托和彰显管理的真谛。

其六，课程育人。引导学生在大一做好规划、明确目标，《管理学》课程教学具有时间优势。课程组通过分析学生需求，选取的案例贴近实际、贴近生活、贴近学生，注重向社会环境、心理环境和网络环境等方向渗透。

课程组通过多轮授课，进一步梳理和整合了课程设计，将课程思政元素、知识点、思维方法以及育人目标进行了深度融会贯通，形成了立体化育人模式。

（五）激发学生主动参与

课程组注重教学过程中“中国情怀、中国故事、中国大管理”思想与理念的引导与运用，实行合作学习和问题探究式学习的教学模式，达到了激发学生学习主动性的效果。

2021—2022学年第一学期，课程组承办了由我校教务处主办的“学管理学，讲中国管理故事”微视频大赛，活动主旨是通过对中国管理故事的发掘与展示，激发学生的参与性与创造力，保障并提升教学质量，培养理论与实践并重的跨文化应用型人才。活动收到34份作品，学生响应积极，参与率为86%。参赛团队选题广泛，有国家层面的管理案例，如“新冠疫苗研发的管理思考”；有我国优秀企业管理案例，如“华为管理启示”；有自我管理案例，如“大学生自我管理”。

（六）“多层阶段式”考核方式改革

课程组将知识考核、能力考核与素质考核融为一体，平时考核与期末考核并重，对学生进行多层次、全方位的考核与评价，以达到提升学生的知识和能力水平以及职业素养的目的。在考核中，注重对学生高阶思维能力的培养，以过程性评价、定性评价和发展性评价为主，弱化定量评价和结果性评价。

线下课程采用伴随性评价，线上微课学习及线上讨论区发言采用大数据驱动的智能评价，从真实的教育情境、学生管理系统、在线学习平台等渠道采集，真实细致地记录学生学习过程，包含学生的学习行为数据、学习内容数据、学习管理数据、学习结果数据等。客观数据确保学生评价的科学性，同时客观、严谨的数据采集挖掘过程为学生评价的客观性奠定了基础。

四、应用效果

管理学课程依托课程思政建设进行再设计、再创新、再出发，与思政理论课程同向同行，协同一致，重在发挥专业课程润物无声的价值渗透和引领作用，使学生在专业知识学习的同时通过“六种思维”方法提升高阶思维能力，从理想信念、道德品质、法治素养三个维度潜移默化地接受社会主义核心价值观教育、法治教育、中华优秀传统文化教育、职业理想职业道德教育、心理健康教育等的指引。

自 2019 年进行课程思政改革后，我校采用了立体化育人模式，线上线下授课相结合，通过对课程目标、课程内容、教学方法、教学评价等方面进行深入创新与融合，展示出育人效果，教学效果优异，学生评教分数有显著性的提升。本门课程获得 2019 年度、2020 年度、2021 年度“学生喜爱的课程”教学质量奖，深受学生欢迎。师生教学相长，学生能力和专业水平提升，荣获国家级立项 1 项，获省部级大赛 5 项；教师荣获省部级荣誉 3 项，校级荣誉 3 项。2020 年，课程推广为全校核心通识课，面向全校各专业学生开设。

课程组团队通过共同努力，充分挖掘课程特色，提炼课程知识点中蕴含的思政德育元素，使专业课与思政内容无缝衔接，自然过渡，寓思政教育于课程之中，通过润物细无声、滴水穿石的隐性教育方式，助推"立德树人"这一最终教育目标的实现。

参考文献

陈松川. 大学专业课课程思政建设的特色、创新与成效探析[J]. 教育现代化，2019，6（82）：319－320.

侯莎莎. "课程思政"理念指导下的管理学教学改革[J]. 陕西教育（高教），2020（12）：21－23.

李丹，李康. 三维视角下"管理学"课程思政建设的探索与实践[J]. 黑龙江教育（理论与实践），2021（1）：19－21.

齐永智，闫瑶. 平衡计分卡视角下高校翻转课堂教学质量评价[J]. 高等财经教育研究，2019，22（1）：54－60.

尚利强，王智庆. 高校专业课教学中的"课程思政"——以"管理学"课程为例[J]. 西部素质教育，2019，5（21）：29－30+36.

唐芳.《管理学》课程思政实践路径探索[J]. 高教学刊，2021，7（12）：193－196.

温琳，葛凤丽. 精细化理念下《财务管理学》课程思政教学目标探索[J]. 现代商贸工业，2021，42（35）：162－163.

作者简介

裴琳，女，1979年生，硕士，讲师。主要研究方向：企业管理、人力资源开发与管理。

高校法语专业文化课程跨文化思政改革创新研究*

唐　果　姚　惠

（四川外国语大学法语学院 重庆 400031）

摘　要：全面开启“课程思政”是当前高等教育改革的重点。本文旨在从思政的角度对高校法语专业文化课程教学现状进行分析，探索高校法语专业文化教学改革创新的路径，即以思政为方向，跨文化交际为目标，信息技术为手段，构建信息技术—跨文化—思政三者深度融合的新时代法语专业文化课程。

关键词：法语专业　文化课程　思政　跨文化

一、课程思政融入高校法语专业文化教学的必要性

近年来，教育部号召在各类专业各类课程中实行课程思政。推动实施课程思政，有助于高校育人功能的落实和发展，既是提高思想政治理论课的教学效果、提升思想政治工作质量的重要保证，也是培养时代新人的内在需要。② 全面开启“课程思政”教学模式，挖掘各类课程的思政育人价值，是当前高等教育的重要

* 本文系 2021—2022 年度重庆市高等教育学会高等教育科学研究课题“高校法语专业文化课程智慧教学与跨文化思政改革创新与研究”的阶段性成果。

② 陈华栋：《课程思政》，上海：上海交通大学出版社，2020 年，第 74 页。

目标。

在跨文化交际理论出现之前，我国高校的外语教育主要看重培养学生的语言技能，侧重对语法的教学，外语的工具性价值是第一位的。随着跨文化交际理论传入中国，国内展开了对语言与文化一体化关系的研究，在教学过程中日益重视跨文化能力的培养。目前，文化教学已经是外语教学的重要目标和价值体现，文化能力也成为决定交际能力的重要因素。国内开设法语专业的各大高校通常在本科教育高年级阶段开设文化课程，法语专业的文化课程主要包括法国社会与文化、法国历史与文化、法国外刊阅读等。高校法语专业文化课程内容涉猎广泛，旨在帮助学生了解以法国为代表的法语国家与地区的历史、地理、政治、经济、社会生活、文化传统、节日娱乐等方面的知识，以便于同学们了解法语国家地区的价值观，更好地掌握和运用法语语言，加深对法语语言文化的理解。课程思政自得到重视以来，一个重要环节是在专业课程中融入中华优秀文化，从而实现思想政治教育和价值引领。而在高校法语专业开展课程思政建设，其有效着力点便是文化课程。从该课程着手构建思政课堂，可以帮助法语学习者在学习西方文化的同时牢记中华文化的内涵，从跨文化的角度总结法国文化与本国文化的异同，辩证地看待中法文化价值。

二、课程思政背景下高校法语专业文化课程存在的问题

2018 年 1 月，教育部出台了《普通高等学校本科专业类教学质量国家标准》（以下简称《国标》），强调外语专业的学生应掌握目的语的语言文化知识，具备熟练使用外语的能力，同时也应强化对本国文化的学习，具备跨文化能力。《国标》明确将中国文化纳入外语教育内容，重申了跨文化在外语教学中的重要

性，为外语专业的课程思政指明了方向。总的来说，面对《国标》提出的跨文化和思政要求，高校现有的法语文化课程在教材内容和课堂教学等方面均存在不足之处，亟须对照《国标》提出的新要求进行查漏补缺、及时更新。

一方面，法语文化课程的教材内容是单行道，不是跨文化交际的双行道。目前，国内高校法语专业使用的法国文化教材主要有：《法国文化渐进（初、中级）》（罗斯・斯蒂尔，上海译文出版社，2006 年）、《法国文化史》（罗芃，北京大学出版社，1997 年）、《法国文化名篇选读》（马彦华，上海外语教育出版社，2011 年）等。这些教材着重介绍了法语国家地区的文化知识，凸显法国的风土人情，其中鲜有与中国相关的文化元素，导致学生对法国历史事件、历史名人、风俗习惯十分熟悉，却忽视了中华本土文化，影响培养学生的跨文化意识。

另一方面，法语文化课程的教学时长和教学模式使得思政功能受限。在国内高等教育的外语专业范围内，除英语之外，其他外语属于小语种的范畴，法语专业学生在入学时普遍没有接触过法语，处于零基础阶段，这就导致低年级阶段的教学偏重语言能力，教授单词、句法、语法等基础内容，文化教学在低年级教学的比重不高。各大高校普遍在大三年级引入法国社会文化、经贸法语等高级法语课程。文化课程在低年级占比较少，在高年级的课时量有限，这给培养学生的跨文化思维和引入思政元素带来了很大的挑战。此外，授课方式也直接影响教学效果，文化课程多采用的教学模式是输入式，以教师分专题讲授文化知识为主，辅以课堂或课后练习，学生处于被动接收知识的地位，这种引导式培训没有给学生足够的思考空间，限制了学生对跨文化交际的理解，学生的跨文化交际能力难以得到训练与提升。

三、高校法语专业文化课程改革方向和路径

（一）改革方向：跨文化交际和课程思政相辅相成

为了推动国家教育标准体系建设，外语专业教学指导委员会法语分委会在《国标》的指导下于 2018 年颁布了《普通高等学校本科法语专业教学指南》（以下简称《指南》），对法语专业学生的素质、知识和能力分别提出了要求。就素质而言，《指南》首先强调了三观教育，强调爱家爱国的价值观；在知识方面，法语专业学生不能进行一边倒的学习，只注重学习法语语言文化知识，也应兼顾母语文化，熟悉中国的传统文化和新时代风貌；就能力而言，法语语言能力是基础，除此之外，学生还应具备跨文化交际能力。①

可以看出，《指南》为当前高校法语专业文化课程改革创新点明了方向，即将跨文化交际与课程思政融合。事实上，跨文化交际和课程思政互为目标手段。一方面，在法语专业文化课程中构建思政课程，并非一味地开展思想政治教育，而是要结合文化课程的专业特色，挖掘其潜在的思政价值，合理把握思政教育的深度和广度，将中国文化渗透在法国文化教学过程中，从而加强学生对文化差异的感知力，提升跨文化思辨能力。另一方面，跨文化教学的正确取向应是帮助学习者构建本族文化和目的文化交融的“第三空间”思维方式和知识结构。② 在这个文化空间里，

① 高等学校外国语言文学类专业教学指导委员会：《普通高等学校本科外国语言文学类专业教学指南（下）》，北京：外语教学与研究出版社，2020 年。

② 张鹏：《“第三空间”视域下我国大学英语跨文化教学探索——基于英国格拉斯哥大学汉语教学的思考》，载《西安外国语大学学报》，2021 年第 3 期，第 82－86 页。

本土文化和外国文化平等共存，法语专业学生不再单向接收法语国家文化知识，而是在感知法语国家风土人情的同时牢记本国国情和发展动态，在两种文化之间开展跨文化交流。这种跨文化输出需要中法文化双向输入，坚持中法文化并重，以润物细无声的方式将思政教育与文化课程深度融合。

（二）高校法语专业文化课程改革路径

1. 重构教学内容，培养文化自信

外语教育旨在培养兼具国际视野和家国情怀的跨文化交际人才。跨文化交际是双向的、对话式的文化交流，而不是单向度地向某一方面学习，只有充分了解源语文化和目的语文化，才能很好地实现跨文化交际的目的。[①] 目前，高校法语专业文化课程过于关注法语国家与地区的文化，中国本土文化在文化教学中占比极少，其主要原因在于母语文化在教材中的失语。因此，在法语专业文化课程中践行课程思政，首先要做的就是重构教学素材，改变中华文化失语现象，避免“一边倒”，适当地引入中华文化因素，加强学生对母语文化的习得和传承，树立文化自信。

高校法语专业所使用的文化教材普遍以专题的形式介绍以法国为代表的法语国家地区文化。在更新教材时，教师可以在每个专题都引入对应的中华文化，以文化对比的形式帮助学生感知中法文化异同，内容可以涉及中法政治制度对比、中法地理对比、中法气候对比、中法教育制度对比、中法节日习俗对比、中法饮食习惯对比等主题，通过平衡母语和目的语文化的比重，来增强学生对文化差异的敏感性。再如，在介绍法国本土气候时，可以引入中华传统文化中的二十四节气及其法语表达，向学生展示

---

① 张磊、杨浩然：《论外语教育的文化和谐共生》，载《湖北社会科学》，2017年第11期，第172—178页。

中华民族劳动人民的伟大创造，锻炼学生对文化负载词的翻译能力。

2. 优化教学模式，搭建智慧课堂

随着互联网、大数据、人工智能的普及，网络也越来越多地运用于教学中。目前，信息技术已成为外语教学不可或缺的一部分，引发高校外语教学前所未有的质变。法语专业文化课程知识面广，内容繁杂，但是课时量不多，传统的课堂教学无法满足课程思政的任务。合理运用信息技术，搭建智慧课堂，可以突破时空限制，不再仅仅满足于“课堂思政”，而是将思政延伸至课下，逐步贯彻整个学习过程。

借助信息技术，教师可以创建法语专业文化课程资源平台，上传诸如课件、报刊、新闻报道、纪录片、影视剧等学习资料。例如，教师可以在资源平台举办线上法语杂志大赛，让学生制作法语杂志并上传平台，以图文并茂的形式对比中法社会、经济各方面以及双方合作共赢的领域，用“互联网+”培养学生对跨文化的兴趣以及树立文化自信。此外，教师可以利用课程资源平台丰富考核形式，除了以传统的期末试卷为检测依据，还应将考核渗透进学生的日常学习中。例如，教师可以在每次课程结束后发布在线知识竞答，作为平时成绩的考核依据。教师还可以利用年轻人较为熟悉的自媒体平台来进行考核，在资源平台中为学生设置自媒体区域，鼓励学生以短视频或音频的形式创立视频号或电台，从跨文化的角度介绍中法文化交流的历史、现状和未来，规定学生更新一定量的内容，作为课程成绩的一部分。

3. 开展跨文化交际活动，用法语讲述中国

法语专业传统的文化课堂是用法语学习法国文化知识，而在对外交流过程中，法语学习者同样需要向法国友人介绍中国文化。因此，学会用法语讲述中国故事是跨文化交际过程中的重要

环节。高校外语学科教育中，“用外语讲述中国”指在跨文化或多文化场景下，大学生运用外语知识和交际策略，将与中国文化相关的信息、思想和情感态度，通过其他文化能够理解和接受的方式传递给世界。①

用法语讲述中国，旨在提升学生在实际场景中运用法语介绍中国的能力。例如，教师可以为学生提供展示平台，邀请在校的法国师生参加中华传统文化节，鼓励学生自行布置展台和展览内容，用法语向法国友人讲述春节、清明节、端午节、七夕节、中秋节、元宵节等传统节日习俗，展示剪纸、面人、糖画等民俗艺术。在法语文化课堂开展用法语讲述中国的活动，有助于增强民族文化自豪感，潜移默化地将思政融入法语专业学生的学习生活当中。除了发扬传承中华优秀传统文化，还应用发展的眼光看待新时代的中国，用法语讲述当今中国的奋斗目标和发展历程。新时代的中国在朝着“两个一百年”的目标和实现“中国梦”不懈奋斗，同时坚持对外开放，在国际舞台上发挥着越来越重要的作用，积极响应以巴黎气候协定为代表的国际合作，并提出了“人类命运共同体”的理念和“一带一路”倡议。所以，在开展思政教学时，用法语讲述中国不仅要展示中国历史和灿烂的传统文化，而且要展现中国的新面貌，向法语国家地区介绍当代中国治国理政的重要举措和中外合作的重要倡议，传递中国声音。

结　语

当今外语教育改革的重中之重便是推进课程思政建设。作为法语专业的核心课程，文化课涉及法国文化的输入，是推进课程思政的有效渠道，也是现实所需。面对中华文化的失语现象，教

① 杨华：《我国高校外语课程思政实践的探索研究——以大学生“外语讲述中国”为例》，载《外语界》，2021 年第 2 期，第 10—17 页。

师应及时更新教学内容和教学模式，深度挖掘文化课程潜在的思政元素，将中华文化巧妙地渗透到文化教学的全过程，营造中法文化和谐共生的文化课堂，构建课程思政与跨文化课堂相辅相成的文化教学，培养学生的跨文化思辨思维和交际能力。

参考文献

陈华栋. 课程思政［M］. 上海：上海交通大学出版社. 2020.

高等学校外国语言文学类专业教学指导委员会. 普通高等学校本科外国语言文学类专业教学指南：下［M］. 北京：外语教研出版社. 2020.

杨华. 我国高校外语课程思政实践的探索研究——以大学生“外语讲述中国”为例［J］. 外语界. 2021（2）：10—17.

张磊；杨浩然. 论外语教育的文化和谐共生［J］. 湖北社会科学，2017（11）：172—178.

张鹏. “第三空间”视域下我国大学英语跨文化教学探索——基于英国格拉斯哥大学汉语教学的思考［J］. 西安外国语大学学报，2021，29（3）：82—86.

作者简介

唐果，女，1987 年生，博士，副教授。主要研究方向：法国文学与跨文化、教学法。

姚惠，女，1998 年生，硕士研究生。主要研究方向：法国语言与文化、教学法。

国际关系理论课程的思政路径探究*

唐伟男

（四川外国语大学国际关系学院 重庆 400031）

摘　要：育人先育德，立德树人是高等教育的灵魂和使命，而课程思政则是落实立德树人根本任务的重要途径。由于国际关系理论课程的知识内容大多来自西方，这就要求在课程教学中必须引导学生树立正确的价值取向，准确认识和理解源自西方的国际关系学术思想和理论知识。因此，在国际关系理论课程的教学实践中积极探索课程思政的应用十分必要。对此，有如下三点建议可供参考：一是在教学情境中融入思政元素；二是在交互式讨论中引领学生思想；三是以德育为先考核和评价学生。

关键词：课程思政　国际关系理论课程　教学改革

为党育人、为国育才是新时代高等教育的重要使命，而作为大学生探索新知与形塑自我的大学课堂则是落实立德树人根本任务的重要阵地。中共中央办公厅、国务院办公厅共同印发《关于深化新时代学校思想政治理论课改革创新的若干意见》（以下简称《意见》），要求把思想政治教育贯穿人才培养体系，全面推进高校课程思政建设，发挥好每门课程的育人作用，提高高校人才培养质量。意见指出，全面推进课程思政建设，就是要寓价值观

---

* 本文系2021年度四川外国语大学国际关系学院教改项目“国际关系理论课程的思政功能研究”的研究成果。

引导于知识传授和能力培养之中，帮助学生塑造正确的世界观、人生观、价值观，这是人才培养的应有之义，更是必备内容。[①]但长期以来，在高校课程设置与教学实践中，专业理论课程与思想政治课程往往是两条平行线，融合度低的现状常常制约着思政教育的成效。特别是在国际关系理论课程中，因其知识内容大多源自西方，涉及大量西方政治理论家的观点主张、思想流派以及关于政治权力、意识形态等方面的内容而致课程思政有其必要性、紧迫性。基于此，在国际关系理论课程的教学实践中，有必要引导学生正确认识和理解这类课程所涉及的有关西方政治与外交的各方面内容。在帮助学生正确理解国际关系专业知识的同时，通过发挥教师的思想引领作用，助力学生树立正确的世界观、人生观和价值观。

一、国际关系理论课程及其思政教学要求

国际关系理论课程作为政治学专业课程的一个分支，主要研究国际体系中各行为体之间的政治关系及其变化发展的一般规律。而在国际关系理论课程的教学实践中，所涉及的知识不但涵盖国际关系理论流派形成的历史、哲学背景及其思想主张，而且涉及诸如传统主义、行为主义和后行为主义等国际关系的研究视角。然而，这些内容往往涉及较多的西方历史和哲学概念，其理论框架与学理脉络具有较浓厚的欧美渊源，因而在课程思政的教学实践中往往属于较薄弱环节。这就要求教师基于其课程内容特点发掘出思政元素，以适应“育德”与“育能”相互统筹的课程思政总体要求。

① 《中共中央办公厅　国务院办公厅印发〈关于深化新时代学校思想政治理论课改革创新的若干意见〉》，中国政府网，http://www.gov.cn/gongbao/content/2019/content_5425326.htm。

（一）主要教学内容

首先，国际关系理论课程主要聚焦于研究国际体系、国际行为体及其相互间政治关系的一般规律。具体而言，国际体系作为一定历史时期内各种国际行为体之间相互作用而形成的有机整体是国际关系形成与发展的基础。国际行为体则是国际体系的基本构成要素，包括主权国家、国际组织、跨国公司等。这些行为体在国际体系内相互影响、相互作用进而形成彼此间的政治关系，又涉及诸如外交政策、国际冲突与合作等衍生领域。而国际关系理论课程的教学即在厘清这些概念的同时，总结和把握其变化发展的一般规律，抽象出具备一定普适性的理论与范式。[①]

其次，国际关系的形成与发展的历史过程也是主要教学内容之一。作为独立学科出现的国际关系学一般始于 20 世纪 20 年代。这一时期出现的诸多经典理论学说始终在国际关系理论课程的教学中占据较大比重。随着第二次世界大战爆发及其后冷战的出现与终结，国际关系理论也经历了从古典现实主义到新现实主义、建构主义等一系列理论流派及其衍生的各种中层理论。此类理论学说的变化发展也是课程教学的重点所在。

最后，国际关系的研究方法也在课程教学中占有一定比重。例如关于传统主义、行为主义、后行为主义及辩证唯物主义等方法和视角的介绍也是教学的重点内容之一。

（二）思政教学要求

首先，需结合课程内容不断提高“隐性思政”教育水平。“润物细无声”是“隐性思政”教育的根本特点，意即使受教育者在无意识中接受思想引领。在隐性思政教育的过程中，对于受

① 陈岳等：《国际政治学》，北京：高等教育出版社，2019 年，第 1—2 页。

教育者而言，教育过程是在“无计划”“非目的性”中进行的，但对于教育者而言，是在掌握了“隐性思政”教育的作用和功能后，有目的、有计划地制定教育计划来对学生施加影响。基于此，教师按照预先制定的教育目标和教学计划，通过暗含的、内隐的教育活动，有意识地将思政元素植入教学内容中，使学生潜移默化地受到思想教育。[①] 就国际关系理论课程而言，教学中需结合内容引导学生对西方理论和观点进行批判式学习，同时充分结合中国特色国际关系理论的最新成果，注重横向比较和互鉴，为学生提供一套能正确认识国际关系知识的思维架构，进而提高学生准确理解国际关系的能力。

其次，课程教学需契合“立德树人”的育人目标。人无德不立，品德是为人之本，当代大学生恰好处于其世界观、人生观和价值观形成的关键时期，德育为先的必要性和紧迫性要求高校课堂不能只关注学生专业知识的增长和专业技能的提升，更重要的是要引导他们把爱国情、强国志和报国行融入个人成长。在国际关系理论课程的教学中，教师需引导学生批判地认识西方理论，更深刻地理解人类命运共同体理念及中国和平外交的时代意义，帮助学生更好地认识国际关系的过去、现在与未来。

二、国际关系理论课程的思政路径

鉴于国际关系理论课程的教学内容大多源自西方，其内涵与逻辑不可避免地具有西式思维方式和价值标准。因此，教师在教学过程中如若仅依循专业知识本身的逻辑组织教学，则势必会导致课堂教学的思想引领功能受到一定程度的弱化。基于此，在国际关系理论课程的教学过程中，找到能有效将思政元素融入其中

---

① 杨怡霖、肖冬：《浅析隐性思想政治教育的内涵及特点》，载《丝路教育》，2020 年第 8 期，第 229 页。

的方法至关重要。

（一）教学情境中融入思政元素

传统教学模式下的课堂往往强调知识的单向输出，课堂气氛沉闷、缺乏吸引力以及学生学习效率低下的问题普遍存在。对此，情景式教学不仅能够在很大程度上克服传统教学模式下的问题，还有助于充分发掘思政元素，促进课程思政的有效展开。在情景式教学中，教师成为学生学习知识的协助者和同伴者，学生学习知识的过程从被动听讲翻转为师生对话。在这样的教学过程中，新知识的生成不再拘泥于循规蹈矩的预设程序，教师营造某种易于知识生成的情景并与学生一同进入其中，通过师生间的对话交流激活学生的思维，使学生在特定情境中体验与建构知识体系。[①] 基于此，教师在教学设计之初需依据教学内容事先发掘出思政元素，并有意识地创设融合这些思政元素的知识情景。在课堂教学过程中，教师和学生一同进入融合思政元素的创知情景，通过师生之间、学生之间的相互交流与互动启发形成专属知识剧本，进而达成课程思政润物无声的育人目标。

具体来说，如教师在讲授国家间的战争与和平时，所涉及的思政元素包括和平主义、人道主义、人类命运共同体等，但这些思政要素并非由教师单向传输给学生，而是先以“讲故事”的方式在学生头脑中构建一个生成这些思政元素的情景。如此一来，学生不仅能实现对相关概念的把握，而且能在情景作用下通过自我思考形成对思政知识的更深层次体悟。也就是说，教师通过对包含思政元素的特定故事加以叙述来勾画出一幅以小见大的历史图景，从而激发学生的思考，使其自主地生成融入思政元素的知

① 唐伟男：《国际关系专业西方政治思想史课程教学改革探究——基于四川外国语大学的实证研究》，载《教育与文化论丛》，2020 年第 1 期，第 115 页。

识剧本。教师可使用具有较强可读性的战地日记等纪实性文学作品作为构建创知情景的资料，通过对战争中小人物悲剧命运的讲述揭示战争的狰狞与和平的珍贵。例如英国战地记者斯科特·安德森所著的《破碎大地：21 世纪中东的六种人生》一书讲述了六个来自不同中东国家的普通人，中东持续的动乱彻底改变了他们的人生轨迹。利比亚的年轻军官曼古什的九死一生，埃及大学教授莱拉的悲剧，伊拉克知识女性胡卢德的救父之路，身在叙利亚冲突暴风眼霍姆斯城的年轻学生易卜拉欣的恐怖经历，以及伊拉克村民哈桑和库尔德人米尔汗的命运，都改变于"伊斯兰国"武装分子闯入村庄的那一天。[①] 通过对这六个小人物悲剧命运的讲述可以大致勾勒出一幅中东动荡根源的图景，包括始于近代的西方入侵与奥斯曼帝国的解体，以及部族意识、教派归属、资源争夺与大国博弈等知识性内容由此一一得到呈现。随着教师的引导，学生已生成的包含人性、同情与珍爱和平的共情元素层层递进，进而引发学生对和平的珍爱，对祖国强大的自豪，加深学生对人类命运共同体的理解和认同。

（二）交互式讨论引领学生思想

鉴于国际关系理论课程本就涉及较多抽象概念，在组织课堂教学的过程中势必会较多地用到讲授法。如若再将诸多思政元素以单纯讲解形式来呈现，必然会导致学生提不起兴趣，甚至产生排斥心理。基于此，通过在师生之间组成学习共同体，在涉及思政元素的教学过程中多以交互式的课堂讨论替代简单机械的知识讲授，不但能让师生在一种平等的互动关系下沟通和对话，更能让学生得到潜移默化的思想引领。换言之，从列举问题到启发、

① 斯科特·安德森：《破碎大地：21 世纪中东的六种人生》，陆大鹏、刘晓晖译，北京：社会科学文献出版社，2019 年，第 3—15. 页。

讨论，再到师生相互表达见解，这种交互过程能够调动学生求知的主动性和积极性，培养学生的问题意识和思考能力，强化其对思政知识的理解，进而自主领会思政元素所包含的思想要义。

在教学实践中，教师需在课前根据课程内容，因时制宜地创设出包含思政元素的课堂讨论主题。[①] 如在介绍威尔逊主义时可用到巴黎和会这一案例，因巴黎和会关联到我国轰轰烈烈的五四运动，因而可充分结合近代中国外争国权的艰苦斗争以及中国进步青年的爱国情怀这一思政主题。教师通过背景介绍引导学生对这一主题加以思考，并以小组为单位准备发言内容。随后，在教师主持下，学生可通过模拟会议谈判、中国使团出访等情景形式参与交互式的课堂讨论。教师引导与学生体悟相互结合，将近代中国爱国外交家们的智慧与才干以及进步青年们的爱国热情和斗争精神一一呈现，进而让学生自主深入地认识和会的起因、谈判过程以及结果和影响等，以达到立体、准确地呈现巴黎和会谈判全貌的同时，让学生设身处地感受当时爱国外交家和进步青年们的爱国情怀、思想心境。教师则始终在交互讨论中透过背景呈现与观点表达引领学生思想，使之与历史人物产生共鸣。通过交互式的课堂讨论促进学生系统地思考和感悟，在产生情感共鸣的基础上深刻领会近代中国外交先驱和进步青年们救国救民的理想信念与艰苦卓绝的斗争历程，更加深切地体悟中华民族不屈不挠的民族精神。[②]

（三）以德育为先考核和评价学生

“德”是做人的根本，也是学生成长的根基。国际关系理论

① 陈哲臻：《大学英语教学与课程思政融合研究》，载《现代商贸工业》，2020年第12期，第199页。

② 王百玲，拜玉莲．对大学语文课程思政内涵与途径的思考［J］．语文教学通讯，2020（05）：14.

课程的一大特色便是直面并试图阐释当今世界的复杂环境、多元议题及其背后的原因、影响等，国际社会各行为体之间的合作、竞争与冲突始终贯穿整个课程内容。然而，大学生恰好处于其世界观、人生观和价值观形成的关键阶段，德育为先的必要性和紧迫性要求国际关系理论课程不能仅对学生的学习能力加以评价，也要注重从立德树人的角度综合评价学生。但在传统教学模式下，国际关系理论课程的教学评价往往只重视学生对知识点的掌握情况，以致单纯的分数导向型评价始终占据主流。这种仅考核学生对专业知识掌握情况的唯分数论评价方式往往导致学生仅追求以应试为目标的知识评价，而使课堂的思想引领评价缺位，无助于达到立德树人的根本要求。基于此，有必要将德育评价作为考核评价学生专业课程的一项重要指标。

在以德育为先考核和评价学生时，要关注到学生对思政元素的理解、内化而非简单的记忆和储存。如在学习“理想主义”这一国际关系理论流派时，教师对学生的评价应当更多地倾向于学生是否通过相关知识的学习形成正确的价值观。通过融入思政元素的教学情境介入，学生在教师引导下初步形成了对战争的厌恶、对和平的珍爱，以及对曾经和正在经历战火蹂躏的人们的同情。随后，透过课程中的师生交流互动，教师逐步引申和递进到“人类命运共同体”理念和中国的和平外交政策，以及百年未有之大变局下中国的大国责任与担当意识等。[①] 在这一过程中，对学生的评价始终贯穿在学生习得这些概念的全程全域，教师则在与学生的交流与互动中，根据学生的理解力、思考力的增进和升华程度相应实施评价。如此一来，对学生的评价则不再局限于考察其对专业知识的习得程度，而是与对学生的思想引领有机结合起来。

① 唐伟男. 课堂革命视域下国际关系理论课程逆向推衍式教学改革探究［J］. 齐鲁师范学院学报，2022（2）：70.

结　语

国际关系理论课程作为国际关系类专业中的核心课程一直以来都在专业培养方案中占据重要地位。基于此，在国际关系理论课程教学的全程全域发掘思政元素，同时结合专业知识内容用好思政元素，是该课程践行课程思政要求，落实立德树人根本任务的重要课题。在教学设计及教学评价等方面的改革创新，可以让课程思政在国际关系理论课程中充分发挥促进学生提升道德修养、培育家国情怀、塑造纯真完美心灵的作用。

参考文献

陈岳，等．国际政治学［M］．北京：高等教育出版社，2019：1－2.

陈哲臻．大学英语教学与课程思政融合研究［J］．现代商贸工业，2020（12）：198－199.

斯科特·安德森．破碎大地：21世纪中东的六种人生［M］．陆大鹏，刘晓晖，译．北京：社科文献出版社，2019：3－15.

唐伟男．国际关系专业西方政治思想史课程教学改革探究——基于四川外国语大学的实证研究［J］．教育与文化论丛，2020（1）：106－117.

唐伟男．课堂革命视域下国际关系理论课程逆向推衍式教学改革探究［J］．齐鲁师范学院学报，2022（2）：64－71.

王百玲，拜玉莲．对大学语文课程思政内涵与途径的思考［J］．语文教学通讯，2020（5）：13－15.

杨怡霖，肖冬．浅析隐性思想政治教育的内涵及特点［J］．丝路教育，2020（8）：229－230.

中共中央办公厅 国务院办公厅印发《关于深化新时代学校思想

政治理论课改革创新的若干意见》[EB/OL]. 2019 [2022-01-28]. 中国政府网. http://www.gov.cn/gongbao/content/2019/content_5425326.htm.

作者简介

唐伟男，男，1990 年生，博士，讲师。主要研究方向：国际关系理论、朝鲜半岛政治与外交。

课程思政视域下创新创业导论铸魂育才的路径探索*

王　琥

（四川外国语大学中国语言文化学院 重庆 400031）

摘　要：创新创业导论是四川外国语大学双创教育通识必修课。课程遵循学校国际化人才培养定位，提倡并践行双创教育是基于新文科的“专业教育、思想政治教育与创新创业教育”三融合的“价值创造”教育理念。课程遵循“厚植家国情怀，开拓国际视野，浸润人文底蕴，训练‘双创’思维和方法，培养创新实践能力”课程总目标，创立“寓德于课”“六位一体”教学模式推进课堂教学创新，探索具有外国语大学特色的“外语+”创新创业教育课程建设路径，旨在培养知中国、爱中国，具全球视野，致力中外人文交流，堪当民族复兴大任的新时代创新型文科人才。

关键词：课程思政　创新创业教育　创新创业导论　铸魂育才　寓德于课

---

* 本文系 2021 年重庆市高等教育教学改革研究项目“中文专业双创教育专思创三融合模式研究与实践”（211018）阶段性成果；重庆市高等教育学会 2021—2022 年高等教育科学研究课题“三融合理念下创新创业系列课程‘赛课合一’模式研究”（CQGJ21B065）研究成果；四川外国语大学 2021 年教学改革研究项目“OBE 理念下中文专业三创教育‘335’模式探索与实践”（JY2146104）研究成果。

一、创新创业导论铸魂育才探索概述

创新创业导论（简称为“导论”）是四川外国语大学中国语言文化学院开设的通识必修课，是创新创业教育课程群的核心课程。该课程于2021年获评重庆市首批课程思政示范课，是学校探索以课堂为主渠道推进创新创业教育的优质特色课程，是学校实践育人的典范课程。课程教学团队为重庆市首批课程思政教学名师团队。

“导论”于2015年立项建设，2017年正式开设，是全市较早开设的双创教育通识课程。课程组教师首倡双创教育是基于新文科的“专业教育、思想政治教育与双创教育”三融合的“价值创造”教育理念，遵循一流课程“高阶性、创新性、挑战度”的标准建设。课程是重庆市课程思政教学研究重点项目，课程案例获重庆市优秀课程思政教学案例特等奖，是支撑市级一流专业建设的特色课程。

“导论”在课程思政教育观的指导下，将价值塑造、知识传授和能力培养三者有机熔为一炉，以“寓德于课”模式践行课程思政，探索创新创业教育铸魂育才的有效路径。根据课程目标，结合学生学习特点和教学实际，教学团队深度探索三融合理念下“寓德于课”“六位一体”教学模式。三融合理念是指“导论”课程改革创新的指导理念，具体含义：一是“思创融合”，德育元素融入润物无声，提升课程温度。重点将习近平新时代中国特色社会主义思想、爱国主义为核心的民族精神、党史学习教育、优秀传统文化深度融于课堂。二是“专创融合”，深度挖掘提炼专业教育中本身的创新创业教育元素，提升课程深度。专业前沿、外语特色和国际创新创业方法深度融入。三是“赛创融合”，构建“课－赛－创”合一的实践教学新范式，提升课程难度。课程中深度融入中国国际“互联网+”大学生创新创业大赛内容，将课程、大赛和创业实践融为一体，以社会实践支撑强课。“六位一体”是指“导论”课程改革创新的具体举措，即在教学标准、教学内容、教学方法与实施、实践教学、考核评价和教师的言传身教等六个核心教学环节实现寓德于课，引导学生以外语优势和专业所学参与双创，弘扬和传播中华优秀传统文化，以持之以恒的拼搏为中华民族的伟大复兴贡献青春热血。

课程建设六年来，“导论”将深怀家国热爱致力创新创业内化为青年学子的使命担当和坚定选择。以“导论”为主体的创新创业系列课程群直接孵化近700项学生文创项目，直接培育孵化中国国际“互联网+”大学生创新创业大赛、“挑战杯”中国大学生创业计划竞赛、全国大学生电子商务“创新、创意及创业”挑战赛、“iCAN国际创新创业大赛”等省级及以上学科竞赛奖210余项，双创获奖成果居同类专业前列。“导论”是同类院校中特色鲜明、成果显著的双创教育课程思政典范。

二、“创新创业导论”铸魂育才的路径探索与实践

近年来，在已有课程思政教学改革基础上，课题组以最新的课程思政建设要求，进一步探索三融合理念下“寓德于课”“六位一体”教学模式改革，创新推进具有外语类院校特色的创新创业教育“课程思政”改革，培育打造“外语+”创新创业教育的课程思政典范。

（一）双创类课程教学改革存在的问题

1. 双创教育育人本质需要进一步突出

传统双创课程教学注重知识传授和能力培养，对学生的双创价值观引导需要进一步加强，双创教育育人本质在课程中需要进

一步强调凸显。如何围绕外国语大学人才培养定位和育人特色，深度挖掘双创课程中本身蕴含的思想政治教育元素，深刻寓价值观引导于双创的知识传授和能力培养之中，实现课程教学与思想政治教育的有机融合，突出双创课程的育人本质，是双创类课程亟待解决的问题。

2. 与专业教育缺乏紧密联系

“导论”主要面向中国语言文学类专业和外国语言文学类专业本科学生开设。学生的专业基础和认知能力参差不齐，不同专业对创新思维、创新意识、实践能力需求各有侧重。通识必修课应该适应不同层次学生的个性化学习和发展需求，体现学校学科优势和专业特色。如何实现通识基础课与专业课的交叉融合，推进双创教育与专业教育的有机融合，同时将课程教学与现代教学技术融合，体现一流课程的“两性一度”要求，是双创类课程亟待回应的热点问题。

3. 实践教学模式相对单一

双创课程作为社会实践类通识课程，若仅仅围绕创新创业的理论讲解与知识传授，不能激发学生的学习热情，无法激励学生发挥主观能动性，也无法真正提升学生实践能力。文科类双创课程因为学科特点等因素影响，现有的实践教学模式相对单一。如何在现有教学条件下，紧密结合文科专业特点，改革创新实践教学，引导学生结合专业所学，关注身边的实际问题，关心社会热点现象，在研究和解决问题的过程中提升创新实践能力，是双创课程教学需要破解的实践难题。

（二）“创新创业导论”铸魂育才的路径探索与实践

为回应双创课程教学面临的症结和难题，“创新创业导论”以金课“高阶性、创新性、挑战度”标准为纲，结合学校多语种外语学科优势和专业特点，确立价值塑造、能力培养、知识传授三位一体课程建设总目标。创新建立三融合理念下“寓德于课”“六位一体”教学模式，探索外语院校双创教育铸魂育才的有效路径。

1. 重塑“三位一体”的课程教学标准

以教育部《高等学校课程思政建设指导纲要》、一流课程“高阶性、创新性、挑战度”标准和创新创业课程教学标准为纲，深入挖掘课程本身的思想政治教育内涵，将价值塑造、能力培养、知识传授三位一体的课程目标熔为一炉。建立具有思政元素、专业方法深度融入的“导论”课程教学新标准，编制教学新大纲，制定新的课程考核评价标准。

2. 重构“专思创”三融合理念下“主题式”教学内容

首先，以“专思创”三融合理念重构课程教学内容。第一，教学内容深度融入思想政治教育元素。深度提炼课程蕴含的民族精神、社会主义核心价值观、优秀传统文化等元素，力争每一章节均有德育元素融入。第二，教学内容深度融入专业教育、外语优势、国际双创方法内容，突出课程的国际视野。第三，教学内容与中国国际“互联网+”大学生创新创业大赛深度融合。激发学生学习热情，引导学生积极参与双创。其次，建立课程的主题式教学内容模块。将课程内容分为五个“主题式”模块：创新创业基本理论和方法、创新创业模拟训练和创业计划书写作、“外语+”创新创业训练与实践、文化创意类项目的演示与实践、“外语+”科创竞赛训练与实践五部分内容。

3. 探索融现代技术的“小班化一探究式一浸润式一体验式”教学模式和教学方法

坚持以学生发展为中心，组织小班化课堂，人数一般为15～20人。融合现代教育技术，探索体验式教学、情浸式教学模式。采用学习通、雨课堂等智慧工具，综合运用翻转课堂、对分课堂等方法，引入国家级线上一流课程和市级一流课程，不断优化课程教学资源，探索混合式教学改革，切实增强教学感染力，让学生在参与中培养“敢闯会创”能力。

4. 创立“课一赛一创”合一的实践教学范式

以“课程实践化，实践课程化”的理念，将中国国际“互联网+”大学生创新创业大赛等高水平双创竞赛内容有机融入实践教学内容，建立“课－赛－创”实践教学模式，开展“创意集市”“地名大会”“创新设计大赛”等高阶性实践活动，激发学生参与双创热情，锻炼高阶能力，孵化高水平学习成果。同时，邀请市内外知名双创专家学者开展研讨课，拓展学生学习视野，启迪跨学科思维。

5. 建成多元考核评价体系

与课程教学改革创新相适应，进行课程考核评价体系改革。探索构建多目标：价值塑造、知识传授、能力培养三者深度融合；多方式：定量与定性相结合，形成性与结果性相结合；多主体：学生自评、生生互评、教师评价的多维评价体系。强化过程考核，完善综合评价。具体说来，第一，树立科学促成长的评价新理念。切实创新过程评价，加大过程评价比重，完善综合评价。第二，建立多元化评价机制。将学生参与科研、创新创业大赛、文化实践等纳入综合成绩。第三，根据课程实践性强的特征，改革期末考试方式。将德育内容融入期末考查，加大社会实践考核力度，探索非标准化答案的考试评价模式。

6. 以教师无私奉献砥砺实践，铸魂育人

在课堂教学、课后辅导、比赛项目指导等教育教学环节，以教师无私奉献、身体力行实践塑魂与育才相融合的“课程思政”。重视关爱每一名学生，重视“因材施教”，个性化教学，温暖每一名学子的双创成长路。近六年，课程组教师累计开展一对一生涯辅导和精细化竞赛指导 4000 余人次，无私奉献，助力学生成长成才。

三、“创新创业导论”铸魂育才路径的经验与创新

“导论”课历经六年的改革探索，积累了以下六方面的经验与创新。

第一，课程理念创新：“专思创”有机融合，深度探索厚植家国情怀、润物无声的双创金课路径。以“多语种+多学科”的“专思创”融合作为课程顶层设计，打造具有鲜明外语院校特色的双创金课范本。第二，课程教学团队建设创新：初步建成“虚拟教研室”。师资建设上，邀请跨校际、多学科师资深度参与课程实践教学，打破校际界限，实现优质教学资源共享。与业界、企业导师深度合作，协同育人支撑强课。第三，教学方法和评价方式革新：“寓德于课”模式和全过程学业评价。以“小班化-探究式-浸润式-体验式”教学，实现“寓德于课”。融学习通等智慧教学工具于课堂，以情浸式社会实践强化学生能力养成。以“多元考核评价体系-非标准答案考试”期末考核机制探索“因材施教”的个性化教学。注重对学生高阶能力的考核，突出过程性评价，鼓励个性化发展。第四，实践教学范式创新：创立“课-赛-创”合一模式。首倡广义双创教育，坚持双创教育是培养学生创业精神和创新能力，将学科专业竞赛体系纳入实践教学，创立创新实践教学模式，培养学生开创事业、开创志业、开创未来的能力。突破文科双创教育实践教学固有范式，拓展实践教学的广度和深度。第五，铸魂育才的双创金课范本。以“寓德于课”模式率先践行新文科视域下的双创教育是重塑有灵魂、有使命的教育。强调双创教育的价值性、思想性、超越性、使命性

和灵魂性，推进课程思政改革，将“中华魂”“红色筑梦”等理念融入实践教学，引导学生深怀家国热爱，基于专业创事业、创志业、创伟业。第六，师爱育人砥砺初心。首创创新创业课程的“小班化－探究性”教学，突出一对一的个性化指导。重视课程实践教学的因材施教，关心关注每一名学生的社会实践，精心指导每一名学生的学业发展和职业生涯成长。

四、“创新创业导论”铸魂育才的改革成效

六年来，课程在铸教、育人和铸魂方面成效显著，课程孵化的获奖成果助力专业美誉度提升。

第一，建设了师德师风高尚的“专思创”融合型教学示范团队，形成创新创业示范课程群。课程教学团队获重庆市首批课程思政教学示范团队和教学名师团队称号，主讲教师入围重庆市双创教育明星评选；建成创新创业导论、大学生创业教育、“互联网+”汉语国际教育实践、工程教育模式（CDIO）理念下创新创业训练、地名与文化、语言文化与社会、语言与文化等创新创业系列通识课和专创融合特色课程 7 门，其中省级一流课程 1 门，省级课程思政示范课程 1 门，校级一流课程和课程思政示范课程 3 门。

第二，以“师生学习共同体”模式，激发学生深度学习热情，孵化高水平学习成果。近六年，创新创业课程群直接孵化的学生项目获国家级、省级双创竞赛奖者计 210 余项，获双创奖学金和双创研修资助者近 100 个团队，优异的学业成果助力学生更高质量考学就业。

第三，助力专业美誉度提升，为学校争得荣誉。课程群直接培育的 210 余项国家级、省级双创获奖成果成为专业学科竞赛评估、专业特色发展、一流专业建设的重要支撑。

第四，最为重要的是，“导论”坚持立德树人，赓续红色血脉，将中华魂厚植于学子血脉，将中华文化浸润于学子骨髓，将专业素养熔铸于每名学子个性化成长和终生发展。所培养的优秀毕业生在汉语国际推广、中外人文交流、中华文化传承、国际防疫抗疫等伟大事业中砥砺奋进。

结　语

在课程思政课程观指导下，创新创业导论课程改革取得显著成效。未来，课程组将坚持立德树人，以一流课程“高阶性、创新性、挑战度”标准为纲，以市级一流专业为主要依托，坚持以学生学习为中心，以学习成果导向持续改进理念，通过不断完善课程体系、深度探索多学科师资协同育人、不断优化课程资源、持续改进教学方法与模式、打造社会实践品牌活动等方式，将课程建设成有温度、有深度、有挑战度的国家级金课。

参考文献

梅伟惠. 高校创业教育的组织模式与运行机制创新研究［M］. 杭州：浙江大学出版社，2020.

裴小倩，严运楼. 高校创新创业教育协同机制研究［M］. 上海：上海交通大学出版社，2018.

王占仁. “广谱式”创新创业教育概论［M］. 北京：人民出版社，2016.

文学禹，韩玉玲. 新时代高校课程思政教学创新研究［M］. 长春：吉林大学出版社，2020.

张强，廖成中. 新时代高校创新创业教育理论与实践［M］. 北京：科学出版社，2020.

张子睿，魏燕妮. 课程思政实践研究［M］. 北京：中国农业科学技术出版社，2020.

作者简介

王琥，男，1985 年生，汉族，重庆人，在读博士，副教授。研究方向：大学生创新创业教育，国际中文教育。

高校党建引领课程思政协同育人模式研究*

徐新鹏

（四川外国语大学国际金融与贸易学院 重庆 400031）

摘　要：党建与课程思政相结合是当前高校教育教学改革的新方向，是一种全新的思想政治教育理念。课程思政建设情况是考量高校教工党建工作的重要标准。以基层党组织为载体来引导课程思政建设，不仅是思想政治教师的责任，也是专业课教师今后的工作重点，更是新时代高校基层党建工作的重要方向。党建和课程思政融合度低、可操作性举措不足、制度保障不健全等问题制约了党建对课程思政的引领和融合发展。梳理基层党建和课程思政协同育人的理论机制，探索党建和课程思政协同育人的发展路径，是回应当前思政教育理论与实践需求的重要课题。

关键词：课程思政　高校基层党建　引领　融合

党建是思想政治教育工作的价值引领，而思想政治教育是落实高校党建工作的必要途径，二者互相依赖、相互依存。高校乃是我国人才培养基地，如何将高校基层党组织建设与课程思政有

* 本文系四川外国语大学校级课程思政项目“大思政视域下高校基层党建引领课程思政建设路径研究”（sisu202157）、“共建共治共享视域下党建引领小区精准治理模式的创新研究”（21SKGH134）阶段性成果。

效结合，形成“党建+课程思政”科学衔接，实现精准育人的目标，是新时代高等教育领域面临的重大问题之一。推动思政教育与党建工作的协同发展，是我们党不断进步的重要基础。高等院校如何在新时代承担好教书育人、立德树人的历史使命，如何发挥好思想政治理论课的阵地作用，如何深化课程思政改革，是新时代高校基层党建面临的重要课题。

一、党建引领课程思政协同育人的重要意义

2021 年 4 月 19 日，习近平总书记在清华大学考察时指出：“教师要成为大先生，做学生为学、为事、为人的示范。”高校教师群体中，专业课教师占比达 80%以上，学生的专业课程占比同样是 80%以上，因此专业课教师是深入开展课程思政建设的主力军，专业课教学工作是开展课程思政建设的重要载体，专业课课堂是开展课程思政建设的主要渠道。深入开展课程思政建设是落实习近平总书记重要讲话精神的重要体现，也是落实新时代立德树人根本任务的战略举措，承担着高质量人才培养的重要任务，关系到党和国家接班人的培养，关系到民族复兴和国家富强。促进高校基层党建与课程思政建设工作深度融合，充分发挥党建引领作用和课程思政对党建工作的作用，是新时代高校立德树人的题中应有之义，也是高校基层党建的必备内容，新形势下该项工作至关重要。

二、当前党建与课程思政协同育人工作存在的主要问题

“党建+课程思政”是指通过加强党建，促使党建与课程思政深度融合。这种模式不仅可以发挥党建的引领作用，推动课程思政建设，使我国的教育坚持社会主义方向，还可以用课程思政

的成果反哺党建，丰富党建的内容，为党建注入新鲜的血液。当前该项工作开展还面临如下问题。

（一）主体角色定位不清晰

个别高校党组织没有充分意识到党建在引领课程思政方面的重要意义和重要地位，在贯彻落实有关指导精神方面较为滞后，在实际教学与党建工作推动方面不能很好地将二者融合，不能将推进课程思政工作作为党建工作的重要抓手，党员教师在课程思政方面发挥先锋模范带头作用动力不足，“重专业、轻思政”的观念还存在。部分专业课教师认为思政教育应该由专门的思政教师完成，导致专业课教学过程中思政元素匮乏。加上个别党员教师对平时的党建工作学习、理论知识积累重视不足，无法起到党建引领作用。同时一些教工党支部未能提供有效的激励保障机制。上述原因导致党建和课程思政二者割裂，未能形成合力。

（二）具体的实施路径不明确

部分高校基层党组织在落实课程思政这一重要任务方面未能描绘出清晰的路径。一方面高校建设力度有待加强，缺乏整体规划设计和统一布局，理论体系构建成效显著，但是实践教育进程缓慢。在贯彻落实党的建设和课程思政建设融合方面缺乏足够的具体的落地指导路径。另一方面思想认识力度不足，仅停留在开会讨论和思想传达上，未能积极探索诸如在主体责任定位、具体制度保障、教学目标设计、大纲提炼、教学内容安排、案例选取解析等方面的落地实操性的意见和建议。同时，个别高校不顾专业课程思政性质差异，搞“一刀切”、同质化的育人模式，无法满足学生多元化需求。

（三）制度保障不到位

科学合理的制度保障是党建与课程思政齐头并进的有力保障。未能建立科学合理的党建评价机制，未将课程思政建设的相关内容作为党建和教学评价标准并配套科学合理的激励举措等，导致不能对高校基层党组织特别是高校教师党员形成有效的制度约束机制。同时，现有制度设计当中关于课程思政的评价激励政策不能有效推动党的建设和课程思政平台建设，无法相互融合和相互促进。

三、党建引领课程思政的基本原则以及路径设计

（一）落实主体责任

一是狠抓基层党组织的党建责任。课程思政教学改革要得到有效推进，关键在系部；系部角色定位要精准，则需要党员教师模范带头。新时代，高校基层教工党支部要充分发挥战斗堡垒作用，通过支部平台组织党员群众参与到课程思政建设进程中来。通过建立党建学习机制，提升专业课教师的思想政治觉悟和素养；通过发挥党员的先锋模范带头作用，因地制宜，因时制宜，根据不同专业课程特点构建不同的课程思政路径。

二是创造性地开展工作。充分发挥专业课程的育人价值，探索知识传授与价值引领的有机结合，实现显性教育与隐性教育的融会贯通。高校教工党支部要充分发挥其政治功能和组织功能，要坚持一条主线，即坚定学生理想信念教育和爱党爱国教育，同时围绕着习近平新时代中国特色社会主义思想、社会主义核心价值观和中华优秀传统文化、宪法法治文化、职业理想和职业道德开展课程思政教育教学工作。要坚持和巩固马克思主义在高校意

识形态领域的指导地位，教育和警示师生防范各种不良社会思潮。将党建与课程思政充分融合，建立从党员到教师的协同工作机制，最重要的是发挥基层党组织的作用。

三是党员教师主体角色定位明确。教师是课程思政建设的第一主角，党员教师是课程思政建设的先锋力量。专业课教师的育人意识和育人能力是课程思政成败的关键所在。实现高校教工基层党支部建设，提升高校基层党员教师特别是专业课教师对课程思政建设的认识。思政建设的技能提升是当前面临的重要任务，要打造“金课”，打造“金师”（即政治立场过硬、业务能力精湛、技术方法娴熟、育人水平高超），教工党支部应始终坚持强化党建工作责任，突出思想引领作用，坚持把理想信念教育放在首位；强化师德师风建设，引导教师成为有理想信念、有道德情操、有扎实知识、有仁爱之心的“四有”教师，加强教师自身的思想政治素养，为课程思政教学改革提供根本保证。首先，作为党员教师个人，必须不断强化认识，树立“学术研究无禁区，课堂讲授有纪律”的规矩和底线，确保在课堂讲授中坚持正确的政治立场和政治方向，为课程思政教学改革奠定坚实的基础。同时要发挥党员教师的带头模范作用。例如：党员教师可以将自己关于课程思政的心得在教学研讨会上分享给其他教师，也可将课件、教案等展示给其他教师看，以供他人学习。此外，基层党组织还可以组织教师们去观摩优秀的课程思政课堂教学。其次，要形成有力的课程思政教学团队。教工党支部要加强与系、教研室、学科组的联系，积极鼓励推动形成规模化、多元化、差异化的教学团队，通过团队的积极引导，为形成院系特色的课程思政提供良好的人力资源队伍支撑，并通过团队研讨，形成科学的符合系部特色的课程思政方案，形成具有指导性的操作要领。

（二）科学设定内容

高校教工党支部可以围绕着党史学习教育活动，结合党史，在人才培养方案、课程设置、教学目标、教学大纲、课件教案、教材、授课研讨、作业考试、现代信息技术运用等方面提供良好的教育教学服务。如将党的最新思想成果传达给系、教研室及学科组，使课程思政的内容与时俱进，与系、教研室配合，对各门课程所使用的参考教材、教案等进行把关，既避免教师误用不正规教材而出现教学事故，又可以督促教师将思政内容融入教学。要确保课程思政实施效果，必须从整合教学内容和优化教学方法等角度入手，这也正是课程思政教学改革实施过程中的短板。一方面，要整合教学内容。通过党支部组建包括专业课骨干教师、思政课教师、辅导员、学生党员代表等人在内的项目团队，组织人员梳理课程中所蕴含的家国情怀、国际视野、制度优势、文化传承等内容，找到与专业课的“融合点”，通过典型案例的设计运用，将正确的理想信念、价值理念、道德观念有效地传递给学生。与此同时，还可以通过走访校企合作单位、校外实践基地，从行业、专业背景中收集相关人物故事、企业成长历程等内容，契合专业领域，传播正能量和主旋律。另一方面，要优化教学方法。单纯依靠教师的“单声道”传播很难达到预期的育人效果。学生的获得感是检验课程思政改革成效的标准。因此，在整合教学内容的同时，还必须深入研究学生的心理特点和学习特点，通过案例教学、研讨教学、实践教学、情景模拟等多种方式，让学生参与到教学中来，通过“做中学”增强学生的主动性和参与性，进而使学生有所学、有所感、有所悟。

（三）优化制度保障

1. 建立完善的评价制度

基层党组织与教学管理部门相配合，将课程思政纳入教学评价体系当中。在进行评价时，注重过程性评价，如果发现有的课程没有落实课程思政或思政元素过少，可以及时提示任课教师，同时也避免教师为完成任务而搞形式主义，将思政与课程割裂，或者“过犹不及”、把课程思政上成思政课程等现象。

2. 建立科学的监督制度

基层党组织还要通过督促和检查，保障课程思政的落实。如在每学期开始的时候，配合教研室检查教师的教案，以了解教师是否将思政内容写进教案；定期举行听课活动，观察教师在上课过程中有关课程思政的落实情况；对学生进行访谈和问卷，以了解各门课课程思政的效果及学生的思想状况；等等。

3. 建立合理的奖励制度

适当的奖励可以激励教师和党员将课程思政做得更好。校党委可以建立合理的奖励制度，对在课程思政中表现优异的集体和个人进行嘉奖。如对在组织课程思政中表现积极且取得良好效果的党支部进行表彰，对在课程思政教学中表现优秀的教师进行奖励，对在课程思政的研究方面取得一定成果的个人予以鼓励，等等。

4. 建立科学的协同配合制度

三是其他部门协同配合义务。学校层面成立课程思政建设工作领导小组。形成党委统一领导，教务部门牵头，党政齐抓共管，相关部门联动，院系落实推荐的局面。各地高校党委是科技市场建设的总导演，基层支部是一线的战斗堡垒，要形成党政齐抓共管院系落实，推进教务部门牵头多方部门联动的协同配合机制，注意以高校教工、党员教工为范本，打造课程思政示范课程，同时打造先进支部，建设教学名师和团队，打造课程思政教学示范中心，充分发挥高校基层党支部书记“双带头人”的作用，与系、教研室、学科组密切联系和相互配合。

（四）充分发挥课程思政对党建的促进作用

党建对课程思政建设具有引领作用，课程思政的发展对党建工作有较强的促进作用。党建对课程思政的统筹兼顾和引领指导，提高了党员服务教学的能力；党支部与系、教研室的密切合作，增进了党员和教师之间的联系。通过课程思政，学习型高校基层党组织得以构建，真正树立了符合时代要求的学习理念，推动形成了健全的学习机制和浓厚的学习氛围，以学习力推动创新力和凝聚力，不断增强高校基层党组织的生机活力，公开透明、清正廉洁，真正发挥先锋模范作用，推动高校科学发展。党建与课程思政二者协同，还能激发党员的学习动力。因为协同育人要求党员既要深入理解党的思想，又要精通专业知识，并将二者相融合。因此，只有通过不断学习，党员教师才能将课程思政落实下来。党建与课程思政协同育人模式还丰富了党组织的活动内容，打开了党建的思路，将更多学科的专业知识运用到党建上来。

结　语

要实现“党建引领课程建设、保障人才培养质量”，就要不断深化课程思政改革，坚持“党建引领”理念，充分发挥高校基层党组织的战斗堡垒作用和党员教师的先锋模范作用，充分发挥基层党组织在教学工作中的参与、支持、保障和监督作用，树立传道授业的理念，运用“道术并举”思维，在课程教学中将专业知识、价值体系和思政教育理念相融合，构建党的建设—教学管理—课堂教学三者共建共享、互通互融的平台，将基层党组织党建工作与教学管理过程、教学系（教研室）教研活动相互融合、相互促进，将思政元素融入教育教学全过程，同时利用互联网技术平台等，在精准思维和理念的引导下，确立思想政治教育的精准理念、科学区分思想政治教育对象、精细设计思想政治教育内容、建立动态多元的思想政治教育方法，由此构建精准思政育人模式，在“精细”与“准确”有机统一的过程中培养具备数字素养的时代新人，最终取得课程思政实效。

参考文献

陈慧军，平章起．论新时代精准思想政治教育的逻辑向度［J］．学术论坛，2019，42（5）：140—148.

刘季平．党建与学科建设相结合推进高校教育发展［J］．毛泽东邓小平理论研究，2019（6）：36—40＋108.

王文婷．“互联网＋”时代高校党建与思政教育工作创新发展研究——评《新时代“互联网＋”视域下高校党建工作研究》［J］．高教探索，2020（5）：132.

习近平谈治国理政：第二卷［M］．北京：外文出版社，2017.

夏天．高校思政教育与党建工作如何协同发展［J］．人民论坛，2019（5）：120—121.

尹学才．论高校学生党建工作与思想政治教育的互动性［J］．中学政治教学参考，2020（38）：103.

朱平．高校“三全育人”体系协同与长效机制的建构［J］．思想理论教育，2019（2）：12—19.

作者简介

徐新鹏，男，1986年生，博士，副教授。主要研究方向：劳动与社会保障法学研究。

“课程思政”中的外语教师能动性刍议

杨金龙　唐蜀娟

（四川外国语大学英语学院 重庆 400031）

摘　要：将“思政”元素纳入外语课堂，有助于外语学习者在发展其外国语言能力的同时，养成正确的国家观、民族观和价值观，从而为讲好中国故事、传播中国声音贡献力量。本文通过梳理教师能动性的概念内涵及其影响因素，以四川外国语大学英语学院英语专业本科人才培养方案（2021 年版）中的外报阅读与媒体分析课程为例，从职业身份认同、教师信念、课堂教学实践三个方面探讨外语教师在该课程中如何激发自身能动性，以推进该课程的思政建设，培养出符合新时代国家战略所需的外语人才。

关键词：课程思政　教师能动性　外语人才培养

一、引言

为把思想政治教育贯穿高校人才培养体系，发挥好每门课程的育人作用，提高高校人才培养质量，2020 年 5 月，教育部印发了关于《高等学校课程思政建设指导纲要》的通知。高校课程思政强调将思想政治教育与专业学习相结合，显性与隐性思政教育并行，从而在促进高校学生专业发展的同时，培养其政治认同与文化自信。现阶段，课程思政教育是促进高校人才全面发展的重要探索，是反思与实践“为谁培养人、培养什么人、如何培养人”这一根本问题的重要路径。

二、外语课堂中的思政需求

近年来，随着我国在国际社会的影响力逐步提升，构建具有中国特色的话语体系，提升我国的话语权与国家影响力，成为“百年未有之大变局”时期我国外语人才的重要使命。这就要求外语专业人才不仅要有过硬的专业能力，更要有坚定的立场，具有家国情怀和人文素养，能够讲好中国故事、传播中国声音。相应地，外语课堂教学也应兼顾学生的外语专业能力发展、情感认同和价值观塑育。

然而，受“工具理性”价值观的长期影响，应试教育在我国外语教学中的影响力颇深。一方面，不论是中等教育还是高等教育，夯实学生的外语基础似乎成为外语教师在课堂教学中的唯一目标。另一方面，为追求外语的经济价值和“资本溢出”效应，大量外语学习者常以“考证”“过级”为主要学习动机，忽视了语言背后的人文素养积累。长此以往，即便外语学习者在听、说、读、写等语言技能方面有所收获，也会因缺乏相关语言文化素养而难以肩负“语言与文化传播者”的时代新角色。

值得关注的是，语言与文化之间的关系千丝万缕。长期以来，为拓展外语学习者对目标语国家的认识，我国的外语课堂多以目标语国家的文化习俗、国情现状等为切入点来学习语言，致使外语学习者极易在潜移默化中受西方价值体系的影响。对此，岳曼曼指出，中华文化及国情现状在我国外语课堂的引入情况并不乐观，外语课堂中的“中国文化失语”现象突出。可见，在外语教材对中华文化涉及不足、教师又未充分意识到学生本土文化素养缺失的前提下，外语人才传播中国声音、构建中华良好形象的时代使命自然无从谈起。由此，不难看出，将思政元素纳入外语课堂，有助于外语学习者在发展外国语言能力的同时，了解我国国情现状，提升自身人文素养，养成正确的国家观、民族观和价值观。

三、教师能动性研究概述

尽管课程思政对培养外语学习者人文素养、坚定立场大有裨益，但如何将思政元素与外语课堂融合，目前仍存在不少挑战。譬如，我们在相关调研中发现，课程思政是一项新兴内容，一些高校还未出台相应的评价体系；教师尽管试图在外语课堂中纳入思政元素，但因对课程思政的认识不足、在推进课程思政的过程中无据可依等问题，也难以将“思政”适宜地融入外语课堂教学实践。面对上述诸多问题，我们认为，作为课程思政建设的主力军，外语教师能否发挥自身能动性，是课程思政建设成功与否的关键所在。

Ahearrn（2001）认为，“能动性”是指个体在特定的环境中自由思考和行动的能力，其中既包括主体自由选择行动或抑制冲动的能力，也包括主体赋予情境、事件和行为意义的能力，以及以社会文化为中介的行动能力。徐锦芬、雷鹏飞（2018）认为，“能动性”是人们在追求发展目标时所做出的选择、掌控力以及自我调节的能力。Goller 和 Harteis（2017）指出，作为外部环境与主体自身在社会互动中不断选择、控制和自我调整的表现，能动性主要体现在三个维度：其一，能动信念，即个体改变现状的意愿；其二，能动能力，即将信念转化为具体实践活动的能力；其三，能动性格，即不被环境影响的、与生俱来的能力。

能动性作为社会学、教育学等领域的热门议题，西方学界多从活动理论视角、社会文化视角和生态学视角对其进行解释或分析。其中，Wertschet（1995）的活动理论视角认为，个体具备受社会文化调节的能动性，譬如以目标为导向的行动力以及通过中介手段（主动改变、积极学习）实践这些行动的能力；社会文化视角多将能动性视为一种受社会文化影响的潜能。例如，Rogers 和 Wetzel（2013）提出，在社会文化影响下，能动性体现为个体能逐渐做出有目的、深思熟虑的行动；在生态学视角下，Priestley 等（2015）则将能动性视为个体为适应生态环境而"突现"（emerging）的能力，并提出了教师能动性的三维模型，即迭代维、目标维以及实践一评价维。

在活动理论视角、社会文化视角以及生态学视角等相关理据的阐释力推动下，一些国内外学者开始对教师能动性的发展及其影响因素进行探索。例如，Huang & Benson（2013）提出，教师所处的社会文化环境是影响其职业身份认同，进而影响教师能动性的重要因素；Priestley 等（2015）认为，个人经历与教师职业发展目标密切相关，而后者是影响教师能动性的重要因子。Haneda & Sherman（2016）的研究则认为，教师能动性的发展，受到教师信念、教师或师生人际关系的影响；在我国的相关研究当中，张娜（2017）的量化统计与分析结果显示，教师的专业发展环境和专业发展价值观影响其效能感，进而影响教师的个人能动性；高雪松、陶坚、龚阳（2018）对八位东南沿海某高校英语教师进行访谈，发现专业学习、课堂教学和学术研究是受访者发挥其教师能动性最主要的维度。研究认为，教师的能动性选择与其各自的职业身份认同有一定的关联。

四、课程思政中的外语教师能动性探索

基于对教师能动性的相关研究梳理，不难看出，能动性是外语教师能否顺应教育政策、课堂教学、师生关系等各类外部教学

环境改变，在挑战或逆境中实现其职业发展的重要因子；职业身份认同、教师信念、教师专业技能等因素与外语教师能动性的激发和发展密切相关。鉴于此，本文以四川外国语大学英语学院英语专业本科人才培养方案（2021年版）中的外报阅读与媒体分析课程为例，从职业身份认同、教师信念、课堂教学实践三个方面探讨外语教师在该课程中如何激发自身能动性，以推进该课程的思政建设，培养出符合新时代国家发展战略所需的外语人才。

外报阅读与媒体分析是英语专业高年级本科生的必修课。学生在已具备一定的英语语言能力后，可以从语用角度进一步对听读能力进行训练。教学内容多为国外新闻媒体对社会热点话题的报道，教学材料主要来自国外报刊、新闻媒体等。为培养出具有人文素养和坚定国家立场的外语人才，外报阅读与媒体分析不应限于通过一些国外报刊、媒体等语料提高听读理解能力，更应通过对不同来源语料进行听读分析，判断其立场态度，并思考如何从中国立场出发，对相关语料进行评论或回应。本文认为，在该课程的教学实践过程中，外语教师应在以下几个方面进行思考，以在提高学生外语能力的同时，兼顾其文化素养、价值观的育成，从而形成课程思政与专业课程协同育人的效应。

（一）职业身份认同

"身份认同"源于心理学，是关于"我是谁""我为何属于这个群体"等一系列问题的理解和确认。Volkmann（1998）认为，教师职业身份认同是一种动态的平衡过程，伴随着教师对自身职业的认知变化而变化，在自我形象与社会赋予教师的角色中寻求平衡。在课程思政视域下，外语教师要构建新时代的教师职业身份认同，首先要改变对教师职业的认知，即明晰外语教师在新时代的使命不仅是语言知识的传授者，更是学习者价值体系的塑育者、人文素养的培养者，应主动尝试在教学实践中探索二者之间的平衡。

具体而言，外报阅读与媒体分析课程与时事紧密相连，外语教师在针对新闻报道相关词汇、写作体裁等语言本体维度的分析时，也应思考如何兼顾语料中涉及的社会风俗、历史背景等人文知识，提高学生人文素养。此外值得关注的是，该课程的教学材料大多选自国外媒体，其不仅是新闻事件、社会热点等相关信息的传播媒介，在很大程度上也代表着西方价值和立场，其中的话语语气、话语观点、话语内容等均应引起外语教师的深切关注。在分析特定语料时，外语教师应在明确自身对相关语料的立场的前提下，对相关话语进行全面审查、理解与评价，在教学实践中切实兼顾外语教师的教书与育人双重使命。

（二）教师信念

影响教师能动性的另一因素在于教师信念。Pajares（1992）提出，教师信念是教师在教学情境和教学实践中对课程、教学、学生等相关因素持有的确信无疑的观念。郑鸿颖（2015）认为，教师信念与教学行为存在动态发展的关系，而教师的个人经历与教师信念密切相关。对于广大外语教师而言，掌握一门外语，并对语言背后的文化体系进行全方位的掌握、理解与研究，是其教师专业素养的基本诉求，这也从侧面反映出绝大多数外语教师在其专业发展、职业发展经历中是承受过各类艰辛与挑战的。由此，在课程思政建设的初期，尽管一些外语教师或许对“思政”的认识存在不足，对如何将“思政”与语言融合于课堂实践仍存疑虑，但只要其明确信念目标，将自己以往追求专业发展、职业发展所历练的坚定信念付诸课程思政建设，现存的困惑与挑战势必会得到进一步的探索和解决。

以外报阅读与媒体分析为例。由于该课程的教学资源多源于外国媒体报道或相关报刊，其语料在话题、选词、价值观导向等方面或许难以与我国国情、立场等保持一致。这就意味着外语教师不能拘泥于特定的语料来源，而是要在备课、语料选择、语料解读过程中发挥更强的主观能动性。例如，针对某特定新闻事件，外语教师须兼顾西方媒体和中方媒体，让 BBC、CNN 等外国媒体和 China Daily、CGTN 等中国声音在课堂上同时呈现，从而引导学生就中、西方对同一事件的不同报道，思考并分析其所反映出的不同立场及价值观。此外，“外报”并非局限于国际新闻或源自西方媒体的相关内容，一些涉及我国传统文化习俗、国情现状的报道，源于我国媒体的外文语料，同样也是该课程应该关注的教学内容。这就要求外语教师在备课或语料选择的过程中，花费更多的时间和精力进行更全面的思考与探索，将思政元素纳入语料选择的考量范围。

（三）课堂教学实践

教师是课程思政的主导者、设计者和实践者（文秋芳，2021）。黄国文（2020）认为，话语、语篇等都可以反映一定的价值观和思政成分。在外报阅读与媒体分析课程的教学实践中，外语教师对课堂教学话语、教学方法的合理运用，是兼顾思政目标与教学目标的有益尝试。

首先，适宜语境下的课堂教学话语，是教师将课程思政内容纳入教学实践的语言媒介。Crismorer（1993）认为，交流一般包括两个层面的话语，即基本话语和元话语。其中，前者用来传达命题及其指称意义，后者用于表达命题的态度、语篇和人际意义。针对后者，Hyland & Tse（2004）将交际过程中的元话语分为两类：（1）引导式元话语，旨在通过组织语篇来引导读者、满足读者需要，如过渡语、框架标记、内指标记、证源标记和语码注释语等；（2）互动元话语，旨在通过讲话者的介入和评论与听话者形成互动，如模糊语、增强语、态度标记语、自我指称语和介入语。可见，在课堂教学实践中，师生之间的互动不限于信息的简单传递，同时也隐含了教师对特定事件的态度和看法。据此，外语教师的元话语是将自己的态度、观点融入语篇语境的重要方式，增强外语教师的元语用意识，在教学实践中采用适宜的话语交际策略，从而使思政内容与教学内容融合，是课堂思政落在教学实践当中的路径之一。

其次，在课堂教学的“后方法”时代，坚持以学生为本，灵活创新教学设计，也是将思政内容纳入教学实践的重要路径。由于外报阅读与媒体分析课程所关涉的语料多源于一些外国新闻媒体，围绕相关新闻报道的背景知识、风土人情等内容的阐释是增进外语学习者知识储备，提高其人文素养的重要路径。例如，若在分析“俄乌”冲突的相关媒体报道时，外语教师可对该报道所涉及的历史背景、国际关系、地缘特征等知识进行扩展，从而帮助学习者对该事件进行更全面的理解。此外，语境化的小组讨论、角色扮演、辩论等课堂活动设计，同样是令学习者体会中西方意识形态、价值体系差异，培养学生辩证思维和语用能力的重要方式。

结　语

面对百年未有之大变局，我国在国际社会中的参与度逐步提高。在此背景下，外语人才肩负着传播中华文化、发出中国声音的“语言与文化传播者”新使命。将“思政”元素纳入外语课堂，有助于学习者在发展其外语能力的同时，养成正确的国家观、民族观和价值观，从而为讲好中国故事、传播中国声音贡献力量。

参考文献

高雪松，陶坚，龚阳. 课程改革中的教师能动性与教师身份认同——社会文化理论视野［J］. 外语与外语教学，2018（1）：19－28＋146.

黄国文. 思政视角下的英语教材分析［J］. 中国外语，2020（5）：21－29.

文秋芳. 大学外语课程思政的内涵和实施框架［J］. 中国外语，2021（2）：47－52.

徐锦芬，雷鹏飞. 社会文化视角下的外语课堂研究［J］. 现代外语，2018（4）：563－573.

杨金龙，沈骑. "人类命运共同体"视域下我国外语专业人才的价值重塑——"工具"与"人文"之辨［J］. 外语教育研究前沿，2019（3）：36－41.

岳曼曼. 新时代背景下的"大学英语"课程思政教学方法研究［J］. 当代教育实践与教学研究，2020（14）：213－214.

郑鸿颖. 复杂视域下的外语教师观念与行为关系研究［J］. 基础教育，2015（2）：36－42.

张娜. 教师专业发展能动性发展机制研究［J］. 教师发展研究，2017（1）：56－66.

AHEARN L M. Language and agency［J］. *Annual Review of Anthropology*，2001（1）：109－137.

CRISMORER A，MARKKANENR & STEFENSEN M. Metadiscoume in perspective writing：A study of texts written by American and Finnish university students［J］. *Written Communication*，1993.

GOLLER M. & HARTEIS C. *Human Agency at Work：Toward a Clarification and Operationalization of the Concept*［M］. Cham，Switzerland：Springer，2017.

HANEDA M & SHERMAN B. A job-crafting perspective on teacher agentive action［J］. *TESOL Quarterly*，2016（3）：

745－754.

HUANG J & BENSON P. Autonomy，agency and identity in foreign and second language education [J]. *Chinese Journal of Applied Linguistics*，2013（1）：7－28.

HYLAND K. & TES P. Metadiscourse in academic writing：A reappraisal [J]. *Applied Linguistics*，2004（2）：156－177.

PAYARES M F. Teachers' beliefs and educational research：cleaning up a messy construct [J]. *Review of Educational Research*，1992（3）：307－332.

PRIESTLEY M，BIOSTATISTICS G. & ROBINSON R. *Teacher Agency: An Ecological Approach* [M]. London & New York：Bloomsbury Academic，2015.

ROGERS R. & WETZEL M. Studying agency in literacy teacher education：A layered approach to positive discourse analysis [J]. *Critical Inquiry in Language Studies*，2013（1）：62－92.

VOLKMANN M J & ANDERSON M A. Creating professional identity：Dilemmas andmetaphors of a first year chemistry teacher [J]. *Science Education*，1998（3）：293－310.

WERTSCH J V，DEL RIO P & ALVAREZ A. *Sociocultural Studies of Mind* [M]. Cambridge：Cambridge University Press，1995.

作者简介

杨金龙，男，1988年生，博士，副教授。主要研究方向：教育语言学、语言政策与规划、语用学。

唐蜀娟，女，1998年生，硕士研究生。主要研究方向：英语教学理论与实践。

领事与侨务课程思政的案例教学实践探索*

周思邑　吴诗蕊
（四川外国语大学国际关系学院 重庆 400031）

摘　要：21世纪以来，我国公民出境人次逐年增高，面对日趋严峻复杂的海外安全风险，领事保护教育的重要性愈发凸显。鲜活生动的案例是领事保护教学和有效实施课程思政的基础，媒体报道是案例的主要素材来源。本文通过提取和分析近年西方媒体对中国领事保护的报道，探索利用媒体报道素材，讲好领保故事、践行课程思政的路径，通过加强对学生的领事保护教育，实现专业教学与思政教育的结合，培养新时代领事保护人才。

关键词：新冠肺炎疫情　案例教学　领事保护　课程思政

一、引言

立德树人是中国特色社会主义新时代教育的根本任务，思想政治教育对培养德才兼备的高校学生具有重要意义。2021年，

* 本文系2021国家级大学生创新创业训练项目“新冠肺炎疫情背景下西方媒体对中国领事保护的‘污名化’研究”（202110650009）、2021重庆市社科项目“国际政治概念隐喻建构对提升中国国际话语权的路径启示”（2021NDQN19）和四川外国语大学一流学科和重点学科研究生科研创新项目“体认社会语言学视角下的国际政治隐喻研究”（sisu2021XK003）阶段性成果。

中共中央、国务院印发了《关于新时代加强和改进思想政治工作的意见（以下简称《意见》）》。《意见》指出，要深入开展思想政治教育，加强学校思想政治工作，加快构建学校思想政治工作体系。[①] 长期以来高校教育中存在专业教育与思政教育“两张皮”的现象，要深入挖掘专业教育中的思政内容，强调课程的系统性价值，“充分发挥高校德育隐性课程强大的育人功能，促进显性课程和隐性课程相统一”[②]，改变灌输式思政教育模式，形成专业与思政同向同行，促进思政课程向课程思政转变。新时代以来，中国日益走近世界舞台中央，对外交往水平不断提升，中国公民和企业“走出去”规模日益扩大，“中国脚步”走到哪里，领事保护与协助就跟到哪里，领保工作得到更多人的关注。[③] 本文运用文献梳理法，对西方媒体报道的内容、倾向性、消息来源进行分析，总结媒体报道的特点，带领学生了解媒体报道的原因、污名化报道的应对，学习辩证搜集和分析案例，进行领事保护教育，培养学生爱国主义精神。

二、课程背景

高校领事保护教育属于外交学专业领事与侨务课程，培养学生的预防性领事保护能力和海外避险能力，对国家和个人具有重要意义。本门课程的内容主要包括领事与侨务相关理论、领事制度的历史沿革、中国对外领事关系的变化发展、领事证件、领事保护、侨务工作、移民问题等。领事与侨务课程中涉及大量生动

---

① 《关于新时代加强和改进思想政治工作的意见》，中国政府网，http://www.gov.cn/zhengce/2021－07/12/content _ 5624392.htm。

② 赵新燕：《浅析高校德育显性课程和隐性课程的和谐》，载《黑河学刊》，2011年第12期，第162－163页。

③ 《外交部客户端上线 中国公民可在全球拨打领保热线》，中国侨网，http://www.chinaqw.com/hdfw/2018/09－28/203483.shtml。

的领事保护案例，例如，2021 年，中国在全球推进“春苗行动”，协助海外同胞接种新冠疫苗，已惠及 180 国数百万人次。外交部 12308 热线 24 小时为海外人员纾难解困，已接听来电超过 50 万通。驻外使领馆处理各类领事保护与协助案件约 6 万件，全力守护海外中国公民生命安全。[①] 丰富的领事保护案例体现了中国外交“以人为本、外交为民”，具有实施课程思政的根基。

然而，目前我国领事保护教育仍然以理论讲解、填鸭式教学为主，缺乏搜集和分析案例、演绎案例的实践活动，导致教学效果不佳。案例教学法是一种情境性、建构性的教学方法，主要是指教师课前搜集相关资料，经过整理形成系统性教学素材。本质上是提出教育的两难情境，鼓励学生积极参与课堂，在整个教学过程中教师充分发挥学生的学习主动性、积极性和首创精神，最终达到使学生有效地实现对当前所学知识的意义建构的教学。[②] 在领事与侨务课程中引入案例有利于学生感受案例情境，运用领事保护相关理论知识找出应对现实领保问题的方法和策略，适应领事保护综合性、实践性、应用性的特点。但目前，领事保护案例数量较少且时间久远，缺乏典型案例，案例细节和操作性缺失，从而导致案例分析不足。新冠肺炎疫情凸显领事保护的重要性，领事保护与协助案件激增，此背景下的案例和素材具有代表性。长期以来，西方媒体在话语方面具有一定主导权，针对中国领事保护的报道内容繁多且值得关注，具有研究价值。

本文选取《纽约时报》和福克斯新闻两大西方主流媒体，将新冠疫情下西方主流媒体的报道案例与领事保护相结合，帮助学生了解新冠肺炎疫情背景下我国领事保护工作的总体情况和特点，

---

① 《2021 年中国外交：秉持天下胸怀，践行为国为民》，中华人民共和国外交部，https://www.fmprc.gov.cn/web/wjbzhd/202112/t20211220_10471837.shtml。

② 王晓霞：《案例教学法在政府公共关系学教学中的实践研究——以“会理悬浮照事件”案例为例》，载《公关世界》，2021 年第 2 期，第 59—60 页。

引导学生思考改进我国领事保护工作的途径，提高学生思想道德品质和课程感知力，培养家国情怀与专业素质兼备的外交人才。

三、领事保护案例的“课程思政”实践

搜索和分析案例是案例教学法的重要步骤，教师选好案例、引导学生分析案例是发挥领事保护课程思政作用的关键所在。

（一）案例教学实践

1. 案例提取法

笔者利用“中国”“领事”“COVID−19”等关键词对 2020 年 1 月至 2021 年 6 月《纽约时报》和福克斯新闻关于中国领事保护的报道进行筛选，排除以下两种情况：第一，文章中有某一具体关键词但报道主题与领事保护不符；第二，其他国家在中国的领事保护行动。最终得到的有效案例为 44 篇，本文将从数量、来源、倾向性和主题进行分析。

2. 案例数量

报道篇数较多且季度变化大。两大媒体的具体报道数量见表 1①：

表 1　《纽约时报》与福克斯新闻相关报道数量统计（篇）

媒体	时间						共计
	2020 年 1—3 月	2020 年 4—6 月	2020 年 7—8 月	2020 年 9—12 月	2021 年 1—3 月	2021 年 4—6 月	
纽约时报	7	2	1	3	10	2	25
福克斯新闻	5	0	3	2	8	1	19
共计	12	2	4	5	18	3	44

① 数据来源于《纽约时报》、福克斯新闻官网。

从横向上看，福克斯新闻在这一时间段内对中国领事保护活动的报道相对偏少，只占了43.2%。《纽约时报》对中国领事保护的报道虽然在2020年第二至三季度较少，但到了2021年第一季度报道量增加，较前几个季度都处于峰值。从纵向上看，两大媒体的报道总量变化较大，2021年第二季度的报道最少，仅占报道总量的6.8%。两大媒体的报道量均在2021年第一季度出现峰值。

以季度为单位，整理出报道案例的消息来源占比如图1所示：

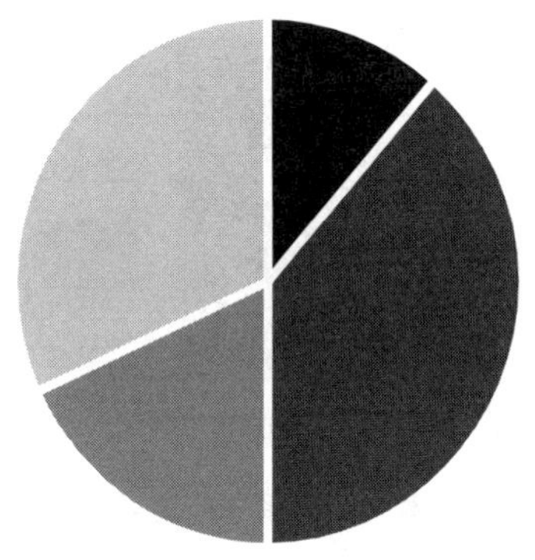

图1　媒体报道案例的消息来源

国际媒体是最主要的报道来源。在44篇报道中，转载自国际媒体的共17篇，占38.6%。例如，《纽约时报》转载路透社消息《为了逃离疫情急剧严重的美国，中国学生花2万美元购买私人飞机座位》。共14篇来自推特、脸书等社交媒体的个人账号，内容多是中国留学生收到中国驻外使领馆抗疫物资后发布的感想和图片，占31.8%。共13篇来自中国媒体和中国外交部官网，多是关于中国领事保护措施，例如，福克斯转载中国驻大阪总领馆发布的《这是我今年最珍贵的生日礼物——中国驻大阪总领馆关爱确诊中国留学生小记》的消息等，占 29.5%。

3. 案例类型

污名化报道突出，但仍有正面报道。如图 2，在 44 篇对中国领事保护活动的报道中，正面报道有 6 篇，占研究总体的 13.6%；负面报道有 26 篇，占 59.1%；中立报道有 12 篇，占 27.3%。从数据分析来看，两大媒体对中国领事保护的报道并没有采取客观报道的原则，负面报道超过报道样本的一半，主要集中在对中国提供疫苗和健康包以及疫情初期撤侨污名化。

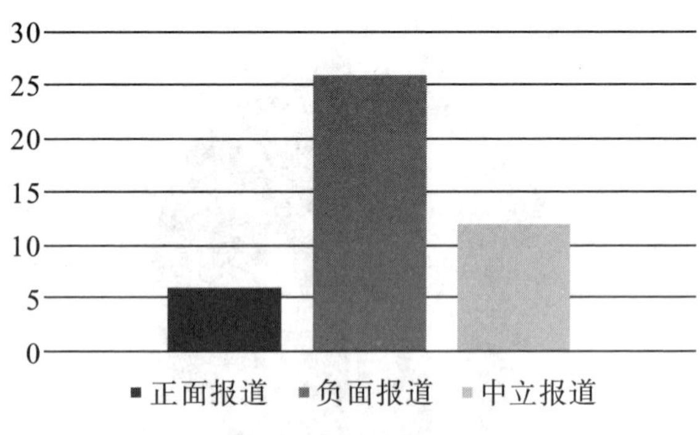

图 2　两大媒体相关报道案例类型

在对报道倾向性分类的基础上，笔者又整理出倾向性的建构路径，分为标题类、图片类、词句类。

首先，文字类是两大媒体报道最主要的方式，图片类较少。正面报道中，词句类共 17 处，占 58.6%；标题类次之，共 9 处，占 31.1%；图片类最少，共 3 处，占 10.3%（如图 3）。负面报道中，标题类和词句类共 33 处，占 84.6%（如图 4）。《纽约时报》利用标题进行负面报道的频率最高。

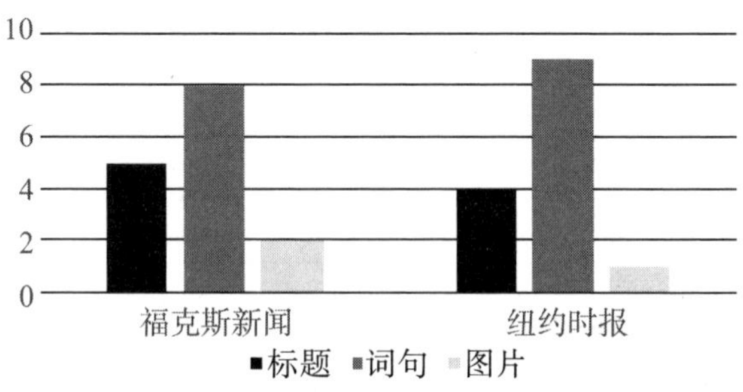

图 3　正面报道建构路径

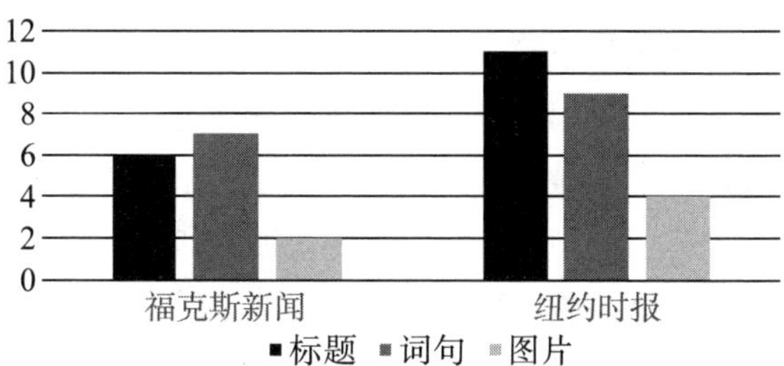

图 4　负面报道建构路径

其次，报道方式隐喻建构明显。报道中对中国领事保护的正面报道多以形容词出现，例如“高兴”“自豪”，多是对海外中国公民成功回国或收到中国驻外使领馆提供的抗疫物资后的心情描述；使用频率次之的是动词，多是对中国政府领事保护行动的评价，福克斯新闻在对中国从印度撤侨的报道中使用了“负责任”一词。中立报道主要关于领事保护行动的开展过程和健康包，以动词和名词为主。负面报道中隐喻建构较为明显，报道多次利用名词或动词进行反讽。

4. 案例主题

在 44 篇领事保护报道中，应急性领事保护报道 13 篇，预防性领事保护 23 篇。具体情况见表 2：

表 2　关于领事保护报道案例的主题（篇）

媒体	应急性领事保护	预防性领事保护	共计
纽约时报	6	13	19
福克斯新闻	7	10	17
共计	13	23	36

从总体情况来看，媒体对预防性领事保护的关注度高于应急性领事保护。对应急性领事保护的报道较为简单，主要介绍全球和中国的新冠肺炎疫情确诊情况，撤侨的主体、时间、人数、出发国，撤侨后的安置程序等。例如福克斯“随着新冠肺炎病例激增，中国开始从印度撤离其国民”；《纽约时报》“经外交部和有关部门统一安排，中国驻印使领馆将协助在印留学生、游客、有困难和迫切需要搭乘临时航班回国的临时商务人员回国”。预防性领事保护报道较为翔实，媒体对领事协助实施过程进行了详细叙述，内容主要涵盖中国驻外使领馆发放抗疫健康包、举办知识讲座、外交部领事司开展“春苗行动”等。例如《纽约时报》“除了口罩、消毒湿巾和其他抗疫用品，套装中还包含节日贺卡、红灯笼和巧克力”。

5. 案例特点

（1）消息源：以转载其他国际媒体为主要渠道。

西方媒体对我国领事保护的报道主要依靠转载中外国际媒体如新华社、路透社的信息，通过翻译经校对编辑后发布，较少引用外交部等官方信源。对两大媒体援引领事保护中心和其他国际媒体的同一篇报道进行内容对比，带领学生总结来自不同消息源的报道的差异，可培养学生的批判性思维，引导学生理性阅读西方媒体的新闻。

（2）内容：预防性领事保护为主，污名化报道突出。

相较于应急性领事保护，西方媒体更加关注中国采取的预防性领事保护行动，且污名化色彩明显。通过对中国从海外撤侨和中国驻外使领馆向留学生提供春节包、健康包的案例教学，增进学生“祖国在我身后”的自豪感，结合预防性领事保护和应急性领事保护的特征，引导学生思考媒体报道内容选择的影响因素。

（3）方式：混合模态，图片文字相结合。

西方媒体采用传统报道模式，主要以文字叙述为主，图片、视频等形象化方式较少出现。但图片在建构隐喻模型中具有特殊性且能发挥重要作用。以报道中的图片为教学案例，思考污名化的形成机理，鼓励学生积极思考识别图片隐喻的方式，增强学生对媒体报道的辨别能力。

（二）领事与侨务课程思政的案例教学启示

1. 主动讲好领事保护故事

从本研究可以看出，部分西方媒体的报道与中国真实形象存在较大偏差，导致中国在国际舆论场中处于不利地位。西方媒体主要以国际媒体而不以中国外交部、领事保护中心等官方网站发布的报道作为消息来源，这是因为西方对中国官方一直存在不信任感，同时中国新闻发布机制亟待完善。教师可通过开展模拟外交新闻发言人，针对某一案例阐述观点，引导学生转换叙事视角、表达方式，考虑叙事接受，增强故事的可接受性，培养学生爱国精神、展现新时代青年积极向上的风貌。

2. 积极应对污名化

西方污名化报道形成原因是多种多样的。一是美国国内政治经济状况影响，美国国内政治经济状况与污名化报道出现频率呈反相关。新冠疫情严重冲击了美国的经济发展，政府应对不力引发民众不满，加剧美国国内矛盾。为了转移国内矛盾，政府将矛头引向中国，固化西方民众对华刻板印象，加剧污名化。二是媒体运作模式加剧污名化报道。首先，两大媒体在进行报道时受到政治立场的左右。其次，污名化报道中标题类明显增多，其中一个重要原因是西方媒体意欲提高传播率和点击率、增加自身的商业利益。三是西方长期以来的强权价值观和以我为主的叙事方式使得其一直采取二元对立的思维模式。教师可通过追溯报道的案例原型，对比中国官方和西方媒体的报道，引导学生用客观事实说话、坚定正确的价值观念和政治立场，思考去污名化和改善我国领事保护的有效途径。

3. 加强领事保护课程思政活动模拟

案例模拟活动是以“爱国主义”教育为主题，结合领事保护的特点，以小组或班级为单位，以领事保护中某一具体案例为样本，通过预先编写好的剧本模拟领事保护开展的全过程。通过还原领事保护案例发生的时间、事件背景，学生能够增进对历史的感知，了解领事保护历史沿革，体会不同年代领事保护的差异性；通过扮演领事人员和海外中国公民，学生能够亲身体会到当时滞留在外的中国公民的心境、领事人员的职责和应对方法，鼓励学生积极思考，发挥学生创新性，寓教于乐，凸显学生在课堂参与中的主体性，增进师生互动性，提高学习效果。

结　语

本文通过将领事保护教育置于“课程思政”的理论背景下，将搜集、分析新冠肺炎疫情背景下西方媒体对中国领事保护的报道和模拟领事保护案例相结合，提供课程思政模式的建设路径和人才培养的经验借鉴。结合领事保护教育实情，用媒体报道案例进行尝试性的创新，引导学生探讨讲好中国领保故事的途径，实现了学科的交叉融合，提高了教学资源利用效率，在促进学生对领事保护知识掌握和培养爱国主义精神的基础上，激励学生讲好中国故事、传播中国声音，投身中国外交事业，培养具有社会责任感、时代使命感、德才兼备的复合型人才，同时促进教师育德水平的提高。将案例教学的方法置于领事保护教育之中，完善国内学科教学体系，为课程思政的实践模式和专业课改革提供探索道路，构建全员、全程、全方位育人大格局。

参考文献

陈奕平，许彤辉. 新冠疫情下海外中国公民安全与领事保护[J]. 东南亚研究，2020（4）：139－152＋158.

李小毛. 案例——模拟教学法在“领域教育活动设计与指导”课程中的应用[J]. 农家参谋，2019（19）：297－298.

王晓霞. 案例教学法在政府公共关系学教学中的实践研究——以“会理悬浮照事件”案例为例[J]. 公关世界，2021（2）：59－60.

夏莉萍. 中国领事保护新发展与中国特色大国外交[J]. 外交评论（外交学院学报），2020，37（4）：1－25＋165.

赵新燕. 浅析高校德育显性课程和隐性课程的和谐[J]. 黑河学刊，2011（12）：162－163.

作者简介

周思邑，女，1987年生，博士生，副教授。主要研究方向：领事保护，政治话语。

吴诗蕊，女，2001年生，本科生。主要研究方向：外交学。

问题式学习法在外语类院校《中国近现代史纲要》课中的应用*

陈黎黎

（四川外国语大学马克思主义学院 重庆 40031）

摘　要：在中国近现代史纲要课程中引入问题式学习法（Problem-based Learning，简称 PBL），有助于优化课程教学，提升课程的互动性、开放性，实现教材体系向教学体系进而向学生信仰体系的转化。采用问题式学习法，应在问题设置、小组研讨、课程小结等环节着力，做到“三个坚持”，即坚持关注真问题；坚持史论结合、论从史出；坚持启发、比较兼正面引导。针对当下问题式学习中存在的挑战，可尝试建立“师生一体化”教研新模式进行回应。

关键词：问题式学习　中国近现代史纲要课程　“一体化”教研学模式

改革创新高校思想政治理论课，提升思想政治理论课教学实效性，是高校思想政治理论课教师的责任与使命。习近平总书记强调：“办好思想政治理论课关键在教师，关键在发挥教师的积

* 本文是重庆市教育委员会人文社会科学研究思政专项项目（18SKSZ025）、四川外国语大学教学改革研究“三进”专项项目“《习近平谈治国理政》中文版‘三进’探索与实践”（2020 年）、四川外国语大学在线开放课程“《中国近现代史纲要》”（2019 年）阶段性成果。

极性、主动性、创造性。”[①] 为深入贯彻落实习近平总书记在学校思想政治理论课教师座谈会上的讲话精神，改革创新高校思政课，思政课教师将VR教学、沉浸式教学等新方式方法应用于中国近现代史纲要（以下简称“纲要”）课程，提升了“纲要”的教学实效性。与此同时，传统课堂教学的改革从未止步，问题式学习（Problem-based Learning，简称PBL）在“纲要”课程中的应用便是其中之一。[②] 既有研究已从理论、实操等多个方面论证了该教学法在“纲要”课程中的应用情况，但关于外语类院校如何立足自身特点开展相关教学的探讨仍待深化，因此，笔者拟结合近五年来在“纲要”课程中开展问题式学习的教学实践，分析将问题式学习引入外语院校“纲要”课堂教学中的必要性、实施过程中应遵循的原则、可采取的方法以及可能存在的挑战，并尝试提出对策。

一、“纲要”课程中应用问题式学习法的必要性

问题式学习，主要指以探究问题为主的学习，它的主要特点是以问题研讨代替课堂讲授、以学生为主教师引导为辅、以研究得出结论代替灌输说教等。在外语类院校的“纲要”课中引入问题式学习，具有如下一些必要性。

---

① 习近平：《思政课是落实立德树人根本任务的关键课程》，载《求是》，2020年第17期。

② 这方面已有的成果如杜志章：《论PBL教学法在思想政治理论课教学中的应用——以“中国近现代史纲要”课程为例》，载《学校党建与思想教育》，2012年第3期，第44～46页；邵海燕，贾淇：《PBL模式在〈中国近现代史纲要〉教学中的运用》，载《河北师范大学学报（教育科学版）》，2017年第4期，第126～128页；任云仙，付鹏辉：《“PBL+VR+小课堂”线上教学模式运用与实践研究——以“中国近现代史纲要”为例》，载《南昌航空大学学报（社会科学版）》，2020年第3期，第86～90页；等等。

（一）问题式学习法是实现教材体系向教学体系转化的主要途径

首先，问题式学习法可实现编年体教材体系的两重转化：一是教材体系向问题式教学体系的转化，二是教材体系向专题式教学体系的转化。在当下的“纲要”课教学中，突出问题意识、强化问题意识、坚持以问题为导向，已成为将教材的编年体体系向问题式、专题式教学体系转化的核心理念。通过设置不同核心问题，构建起不同的教学专题，既使课程从平铺直叙转变为研讨性学习，又更好地指向了中国近现代史的教学目标。教师通过引导学生在课堂上层层递进地分析环环相扣的问题，打破了教材原有的线性逻辑，增强了知识点内在的逻辑性，构建了一个网状的知识体系。

其次，问题式学习法可将新版教材的新增补内容由教材体系向教学体系转化。2021 年修订后的“纲要”课教材，大体上仍是依照时序编排中国近现代史的历史演进过程，较之旧版教材，新版教材在内容中有所增补，比如通过二维码的方式补充了各种历史细节，每章结束后增加了必读文献和延伸阅读内容，并在课后思考题的设置上做出了改变。这些新的变化，增加了“纲要”教材内容的丰富性和多样性。然而，仅靠传统的讲授难以将新教材的变化体现出来，也难以对这些新增加的内容加以利用。问题式学习法可以充分利用这些新增内容和材料，发挥它们的功能，使教材扁平化的内容在教学过程中真正立体起来。

（二）问题式学习法是提升教学过程互动性、开放性、碰撞性的重要手段

“纲要”课的传统教学多以讲授为主，在课程教学中，容易出现的误区是，要么过于偏向历史知识的传授，甚或流于历史故

事大拼盘；要么停留于传统的灌输与说教，忽视了历史感。通过启用问题式教学，其一，可以增强课堂的互动性。这包括学生与学生之间的互动、老师与学生之间的互动。在问题式学习中，小组是基本的学习单元，小组各成员间要进行分工与合作，开展相关内容的研讨，这激发了学生间的互动，而教师要深入指导学生们的研讨，整个学习过程是在多重互动中完成的，这种活跃的学习方式适合外语类院校的学生。其二，可以增强课程的开放性。问题式学习以问题为引导，老师并未预设问题的唯一答案，学生将在老师的指导下自主破解问题，学习内容和过程具有开放性，这能充分发挥外语类院校学生视野广阔的优势。其三，在问题式学习中，由于不存在预设的唯一答案，学生难免因解题产生争议，又或者为了寻求答案而“上下求索”“找东找西”，这增加了学生在观点、思维、破题角度、小组分工与合作之间的碰撞，促进学生习得如何求同存异，以更多元、更包容的态度接纳多样的观点、思维，从中得出讲事实、讲证据的答案。

（三）问题式学习法是促进教学体系向学生信仰体系转化的方式之一

在传统的灌输或说服式教学中，历史的结论往往是由教师传授给学生的，该过程中学生处于相对被动的接收状态。比较之下，问题式学习是通过学生自主探索，在依循学理探析的逻辑下，经过反复研讨、比对和思考，自己得出相关结论。学生的自主体验性更强、深度思考更多，学生自身不断地为了解答问题而向前探索，主动地去了解相关的史实，辨析正反观点，完成知识的深加工和再吸收过程。因此，问题式学习法有助于学生对知识的内化。只有当相关知识内化于心，转变为学生们的历史观、价值判断和信仰后，才能指导学生外化于行，完成思政课立德树人的根本任务。

二、问题式学习法的教学环节与实施原则

2019 年 3 月，习近平总书记在学校思想政治理论课教师座谈会上就推进思想政治理论课改革创新提出了“八个相统一”。“八个相统一”成为思想政治理论课改革创新的根本遵循。在“八个相统一”的指导之下，“纲要”课中的问题式学习可遵循如下教学环节和相关原则来开展。

（一）问题设置环节：坚持关注真问题

问题式学习法的核心是“无问题，不学习”。如何设置问题，设置什么样的问题，成为问题式学习法实施的关键。

首先，教师应充分了解学情，直面学生的困惑，设计学生真正关心的问题。大体上，外语类院校的学生语言基础好、思维活跃、国际视野广、信息来源较广，与此相应，学生们在接触到不同的舆论、思想、思潮时，难免会产生关于中国近现代史的困惑，既包括史实层面的疑问，也有史识层面的疑惑。这意味着，教师能不能设计出直面学生困惑的问题，哪怕是有争议性的问题，即教师能不能设计出学生真正关心的问题，成为决定问题式学习中学生参与度和学习获得感的重要前提。

其次，教师应基于“纲要”课的内容，设计学理层面的真问题。教师在设计问题时，除了要关注学生真正关心的问题，还要紧扣中国近现代史上的主要矛盾和主要任务，设计出具有历史感的、能反映出这一时期本质的真问题。只有设计出真问题，才能引导学生进行深入的思考，提升学生运用历史唯物主义分析历史的能力，实现课程目标。

这里，可以《辛亥革命与君主专制制度的终结》一章的授课为例展示如何设置真问题。辛亥革命是中国近现代史上的重大历

史事件，从学情上来看，大部分学生对该事件的过程已非常熟悉，但他们对革命爆发的必要性、正义性和进步性等理论问题的认识和分析仍待升华。面对上述学情，教师可设置“‘革命’的意涵是什么？”“辛亥革命为什么会爆发？（兼与法国大革命比较）”“你如何看待‘告别革命’论？”三个核心问题。这三个问题分别指向准确了解基本概念的内涵及其演变，深入分析革命爆发的深层历史原因，驳斥历史虚无主义，遵循了从“是什么”到“为什么”再到“怎么办”的线索，也考虑了外语类院校的专业特点。

（二）小组研讨环节：坚持史论结合、论从史出

研讨环节是问题式学习法的核心环节。学生往往以小组合作的方式开展问题式学习，围绕问题搜集资料，实地调研，并在一起研讨、分析问题，既要分工又要合作。研讨环节的有效展开，关乎学科思维的训练、影响着问题的解答，为学生形成价值判断奠定了基础。

在“纲要”课中开展问题研讨，应遵循历史学的基本原则，坚持论从史出、史论结合。前者强调的是任一观点的形成，必须有理有据，是基于真实的、多重的历史证据得出。后者强调的是，不能只是发表议论而无证据支撑，而是要形成理论与经验的对话。这一原则与研讨课关系密切。

首先，充分掌握资料，了解史实是开展历史类问题研讨的基础。学生通过充分、多样化地占有资料，掌握问题的相关基本史实，可构筑历史场景，为问题式研讨的开展打下基础。当下，有的学生在分析历史问题时，流于表面，难以从一些“大话”和空洞的论调中深入历史情景。比如，有的学生在论及辛亥革命爆发的深层历史原因时，停留在套用政治腐败、社会矛盾尖锐等词汇上，并不能用具体的历史资料支撑上述论点，缺乏历史感。通过

充分搜集和掌握相关资料，做到“了解之同情”后才能展开研讨。

其次，论从史出可培养学生分析历史问题、解决历史问题的能力。研讨环节是以解开问题为导向的，但是解开问题并不是唯一的目的，其核心是提升学生运用唯物史观分析和解决问题的能力。历史学有其独特的方法论，比如孤证不取，多重证据法，有几分证据说几分话，大胆假设小心求证，等等。教师既要让学生发挥主体性，又要授之以方法以帮助学生在遵循学科规范的前提下发挥主体性。

再者，论从史出会促使学生进行深层次思考和研讨，甚至突破思维定式和陈旧认知。基于日常教学观察，有的学生在形成相关历史问题的判断时，容易“倒放电影”，即从已知的结论出发，寻找资料，佐证该观点，这种方法本质上是非历史的。仍以辛亥革命为例，在分析辛亥革命爆发的原因时，有的学生从清末“新政”是一场失败的假改革这一结论出发，用清末“新政”的相关证据来论证之。然而，当学生们立足于资料，而不是先从结论出发时，学生们会发现资料之间存在着彼此矛盾的现象，这会激发学生进一步的思考，甚至突破陈见。比如，单从清末“新政”的史料出发，学生发现有一些“新政”举措在当时看起来颇有“进步”的意味，比如废除科举、奖励实业、练习新军等。由此，学生就产生了一个疑惑，这些看似“进步”的举措，为什么会失败？为什么是“假改革”？这一教学案例表明，坚持论从史出，学生会看到中国近现代史中的复杂性和多面性，甚至看到不曾为自己所注意的一面，这更新了学生固有的历史认知乃至破除刻板印象，促使其进行深度思考。

（三）课程小结环节：坚持启发、比较兼正面引导

小结环节是问题式研讨中解答学生疑惑，形塑学生价值判断

的关键环节。尽管“纲要”课的主要授课内容是传授中国近现代史知识，但其学科归属是思想政治理论课，本质是进行思想政治教育、实现立德树人的根本任务。因此，在“纲要”课中开展问题式教学，最终是为了促使学生树牢唯物史观。

问题式学习，不等于放羊式学习，不等于发散式学习，坚持启发兼正面引导，是对“八个相统一”中“主导性与主体性相统一”“建设性与批判性相统一”“政治性和学理性相统一”等原则的具体化。仍以辛亥革命为例，学生对革命的意涵、辛亥革命爆发的深层历史原因等两个问题的研讨，最终是为了形成一种历史认识，即革命具有正义性、进步性和必然性，在近代中国，要想实现民族独立、人民解放，就必须首先进行反帝反封建的民主革命。同时，在进行问题探讨时，要根据外语类院校学生视野广的特点，开展中外比较，既分析世界近现代史，又立足于中国近现代时期的国情，比如，将辛亥革命与法国大革命等进行比较，于比较中说明革命的正义性、必要性和进步性。因此，在问题式研讨的过程中，教师既要启发学生，更要正面引导学生；要直面争议问题，更要引导学生去认清一些错误观点的症结所在；要中外比较，更要立足中国国情促使学生形成正确的历史观。

三、应用问题式学习法的挑战及对策

在近五年的相关教学中，笔者基于教师端和学生端两方面的感受和体验，对实施该教学法存在的挑战等进行了搜集和整理，归纳起来主要包括如下几个方面。

第一，对师资水平要求高。这主要表现在：教学备课环节对教师的知识储备量要求极高，教师既需要拥有较高的理论水平，敢于、善于在教学中提出真问题，回应真问题，还应熟悉当前的学术前沿、热点及有争议的问题。围绕这些问题，教师要在广度和深度上熟稔相关的基本史实，做到史论结合、经验与理论对话。这使教师的备课量与传统讲授式教学相比，多出数倍。教学实施环节对教师的课堂教学管理水平和能力要求较高，教师既要善于引导和组织学生围绕该问题进行深入研讨，还要善于调控课堂节奏和讨论的方向，更要善于灵活变通地处理教学过程中出现的突发情况等。

第二，教学所耗时长多、教学班级规模大、师资人手不足等技术性难题需要解决。目前，“纲要”课程每周一般为3课时，在以教师讲授为主的传统教学方式中，3课时（或6课时）一般可供教师讲解一个专题，遵循的是一种线性、递进式的教学过程。然而，问题式学习的过程往往是非线性的，从提出问题到分析问题，再至解决问题，期间花耗的时间可能是传统讲授教学的2倍甚至更多，加之教学班级人数较多，所需课时数会更多，这增加了教师在实操层面开展问题式学习的难度。

第三，学生知识储备水平迥异，问题式学习活动难易度不一。“纲要”课是面向全国高等学校本科生开设的必修思想政治理论课，其授课对象除了马克思主义理论学科、历史学、政治学等相关学科的本科生，大部分同学是非相关专业的本科生。不同学科专业的学生，中国近现代史知识储备基础迥异，同样的问题设置与问题式学习法在不同学生群体中获得的反馈并不一致。部分学生历史知识基础一般，问题式学习对他们而言难度较大。部分学生仍习惯于传统的教师讲授、学生记笔记的学习方式，难以转换学习思维和学习方式，难以自主独立参与到相关的学习过程中，难以辨明自身在小组学习中的角色。

面对上述可能存在的问题，笔者联系自身的经验，并结合国内“纲要”课现有的教学改革方式等，认为可解决该问题的方式之一是打造“一体化”的教研学新模式。这里的“一体化”主要指“纲要”教师、马克思主义理论学科研究生和我校本科学生的一体化；“教研学模式”主要指，将思政课教师的教学、马克思主义理论专业硕士研究生的专业研究训练和本科生的研讨小组学习联动起来，构成教师总设计、总指导，学科研究生分组组织研讨，本科生组成研讨小组的联动模式。通过打造以本科生、研究生和指导教师为主体的师生一体化的教研学共同体，可以部分地解决当下问题式学习中存在的困难，如前文提及的人力资源不足等；还可以使专业研究生的教研能力在实际中得到锻炼，为将来走上教学岗位打下基础；而研究生群体所产生的朋辈效应、榜样作用，可以提升本科生的学习兴趣，提升指导的针对性等。据此，最终提升问题式学习的质量和效果。

作者简介

陈黎黎，女，1983 年生，博士，副教授，主要从事中国近现代史基本问题的教学与研究工作。

论翻转课堂在商务英语专业英语阅读课程教学中的适用性与局限性

陈念君

（四川外国语大学商务英语学院 重庆 400031）

摘　要：教学顺序的翻转与视频课程的应用是翻转课堂的重要环节和重要特征，也是研究、实践翻转课堂的教研者关注的焦点，被认为是对传统教学的超越，却并不适用于所有的学科和课程。本文结合当下商务英语专业英语阅读课程教学的现状，指出翻转课堂对教学顺序的颠倒并兼顾不同层次学生的需求，是其在商务英语专业英语阅读课程教学应用中适应性所在，而强调视频教学却成为其在这一课程应用中的局限性。商英专业英语阅读课程在教学实践中应用翻转课程模式时，应根据其适应性与局限性做相应的取舍，以适合课程教学实际，提高课程教学效果。

关键词：翻转课堂　商务英语　英语阅读教学　教学顺序　视频课程

一、引言

作为一种新型教学模式，翻转课堂的初衷旨在解决教学中师生不能同时在场的矛盾。经创立者之一的萨尔曼·可汗和他的可汗学院的传播，翻转课堂迅速为教育界所了解并熟悉，也在国内引发了教育界的广泛关注。各个层次的教育工作者在各自领域积极研究、实践这一教学方法。作为商务英语（简称商英）专业基础阶段的重要课程，英语阅读课程的教学也不例外。

由于英语阅读课程的课程特征和课程设置，翻转课堂在引入教学过程中呈现出适应性与局限性共存的现象。本文通过梳理翻转课堂的起源与发展，教学模式及其主要特征，结合商英专业英语阅读课程教学的现状，分析翻转课堂在这一课程教学中的适应性与局限性，从而有效借鉴翻转课堂教学模式，切实提高课程的教学效果。

二、翻转课堂概述及商英专业英语阅读课程现状

（一）翻转课堂概述

翻转课堂在发源地美国经历了不同的发展阶段。早在 2000 年，莫瑞因·雷吉（Maureen Lage）与格雷恩·普兰特（Glenn Platt）就发表论文提及这一模式。① 同年贝克尔（J. W. Baker）在第 11 届大学教学国际会议上也提交了相关主题的论文。② 2004 年，萨尔曼·可汗通过视频辅导在异地的亲戚小孩，并将教学视频分享到社交媒体。③ 2007 年，美国科罗拉多州林地公园高中（Woodland Park High School）的化学老师乔纳森·伯格曼

① M. J. Lage & G. J. Platt. "Inverting the classroom: a gateway to creating an inclusive learning Environment", in *The Journal of Economic Education*, 2000 (1): 30—43.

② J. W. Baker. "The classroom flip: using web course management tools to become the guide by the side", in J. A. Chambers. *Selected Papers From the 11th International Conference on College Teaching and Learning*, Florida: Florida Community College, Jacksonville, 2000, pp. 9—17.

③ 朱宏洁、朱赟：《翻转课堂及其有效实施策略刍议》，载《电化教育与研究》，2013 年第 8 期，第 79—83 页。

(Jonathan Bergmann）与阿农·山姆斯（ Aaron Sams）借鉴可汗的教学理念，上传教学视频到网络以帮助辍学学生在家学习，引起了公众的关注。[①] 2011 年，萨尔曼·可汗及其创立的可汗学院(Khan Academy）对翻转课堂的推广起到了关键作用，翻转课堂为众多的教师所熟悉，并成为全球教育界关注的教学模式。[②]

翻转课堂在美国比较成熟的课堂模式由罗伯特·坦博特(Robert Talbert）教授总结归纳。[③] 该模型清晰地展示出翻转课堂实施过程的主要环节（如图 1）：

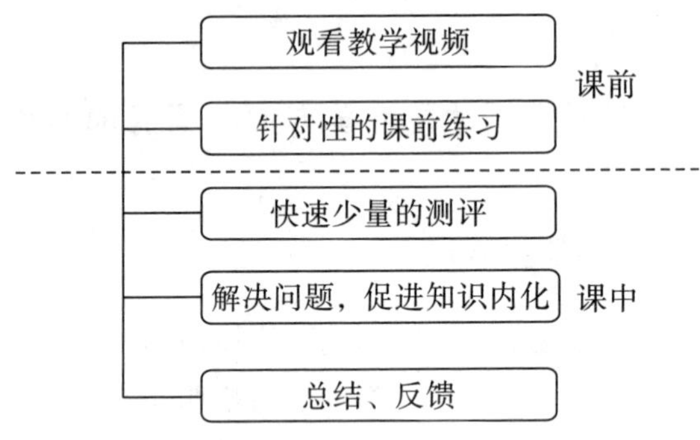

图 1　罗伯特·坦博特的翻转课堂结构

课前，学生自主观看教学视频，学习教师提供的材料，完成针对性的课前练习；课中，教师对学生课前学习任务的完成情况进行快速而少量的测评，了解学生课前学习中遇到的问题，针对性地给予指导，帮助学生解决实际问题，以促进学生知识的内化。

在国内，张金磊和肖晗提出的两种模式比较成熟、影响较大。

---

① 张跃国、张渝江：《透视“翻转课堂”》，载《中小学教育》，2012 年第 3 期，第 9—10 页。

② K. Ash. “Educators evaluate ‘flipped classrooms’ benefits and drawbacks seen in replacing lectures with on-demand video 2”, in *Education Week*, 2012 (10): 6—8.

③ 张金磊、王颖、张宝辉：《翻转课堂教学模式研究》，载《远程教育杂志》，2012 年第 4 期，第 48 页。

张金磊等人①最早对罗伯特·坦博特模型进行修正，建构出更为完善的翻转课堂教学模型，如图 2 所示。

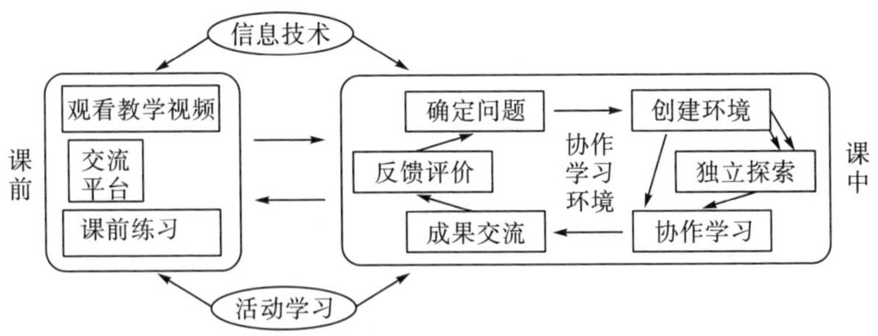

图 2　张金磊等人的翻转课堂教学模型

该教学模型增加并强化了信息技术和活动学习两个杠杆；此外，在课前增加互动交流平台，在课中增加协作学习的环境。这一经过修正的教学模型为国内翻转课堂的教学实践提供了基础。

肖晗、陈达②针对大学英语阅读教学，提出了相应的教学模型。此模型的主要特点是提出了课后拓展的环节，如图 3 所示：

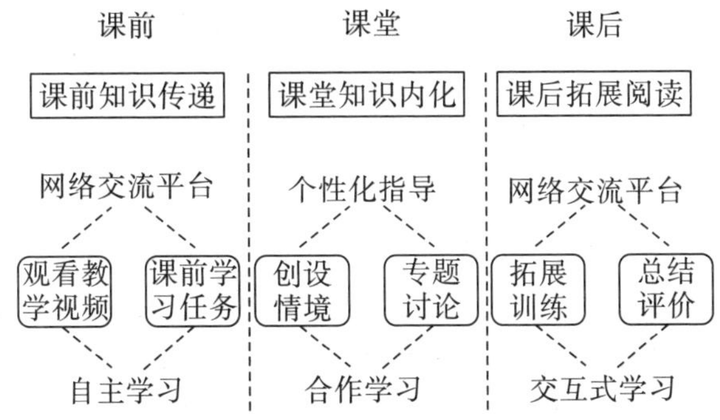

图 3　肖晗、陈达的大学英语阅读翻转课堂教学模式

① 张金磊、王颖、张宝辉：《翻转课堂教学模式研究》，载《远程教育杂志》，2012 年第 4 期，第 48 页。

② 肖晗、陈达：《翻转课堂模式下的大学英语阅读教学模式研究》，载《外国语文》，2018 年第 1 期，第 147—154 页。

从翻转课堂不断发展的教学模型可以看出，翻转课堂呈现如下特点：首先视频讲解被普遍使用，以解决学习者不在场的局限；其次，将知识传授提前到课前完成，课后练习等不同形式的知识内化活动则转换为课堂内的互动交流。这两个特点形成了翻转课堂的主要特征，成为翻转课堂区别于传统课堂的重要标志。但是，这些特征是否适用于所有的学科和所有的专业呢？张金磊等就此问题提出，国外开展翻转课堂教学试验的学科多为理科类课程，并提到其学科特点便于翻转课堂的实施。① 为了适应大学英语阅读教学，肖晗等对张金磊的教学模式又进行了修正。因此，翻转课堂的适用性不能一概而论，教学者在具体的课程教学过程中，应根据学科和课程特点做出取舍。

就商英专业的英语阅读课程而言，翻转课堂的教学模式具有一定的适用性和局限性。

（二）商英专业英语阅读课程教学现状

商英专业英语阅读课程的教学现状表现为这一课程面临的困境。

困境之一是课程面临的双重压力，即这一课程承担着普通英语专业和商务英语专业阅读教学的双重任务。该课程的教学目标是通过指导学生阅读大量英语读物，掌握阅读技巧，提高阅读速度，培养学生的阅读能力和阅读兴趣；同时加深对英语国家的了解，扩大知识面，丰富社会文化知识，增强对文化差异的敏感性，提高理解、分析、推理、判断的能力。此外，教学时需要补充与商务英语相关的内容。

困境之二是学生上课积极性不高，教师也不愿意上这门课。

---

① 张金磊、王颖、张宝辉：《翻转课堂教学模式研究》，载《远程教育杂志》，2012年第4期，第50页。

原因如下：首先，这门课程的教学课时与教学量存在矛盾。本课程基本为一周 2 个课时，教学总时长为 90 分钟。教学内容繁重，包含一到两本主干教材，再辅以课外阅读。主干教材以讲解阅读技巧和练习为主；课外阅读涉及文学经典、与商务相关的新闻报刊阅读。教师为了完成教学任务，势必将课上不能完成的内容布置给学生课后完成，学生会因此产生不满情绪。

其次，课程教学基本沿袭传统教学模式，也是造成学生上课体验差的原因之一。课程教学仍旧是教师讲授，学生听讲，课后完成作业，师生、生生缺乏互动交流。这种单向、不可逆的教学方式无法激发学生的学习主动性。①

在上述因素的合力下，商英专业英语阅读课堂的教学生态基本呈现为教师辛苦讲授，却无法引起学生的兴趣，学生课上很难持续专注，必然让教师对教学产生挫败感。因此，要从根本上改变这一课程教学的困境，需要改变传统的教学模式，而翻转课堂对教学中师生角色以及教学顺序的翻转，可以在一定程度上改变教学双方的状态，解决教学过程中的诸多矛盾。

三、翻转课堂在商英专业英语阅读课程教学中的适用性及局限性

（一）翻转课堂在商英专业阅读课程教学的适用性

翻转课堂对教学顺序的改变有利于解决课程面临的课时有限与学习内容繁重的矛盾。翻转课堂的翻转本质上“延长了课堂授

① 张天：《商务英语阅读翻转课堂教学有效性的行动研究》，载《北京工业职业技术学院学报》，2019 年第 1 期，第 85—89 页。

课时间”[①]，有助于解决目前课时有限而教学任务量大的矛盾。

具体到课程的实际操作，教师可将传统课堂的预习内容转变为课前自主学习。其操作的可行性源于以下两个条件：首先，目前学生已经具备一定的英语学习能力。大一新生已经储备了一定的英语词汇量，具备一定的听说读写能力。其次，目前学生使用的教材选文以及讲解难度不大，可以自主学习。

笔者任教班级学生为商英专业大一新生。在近几年的英语阅读课程教学中，笔者不断尝试将原本需要课上讲解的内容布置给学生课前自主学习和阅读，并完成相应的课后练习；学生在自主学习的过程中有任何疑问，可以通过网络平台提出问题，教师和同学都可以参与答疑。在此过程中，笔者发现，学生基本能顺利完成课前自主学习。课程结束后，通过学生撰写的课程总结也了解到，学生基本都能接受这一翻转，因为课前学习缩短了课上讲授内容，有更多的时间与同学和老师进行互动交流。因此，对英语阅读这门课程，将教师的课堂讲授环节进行翻转前移是可行的。这样可以节省教师课堂讲授时间，教师可以在课堂上对学生学习中遇到的疑问和不足进行详细的讲解，学生可以充分地与同学和老师进行交流。

翻转课堂还有利于培养学生的自律性与自主学习能力。翻转课堂对教学顺序的翻转有利于改善当下学生中比较普遍的学习懈怠心理，从而让学生从被动学习转为主动学习，继而成为学习和课堂的主体。由于将学习提前，且要求自我学习，加上课堂以学生讨论与答疑为主，学生如果不在课前完成相应的学习内容，将无法顺利参与课堂讨论。在此压力下，学生不得不提前完成学习任务，长此以往，学生自律性逐渐形成，学习能力也随之提高。

① 陈曦：《微课翻转课堂在商务英语教学中的应用——以商务英语阅读为例》，载《黑龙江教育学报》，2019 年第 3 期，第 131 页。

此外，课堂讲授时间变短，学生的注意力更容易集中，加上讨论环节增加了学生之间、学生与教师之间的互动，课堂氛围也因此而更活跃。笔者在近几年的阅读课上，将讲授内容提到课前，让学生自主学习，课堂上简短评讲，学生分组讨论，再班级讨论。因此，学生积极性明显提高，学生在课后所写的课堂总结中，也对课上讨论给予了充分的肯定。

此外，翻转课堂还有利于提升教师专业能力。翻转课堂教学模式下，教师的讲解提到课前，由学生通过视频自主学习，教师在课堂上主要是组织课堂讨论或答疑，不用花费大量时间讲解。同时，对英语阅读课程而言，学生完全有能力自行学习相关内容，教师不必录制视频。因此，更容易规避学生精力分散、学习懈怠的情况。翻转会对教师提出更高的要求，原因在于教师需要大量查阅学生完成的作业和提问，了解学生自主学习的情况，有效组织课堂讨论；同时，学生在课上讨论时，会提出很多意料不到的问题，教师要能很好地回答提问，同时有效地引导，也需要在课前做大量的准备，不仅是本专业的，还包括与本学科有交叉的一些学科的相关内容。教师在积极准备回应学生问题的同时，也是对自己专业能力的提升。

综上所述，在商英专业英语阅读课程教学中，借鉴翻转课堂教学方法可以解决课时不足的问题，同时又能更好地改善教师与学生的教学状态，改善课堂氛围；尤其是课堂讨论的引入，使学生之间以及学生与教师之间有了互动与交流，一改之前课堂的沉闷，从而变得更活跃，更有生气。这些改变是翻转课堂适用于这一课程的具体表现。

当然，针对商英专业英语阅读课程，翻转课堂也存在一定的局限性。

（二）翻转课堂在商英专业英语阅读课程教学中的局限性

翻转课堂在英语阅读课程教学中的局限性主要体现于这一课堂对视频课程的过度强调。视频课程亦即微课，目前已成为翻转课堂的典型特征和重要标签，被称为“翻转课堂不可或缺的教学资源”[①]，或被看作翻转教学中的核心环节之一[②]。但凡提到翻转课堂，都会提及视频课，且都强调视频课给课堂教学带来的积极改变，鲜有研究提及使用视频课的弊端。其实，视频课并非英语阅读课程的必需环节。视频课不适合英语阅读课程之处具体表现为使用效率低，同时制作成本高。

翻转课堂采用视频教学的初衷是解决学习者不在场问题，而国内大学生基本不存在缺席的情况。此外，英语阅读课教学以阅读技巧和大量的篇章阅读为主，强调大量的阅读输入，而非某些知识点的讲解。教材关于阅读技巧的相关讲解也相对简单易懂，并不需要额外的视频讲解。

录制视频课会花费大量的时间和精力，费用也不少。[③] 录制高质量的视频需要教师掌握与视频录制相关的一些技术知识，这并非每一个英语专业教师都能胜任。虽然教师需要与时俱进，掌握一定的现代科技，但是需要区分这些科技对教师所从事的教学课程是否为必需。如非必需，就不必为了视频课而视频课。相反，教师可以将时间与精力投入到比录制视频程更重要的环节。

---

① 朱宏杰、朱赟：《翻转课堂及其有效实施策略刍议》，载《电化教育与研究》，2013 年第 8 期，第 83 页。

② 潘炳超：《翻转课堂对大学教学效果影响的准实验研究》，载《现代教育技术》，2014 年第 12 期，第 84－91 页。

③ 张学新：《对分课堂——中国教育的新智慧》，北京：科学出版社，2017 年，第 116 页。

综上所述，针对英语阅读课程而言，视频课程绝非必需，成为翻转课堂在这一课程应用上的局限性。

结　语

翻转课堂改变传统教学顺序，将课堂讲授环节提前到课前，由学生自主学习，这一特征可以解决课时有限与教学任务繁重的矛盾，有利于培养学生自律性与学习能力。提升教师专业水平，是翻转课堂在这一课程教学中适应性所在。翻转课堂采用的视频课这一环节并非该课程自主学习阶段所必需，加之制作成本高，不推荐在这门课程中使用，是翻转课堂在该课程应用上的局限性所在。

结合翻转课堂的起源、发展、教学模式与主要特征及当前商英专业英语阅读课程的教学现状，分析翻转课堂在商英专业英语阅读课程教学过程中的适用性与局限性，将有助于教师在运用翻转课堂教学模式时，根据这门课程的特点和现状做出适当的取舍。唯有如此，这门课程教学改革才能走出困境，让学生愿意学，教师愿意教，从而营造更良好的教学生态，提高教学质量和教学效果。

参考文献

陈曦．微课翻转课堂在商务英语教学中的应用——以商务英语阅读为例［J］．黑龙江教育学报，2019（3）：130－132．

潘炳超，2014．翻转课堂对大学教学效果影响的准实验研究［J］．现代教育技术，2014（12）：84－91

肖晗，陈达．翻转课堂模式下的大学英语阅读教学模式研究［J］．外国语文，2018（1）：147－154．

张金磊，王颖，张宝辉．翻转课堂教学模式研究［J］．远程教育杂志，2012（4）：46－51.

张天. 商务英语阅读翻转课堂教学有效性的行动研究 [J]. 北京工业职业技术学院学报，2019（1）：85－89.

张学新. 对分课堂——中国教育的新智慧 [M]. 北京：科学出版社，2017.

张跃国，张渝江. 透视“翻转课堂” [J]. 中小学教育，2012（3）：9－10.

朱宏杰，朱赟. 翻转课堂及其有效实施策略刍议 [J]. 电化教育与研究，2013（8）：79－83.

Ash，K.. Educators evaluate “flipped classrooms” benefits and drawbacks seen in replacing lectures with on-demand video [J]. *Education Week*，2012，(10)：6－8.

Baker，J. W. The classroom flip：using web course management tools to become the guide by the side [M]. //J. A. Chambers. *Selected Papers from the 11th International Conference on College Teaching and Learning*. Florida：Florida Community College，Jacksonville，2000：9－17.

Lage，M. J. & Platt，G. J. Inverting theclassroom：a gateway to creating an inclusive learning Environment [J]. *The Journal of Economic Education*. 2000，31（1）：30－43.

作者简介

陈念君，女，1973 年生，硕士，副教授。主要研究方向：英美文学。

红岩精神融入大中小学思政课一体化建设的路径研究*

程　波　巩思维　王正宇

（四川外国语大学马克思主义学院 重庆 400031）

摘　要：红岩精神是重庆的优秀红色基因，是中国共产党人精神谱系的组成部分，具有极高的育人价值。将“红岩精神”与各学段“思政课”相结合，推动重庆市大中小学思政课一体化建设，遵循统筹全局、因材施教、循序渐进等实施准则，从教育部门主导、课外实践学习和社会媒体传播等方面来系统规划实践路径，进而助推思想政治教育改革创新，并为赓续重庆红色血脉提供了思路。

关键词：红岩精神　思政课　一体化建设

习近平总书记在学校思想政治理论课教师座谈会上强调：“要把统筹推进大中小学思政课一体化建设作为一项重要工程，

* 本文系 2020 年度国家社科基金高校思政课研究专项“新媒体视域下高校思政课实践教学模式与规律研究”（20VSZ046）、四川外国语大学教学教改研究项目“新时代高校思政课网络教学模式研究”（JY2062252）、2021 年度高校思想政治理论课教师研究专项一般项目“外语院校思政课程与课程思政协同育人模式研究——以《习近平谈治国理政》多语种版本‘三进’模式试点探索为例”（21JDSZK116）；2021 年重庆市研究生教育教学改革研究一般项目“硕士研究生思政课《马克思主义与社会科学方法论》在线开放课程建设”（yjg213105）阶段性成果。

推动思政课建设内涵式发展。”① 建立健全重庆市大中小学思政课一体化建设机制，统筹推进大中小学思政课一体化建设是现阶段重庆市推进教育事业发展“十四五”规划的重要内容。因地制宜，创造性地利用本土红色资源是重庆市思政教育的良好选择。

一、红岩精神融入重庆市思政课一体化建设的价值逻辑

红岩精神是无数革命志士用鲜血浇筑而成的，是马克思主义理论与中国革命实践相结合的精神成果，是能够激励一代代中国人为实现中华民族伟大复兴中国梦而奋勇前行的精神动力。将具备独特育人价值的红岩精神融入重庆市思政课一体化建设中，构建思政教育大中小学一体化的长效连贯机制，既发扬了红岩精神时代价值，又为思想政治教育开拓了新思路、新途径。

（一）红岩精神是重庆市思政教育的内生力量

重庆不仅是巴渝文化的发祥地，也是红岩精神的发源地。红岩精神是以周恩来为代表的老一辈无产阶级革命家、共产党人和革命志士，在抗日战争及解放战争时期的斗争实践中形成的革命精神。② 以战时重庆人民展示出的政治远见、革命信念、人格魅力和正派作风引领当今重庆人民的实践，极富亲和力，且更易被接受与理解。青少年是祖国朝气蓬勃的未来，最需要精心的引导和栽培。将红岩精神融入大中小学思政课一体化建设中，既能焕发中华民族传统革命精神的时代价值，又能推动思政课建设的创

---

① 习近平：《习近平谈治国理政（第三卷）》，北京：外文出版社，2020 年，第 331 页。

② 周勇：《红岩精神研究的几个基本问题》，载《党的文献》，2009 年第 2 期，第 53—56 页。

新式发展。思政教育工作者可就地取材以红岩精神为核心，形成“爱国主义教育、理想信念教育、人格健全引导、革命传统教育”为一体的思想品德建构体系，带领青少年们听红岩故事，感知英雄人物与历史史实；走红岩旧址，唤醒青少年们的爱国基因；品红岩内涵，引导青少年们建立正确的价值观念，从而成长为坚定的青年马克思主义理论者。

（二）红岩故事是重庆市思政课教学的宝贵素材

红岩精神为重庆市思想政治教育增添了红色文化底蕴，重庆市大中小学思政课一体化建设的推进也为传承红岩精神基因、赓续重庆红色血脉贡献了中坚力量。毛泽东、周恩来等革命家身负救亡图存的使命，精心培育统一战线，江竹筠、叶挺等共产党人对党忠诚、英勇就义的生命践行，无数中华儿女不畏艰险、奋斗向上的英勇事迹，具有极强的说服力和感染力，是思想政治教育教学独特鲜活的原材料。目前，大中小学统编的思政课教材以普适性为主，鲜少具有地方针对性，思政教育工作者可将红岩精神作为思政课教学的重要育人素材，充分利用图书馆、档案馆、纪念馆中的图文、影像资料，并结合自身所处教学环境、学生接受程度，将红岩故事整合贯穿于教学课程之中。这一过程，一方面有助于教育者在整理中坚定党的信仰、扩展知识广度、提高自身专业素质，另一方面有助于改良教学方式，为教学增添多样化选择。教育者传达信息的精准度会影响受教育者学习的连贯性与完整性。教育者工作上精益求精，有助于学生系统性地了解红岩精神，进而健康成长成才。师生共同进步，有助于推动我国新时代大中小学思政课一体化建设不断发展，使社会主义文化建设事业走向更好更强。

（三）红岩旧址是重庆市思政教育的实践平台

新时代青少年的成长以经济全球化、文化思潮多元化为背景，与红岩精神诞生的革命时期有着时代与环境的差异，仅通过课堂教师传授文本知识，学生们很难建立对红岩精神的整体性认知。时代在进步，思政课改革创新需要拓宽视野，以多元的载体来承载思政课的教学需要，前往红岩旧址进行课外体验式实践教学，同学们身临其境地感知历史事件与英雄人物，直观地激发其情感上的共鸣，更有助于同学们将知识获得和德行养成结合起来，领悟伟大的革命精神，坚定爱党、爱国、爱社会主义理想，自觉践行党的初心与使命。重庆市重要红色遗址遗迹和纪念地多达四十余个，其中重庆红岩教育基地以红岩革命历史博物馆、红岩革命纪念馆、歌乐山革命纪念馆、渣滓洞、白公馆、桂园、歌乐山烈士陵园等为代表，当地开展实践教学具有极大的地理优势和宽泛的选择度，学校组织学生前往红岩旧址时的安全性、便捷性具有一定保障。

二、红岩精神融入重庆市思政课一体化建设的实施准则

红岩精神融入大中小学思政课一体化建设需要整合各种资源，以红岩精神内涵为核心驱动力、以红岩故事为精神载体、以红岩旧址为平台，为保证有效实施，兼顾精神传达准确度与学生成长规律性，必须遵循统筹全局、因材施教、循序渐进等实施准则。

（一）提高政治站位，全面性统筹布局

为确保红岩精神融入思政课一体化建设的顺利开展，首先，

需领悟习近平总书记在学校思政课教师座谈会上的重要讲话精神，解读《关于深化新时代学校思想政治理论课改革创新的若干意见》以及《重庆市教育事业发展“十四五”规划》等重要文件，坚持以党对学校思政工作的领导为核心。其次，需组建专门的研究中心全面统筹工作。在明晰“红岩精神”与“思政课”的本质与关联的基础上，结合思政课一体化建设实施的基本思路、基本任务、基本路径，科学谋划红岩精神的融入方案，横向做好知识分段工作，确保各个层级的课程目的准确、教学设计合理；纵向注重各学段间的内容衔接，确保学习内容层层递进、整体逻辑清晰，从而使红岩精神传承与重庆市思政课一体化建设双向开花结果。随后，选取先行试点学校，各层次党委学校针对各阶段思政课教学的育人目标、课程体系、教学体系等进行细化融入设计，构建相应的授课体系、评价机制、反馈交流机制，相应配套地拟定有关于全学段思政课教师群体进修、考察、奖励等相关规定，积累有效经验，有条不紊地推动红岩精神融入重庆市思政课建设之中。

（二）坚持以人为本，阶段性因材施教

年龄特征是进行教育和教学的依据，一般个体对事物的认识是随着年龄的增长螺旋式上升的，这使得不同层次学生的认知能力水平、情感生成速度、实践能力强弱有所偏差。红岩精神内涵丰富，可深入亦可浅出，将其融入大中小学思政课一体化建设的过程中，要遵循以人为本的教育规律，探索不同学段差异。

小学阶段的学生处于思维发展的萌芽期，看山是山、看水是水，对事物的理解认知较浅显。这一阶段要基于感性的认知方式，善于选择恰当的红岩英雄人物故事来辅助课堂教学，使得学生以英雄人物为榜样，感叹革命时期人民的大义凛然，从情感上触发学生心中的爱国热忱，引导学生对红岩精神有浅层了解。初

中阶段的学生处于思维发展的活跃期，对外界的好奇心较强，也具有一定的理论接受能力。针对这一阶段的学生，可在课内教学中适当融入情景教学，进而升华主旨、学习理论；也可通过参观红岩遗迹遗址、博物馆等实践教学形式深入感知红岩内涵。课内外相结合，既能提高学生对红岩系列史实的了解程度，又能提升学生的思想认同，潜移默化地使停留在学生心灵层面的热忱转化为个人行动上的道德修养。高中阶段的学生处于思维发展的关键期，初步拥有自主判断能力，教师应发散学生思维，将教学内容更多地转入理论层面。带领学生对战时重庆革命人物理想信念的成因进行分析，引导学生深入思考"什么是家国理想、怎么实现家国理想"，从而增强学生的社会主义理论认同。大学阶段的学生处于逻辑思维的成型期，要侧重于培育学生的文化认同与问题意识。针对这一阶段的学生，教师应在课上系统讲解红岩的价值内涵，倡导自主探究问题，引导学生课下辩证地分析所看到的社会性问题，能够做到不盲信、不盲从，从而增强政治理解力，以便在各种思想的碰撞中，仍保持文化自信，坚定马克思唯物主义立场，自觉担当起为中华民族谋复兴的大任。

（三）遵循教育规律，全方位共同发力

不同学段的思政课需牢牢把握教育教学规律。为保证各学段教学目标明确、教学过程流畅、教学效果明显，可整合重庆市优质思政教育资源，借由教研学者指导开发红岩精神主题课程，进而组织开展一系列大中小学同课异构的集体备课活动。依照各学段学生的接受程度，针对同一专题设立不同层级教学目标。各学段围绕核心内容进行研讨，引导小学教师"往前看"、大学教师

"回头看"、中学教师"既往前看，又回头看"[①]，串联大中小思政教材课程内容，纵向强化思政课程学段衔接。另外，课程思政与思政课程同向同行，红岩精神可以融入各类课程中，分析各学科课程的育人内涵和育人机理，适当融入红色元素，为思政做"辅助"，形成横向育人效应。

此外，青少年的思想政治教育应引起家庭、学校、社会的共同关注，多方合力，为传承红岩精神基因、加快重庆市思政课一体化建设提供更为广阔的舞台。第一，青少年的习惯、兴趣、意志的形成极易受家长言传身教的影响，家长要配合教师做好学习的引导工作，在日常生活中主动讲述革命年代的动人故事，闲暇时间带领孩子出门感受重庆的红色气韵。第二，青少年成长时期大部分时间都在学校度过，校园环境的布置和课外活动的开展也能够很好地激发学生了解红岩精神的兴趣，走廊画像、课间广播新闻、主题板报比赛都是传播红岩文化的方式。第三，思政课的实践教学场地在校外，多个红岩遗迹遗址、纪念馆与学校建立良好合作，最大限度地为教师和学生提供便利，各类企业及组织也可增强与学校的联动，大力支持和服务学校教育。

三、红岩精神融入重庆市思政课一体化建设的实践路径

红岩精神融入重庆市思政课一体化建设的价值逻辑，表明了二者融合的可能性。二者融合的实施准则为一体化建设搭建了框架，具体的实践路径可从教育部门主导、课外实践学习和社会媒体传播等方面来系统规划。

① 于笑溪：《以传承抗美援朝精神为抓手 推进思想政治教育一体化建设》，载《辽宁教育》，2021年第12期，第19页。

（一）编撰“红岩教材”，构建教育部门主导

编撰红岩教材要结合不同学段学生的特点。可组织资深思政教育学者，并联合西南大学中国共产党革命精神与文化资源研究中心等单位，紧扣红岩精神这一主题，根据“本专科阶段重在开展理论性学习，高中阶段重在开展常识性学习，初中阶段重在开展体验性学习，小学阶段重在开展启蒙性学习”① 这一思路展开设计教材。此外，教育部门应着手搭建重庆市大中小学思政教师交流平台，促进重庆市不同学校、学段之间的交流与学习。举办以“红岩”为主题的思政课教学比赛、课外实践课程设计说课大赛，展示优秀的教学设计、活动设计供其他教师参考借鉴，促进教师交流互动的常态化发展，进而积累有效经验，推动重庆市大中小学思政课一体化建设全面开展。

（二）整合红岩资源，加深课外实践学习

将红岩资源融入思政课教学时，教师易因思维定式仍将重心停留在课堂课本内，要让思政课教学富有思想的深度，思政课教师应重走红岩旧址，进行实地调研，挖掘红岩资源的隐藏价值。同时，学生对于一板一眼的灌输式理论教育也有抵触心理。针对上述问题，教师既要注重课内理论知识传授，也要重视课外实践教育润物无声的力量。红岩资源丰富，呈现形态多样，可以满足各个学段社会实践要符合不同阶段学生特点的需求。针对小学阶段的学生，安全简单的校内课外活动更符合他们的能力水平，比如组织小学生唱红歌，讲述红色故事；针对中学阶段的学生，有趣的校外活动体验更能吸引他们的注意力，比如带领中学生参观

① 《关于深化新时代学校思想政治理论课改革创新的若干意见》，北京：人民出版社，2019 年，第 7 页。

红岩革命纪念馆，走访红岩干部教育基地；针对大学阶段的学生，自主探究的形式更能深化其逻辑认知，比如组织大学生以独自或组团的方式展开红岩实地调研、成立红岩精神宣讲团。各学段的教师加深课外调研，各学段的学生加强课外实践，最大限度地利用红岩资源，既使红岩革命精神永不褪色，又达到了思想政治教育的目的。

（三）发掘红岩宝藏，利用社会媒体传播

21 世纪是信息科技时代，AR（增强现实）、VR（虚拟现实）、5G 通信等现代科学技术迅速发展成熟，拥有了使静态文化“活”起来的能力。人们在红岩革命纪念馆的数字体验厅便可以体验 VR 影像，身临其境地感受历史记忆。延伸这一路径，可以利用 VR 技术使红岩资源成为思政课教学云共享产品，在学校建立虚拟仿真室，学生在校园通过虚拟设备能参观渣滓洞，躲进防空洞，体验战时重庆。VR 技术融入思政课，是一种可尝试的安全途径，不仅使红岩精神鲜活起来，而且增加了思政课的趣味性和体验性。同时，新时代学生倾向于网络互动，各学校响应自媒体时代的号召，用学生喜闻乐见的方式进行思想政治教育，如可以接力拍摄《红岩精神》等系列微视频，在保证故事真实性的前提下，以视频的方式呈现战时重庆的人文故事。另外，由于未成年学生接受信息能力强，但辨别信息能力相对匮乏，在这个人人可以运用社交媒体的时代更应该加大网络监管力度，净化未成年网络空间，给予学生一个健康的网络环境。

参考文献

黄蓉生，王春霞．构建大学生红岩精神教育长效机制论析［J］．思想教育研究．2018（1）：126－129.

黄蓉生，徐佳辉．新时代红岩精神的爱国主义教育价值论［J］.

西南大学学报（社会科学版），2021，47（5）：1－11＋223.
李丽丽. 红色文化融入大中小学思政课一体化建设路径探析——以河北省相关实践为例［J］. 新生代，2021（4）：57－60.
孙晓，孟军. 胶东红色文化融入大中小学思政课一体化建设初探［J］. 佳木斯大学社会科学学报，2021，39（5）：201－203.
王舵. 西安红色资源助力大中小学思政课一体化建设［J］. 中学政治教学参考，2021（35）：40－42.
习近平：习近平谈治国理政：第三卷［M］. 北京：外文出版社，2020.
于笑溪. 以传承抗美援朝精神为抓手 推进思想政治教育一体化建设［J］. 辽宁教育，2021（24）：18－20.
张楷芹. 红色文化融入大中小学思政课一体化建设的原则及路径研究［J］. 豫章师范学院学报，2021，36（5）：18－22.
周勇. 红岩精神研究的几个基本问题［J］. 党的文献，2009（2）：53－56.

作者简介

程波，女，1981 年生，博士，副教授。主要研究方向：马克思主义、思想政治教育。

巩思维，女，1998 年生，硕士研究生。主要研究方向：马克思主义。

王正宇，男，1969 年生，硕士，副教授。主要研究方向：马克思主义、中国近现代史。

混合式教学模式下大学英语在线学习评价体系行动研究*

刁阳碧

（四川外国语大学通识教育学院 重庆 400031）

摘　要：本文基于自建慕课的评价体系优化及其在混合式教学中的应用，开展为期三轮的行动研究，探索以促学为目标的慕课评价模式。研究通过在线记录、问卷调查、访谈、课堂观察等途径，发现有效的学习评价能促进慕课学习，而评价体系的有效性主要基于全面覆盖的评价内容、学习质量和数量并重的评价方式、物尽其用的多元评价主体等，且线下评价也能一定程度促进慕课学习。

关键词：评价　行动研究　慕课　混合教学

一、引言

2017 年开始，“国家陆续认定了国家级精品在线课程（线上一流课程）1875 门，其中外语类课程 90 门”（马武林，2021）。大量优质慕课建成，但应用情况却不尽如人意。王宇认为慕课的

* 本文系重庆市本科高校一流外语在线课程建设与应用项目“大学英语听力”及南京词酷网络信息技术有限公司委托四川外国语大学组织课题横向项目“英语写作校本大数据分析科学研究”的阶段性研究成果。

完成率在不断下降。笔者统计了国内某国家级外语慕课平台处于开课（截至 2022 年 3 月 14 日）状态的 37 门国家级精品在线课程，发现选课人数[①]超过 1000 人的课程有 8 门，其中最多 4205 人；少于 100 人的有 11 门，最少 23 人。为使优质慕课得到有效应用，从 2013 年起国内外就陆续提出基于慕课资源开展混合式教学是慕课与高等教育深度融合的重要突破口。谢同心认为学习评价是学生学习过程中不可或缺的一个重要组成部分，对学习起着驱动、引领作用”。这对探索促进慕课学习的具体举措是一个重要启示。综上，在大学英语中实施混合式教学，以优化慕课评价体系来推动慕课学习具有可行性。

二、研究现状

国内关于通过以评促学来推动慕课学习的研究成果相对较少，在中国知网搜索核心期刊和 CSSCI 来源文献，发现相关研究主要包括：(1) 对评价体系的理论研究，如设计慕课教学评价体系（许邓艳等，2020），探讨在线评分量规设计（吕生禄，2021）；(2) 对某个评价指标的研究，如基于分析视角研究互评（彭卓，2021），慕课同伴互评模型设计（许涛，2015）；(3) 结合学科的研究，如学术英语课程的形成性评价（徐鹰等，2020），英语应用文写作评价（关成勇等，2021）等。上述研究主题广泛，为后续研究奠定了基础，但总数较为匮乏，与日益增长的慕课及混合教学应用的数量都相差甚远，应用实践类的研究成果更屈指可数。本研究拟基于自建慕课的应用，探索在线上线下混合教学模式中如何优化评价体系来促进慕课学习，包括：(1) 评价什么内容才能有效反馈学习过程与学习效果？(2) 采取什么评价

---

① 为避免部分课程可能因校内课程按上下学期开课，存在选课人数差异，故笔者统计了当前开课期及上一期选课人数两轮数据，以人数多的期次为准。

方式才能实施高效率、有效果的评价？(3) 多元评价主体该如何选择才能实现最优效果？ (4) 线下环境的评价能否促进慕课学习？

三、研究设计

（一）行动研究理念

澳大利亚学者凯米斯（Kemmis）认为行动研究是社会情境（包括教育情境）的参与者为提高对所从事的社会或教育实践的理性认识，为加深对实践活动及其依赖的背景的理解而进行的反思研究。凯米斯总结行动研究的基本过程是一个包括计划、实施、观察、反思的螺旋式循环（如图 1)。

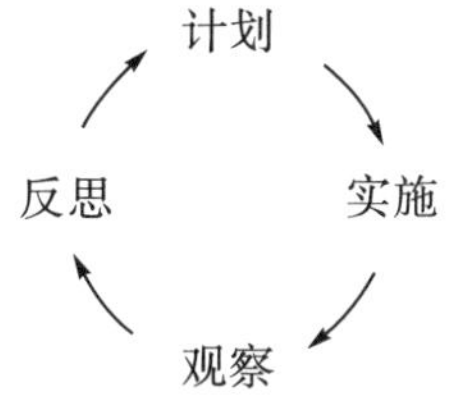

图 1　行动研究基本过程

基于此，笔者将本研究涉及的课程评价体系存在的问题，作为研究的先导问题，然后按照“设计方案—实践方案—观察记录效果—评估反思效果”的流程，开展为期三轮的行动研究。

（二）评价体系设计

《大学英语教学指南》(2020 年版）指出：“大学生英语能力测试的目标是构建‘形成性测试和终结性测试相结合’的综合测试体系……准确评价大学生英语能力水平，发挥测试对教学的正面导向作用，使之更好地为教学提供诊断和反馈信息……”本研究采取形成性测评和终结性测评相结合的方案，针对评价内容及其成绩权重分配、评价方式的选择和有效性落实、评价主体优势的有机融合以及评价环境开展应用实践与反思研究。

郑志高等学者发现，国外主要慕课平台的课程使用最多的评价方式有嵌入式问题、期末考试、家庭作业、单元测试等，主要是阶段性及终结性学习结果的测评。赵宏等认为国内主要为单元测试、期末考试、参与讨论、单元作业等，有阶段性、终结性学习评价，也有学习过程中的应用和交互评价。国外主要慕课平台"主要采用学习者自评、系统评价和同伴互评三种方式……"而国内"整体来说，各平台采用最多的仍然是机器自评，其次是同伴互评，最少的是教师评价"。慕课学习评价基本在线上开展。综上，考虑本研究课程使用的平台条件，笔者设定了课程的初始评价体系（如图 2）。

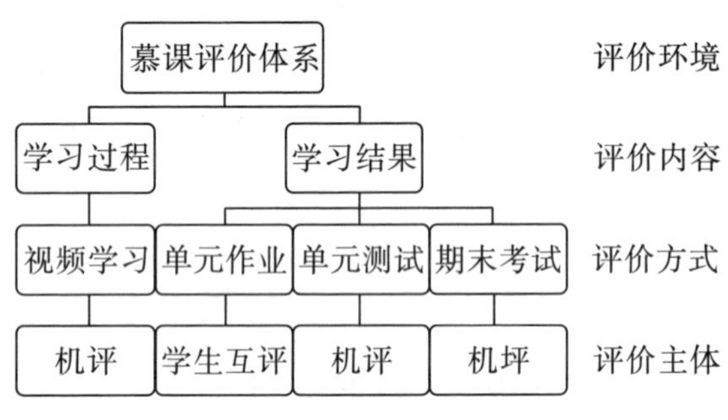

图 2　初始课程评价体系

评价内容包括学习过程和结果，学习过程主要考察视频学习；学习结果包括作业、单元测试及期末考试。评价主体由人机共同协作，结合平台高效和人评灵活的优势。

（三）研究计划

研究从2019年至2021年，聚焦英语听力教程3慕课评价体系，基于先导性问题，按照行动研究流程，从评价内容、方式、主体和环境展开探索。第一轮研究评价什么内容；第二轮侧重如何优化评价方式，评价主体如何物尽其值；第三轮探索线下评价是否能促进慕课学习。通过观察学习过程和结果显示的数据，总结问卷调查和访谈结果，开展反思、调整，并在实践中优化。

四、研究过程

（一）第一轮研究

慕课视频是混合教学的核心部分，承载着面授前学生需输入的基本知识。第一轮研究计划通过提升视频学习成绩占比、加入学生评价强化参与感，来促进慕课学习。设置慕课成绩权重为视频60％，测试20％，作业10％，考试10％，作业为同伴互评。在研究中，分析课程成绩、视频学习数据、同伴互评及问卷调查结果等信息，发现如提升视频学习成绩占比，课程通过率较理想，但其他的学习状况却并不好。表1显示，课程通过率约为71％，视频学习完成60％的学生占比78％，但完成100％的占比却只有42％，论坛交互参与率25％，可见课程通过率受视频学习成绩影响很大，而视频学习成绩是基于浏览时间评定，只体现数量；在作业、测试、考试及格率都较低的情况下，慕课学习质量就非常值得商榷了。课程通过率并没代表学习质量、反馈学习差异。吕生禄认为“缺少不同考生差异化的能力反馈，也就很难实现以评促学的目的”。

表1　第一轮行动研究成绩统计表

轮次	项目									
	课程通过率	视频		作业		测试		考试		论坛参与
		完成60%	完成100%	提交	及格	提交	及格	提交	及格	
第一轮	71%	78%	42%	55%	12%	84%	58%	79%	60%	25%

通过问卷和访谈笔者发现，作业提交率和及格率差距很大（如图3）的原因主要为：同伴互评因平台、网络等原因无法顺利进行，也有学生恶评，不知评价标准等。许涛指出对于同伴互评的最大争议是测评结果的可信程度。可见慕课开展同伴互评效果并不理想。

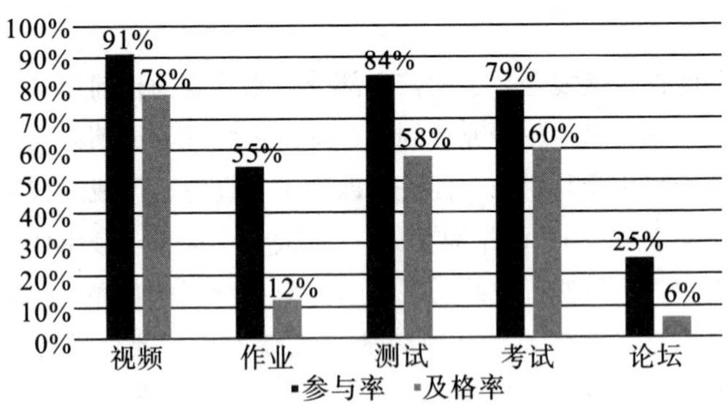

图3　第一轮评价数据统计图

本轮情况如彭卓的发现一样：“评价虽涉及学习过程，但只评价过程中的量化因素，较少涉及质性因素（如互动质量和情感态度等）……教学评价还未能精确地为教学实践提供反馈和指引。”测评除了数量，也应考虑质量，才能合理反馈学习实现促学。

（二）第二轮研究

本轮研究增加论坛交互的考评，强化学习过程的质量，提升学习效果的考评占比，具体占比为视频30%，论坛10%，作业20%，测试20%，考试20%；作业评价改为师评，发挥教师评价优势；同时，更换更稳定的运行平台。

结果发现，合理的考评方式需学习质量和数量并重。本轮课程通过率53%，降低18%，但视频100%完成率上升9%，论坛参与率上升31%，其他数据稳中有升。慕课视频学习投入度和交互性都提高了，刷视频的现象就通过课程考核的情况得到控制，但视频学习及论坛交互的质量监控还需进一步落实。课程通过率与分项学习内容的及格率百分比差距小于5%，总分基本能反馈学习实际情况。统计第一、二轮数据（如图4），对比各分项学习内容参与率和及格率的差距，差距越大，说明学生未参加学习但评价及格的人数越多，第一轮该现象很显著，第二轮差距明显缩小，这从另一个角度说明学习质量在提升。

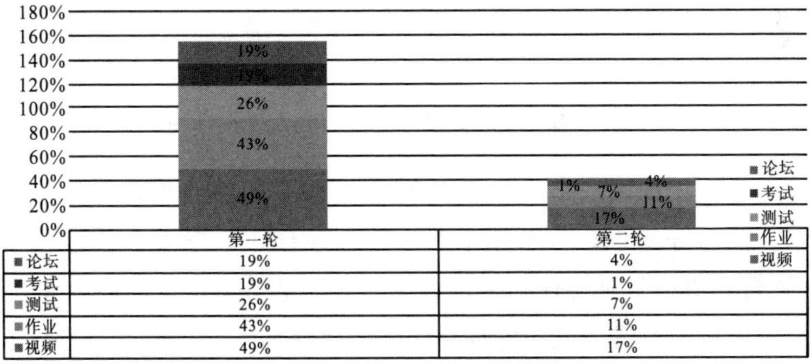

	第一轮	第二轮
论坛	19%	4%
考试	19%	1%
测试	26%	7%
作业	43%	11%
视频	49%	17%

图4　第一、二轮学习数据差额统计图

此外，本轮发挥了机评优势，但在师评方面，大量的作业挑战了人工评价的效率，虽提升了质量，但弊端也显而易见。

（三）第三轮研究

在视频中增加“弹题”监控学习质量，安排教师参与论坛监管互动质量，将作业评价改为机评提升效率。为发挥师生评价优势，尝试探索线下评价：在课堂教学中，针对线上内容，设计考评，如测试、问答、检查笔记等；在活动中开展针对线上内容的师生评价，并计入课堂表现分。

研究结果显示：加强学习过程的质量监管并实施线下评价可促进慕课学习。统计数据（如图 5）发现，课程通过率和各分项及格率都有所增长，对学习质量要求的提升并未降低学习参与度和参与质量。

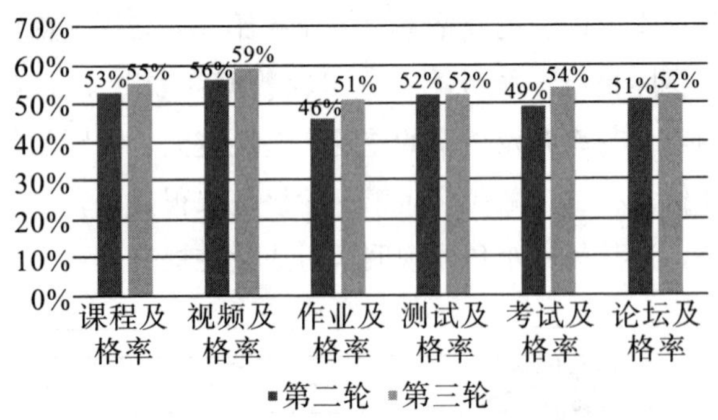

图 5　第二、三轮课程评价数据对比统计图

学生访谈表现出学生学习需求发展，如希望增加听力、口语、读写等知识；（慕课学习）需兼顾课本；学习需强制要求（监管）等。教师访谈结果也对线下测评给予了肯定，教师认为：通过课堂检测等方式，能促进学生完成线上学习；而且线上线下结合的测评方式更利于促进线上学习。（如图 6）

图 6　教师访谈词云图

线下测评对促进线上慕课学习具有正向作用，而且师生评价主体作用也得到了有效发挥，有利于慕课多元评价系统的建构。但线下评价的各项成绩权重、评价内容和方式应如何落实，还有待后续研究。

五、总结与反思

本学习评价体系在以促学为目标的行动研究过程中得到优化。评价内容覆盖学习过程、结果及应用，落实了形成性评价，也衔接了线上线下。评价方式积极推进了学习数量和质量并重的测评。评价主体体现了多元化，又实现物尽其用的效能。线下评价对慕课学习的积极作用得到初步证实。优化后的评价体系能较合理地考评学习，反馈问题，帮助改进教学，但研究还存在一些不足之处：

（1）平台功能限制评价有效实施。刘安然认为，在线同伴互评实施效果不好，除了评价能力，另一主要原因在于平台：网站使用是否方便、视频播放是否流畅、系统是否安全且具有个性化都会影响到学习者的体验感受。学生也反馈了视频卡顿、学习记录进度条无法记录等问题。评价体系的继续优化还需与平台合力解决。

（2）在线反馈不足，影响学习调整。目前平台反馈一般是预设解析或教师随机反馈。慕课对社会开放，有利于学生随时随地利用碎片化时间学习，但学生来源不一、教学时空差异也会导致教学交互效率低下。刘安然的研究表明，国内外平台都很难实现教师与学生的实时交流，评价和反馈都具有滞后性。

（3）缺乏对学习结果评价方式的质量监控。钱小龙等认为一些慕课的课程考试题目太少，过于简单，与课程培养目标不相称。本研究用于检测学习效果的作业，对于测试和考试题目本身的质量并未有效把握，此外，学生自主检测的诚信度也没纳入监管。

（4）线下评价方案有待细化。混合教学模式下，线上学习是线下教学的基础，线下教学是线上学习的应用与深化，但本研究的线下评价实属初探。阮晓蕾等认为只有经过思考和设计，让学生带着线下学习遇到的问题去线上寻找答案，教师在线下对学生的线上学习进行验收、评价和指导才能实现线上与线下的联动与互补。因此，线下评价有效促进慕课学习还需继续实践。

结　语

学习评价是教学实施过程中的重要环节。夏晓燕提出，通过测评，教师可以检测、诊断教与学当中存在的问题，从而调整教学节奏与方法；学生可以获得反馈，找到不足，取得进步。本研究是以促进慕课学习为目标而开展优化评价体系的行动研究，结果表明有效的学习评价确实能促进慕课学习，而评价体系的有效性主要在于全面覆盖的评价内容、学习质量和数量并重的评价方式、物尽其用的多元评价主体等，线下评价也能一定程度促进慕课学习。本研究的发现源于实践，希望对相关研究有一定参考价值，但出于种种原因，还存在很多遗留问题以及未开发领域，有待后续探索。

参考文献

关成勇，郭万群. 混合式教学环境下基于POA的英语应用文写作多元评价辩证研究［J］. 外语电化教学，2021（2）：30—36.

教育部. 大学英语教学指南［M］. 北京：高等教育出版社，2020.

凯米斯. 行动研究法：上［J］. 张先怡，译. 教育科学研究，1994（4）：32—36.

刘安然. 中美高校慕课比较研究——以“中国大学MOOC”与Coursera为例［J］. 高教探索，2021（9）：88—94.

吕生禄. 同分异构理念下语言表达能力在线评分量规的设计思路［J］. 中国外语，2021（104）：65—73.

马武林，刁阳碧，王珏. 大学英语混合式一流课程建设探索与反思［J］. 外语电化教学，2021（6）：94—102.

彭卓. 互动分析视角下基于网络学习平台的大学英语课堂互动评价——以I平台为例［J］. 外语教育研究前沿，2021（4）：57—63.

钱小龙，范佳敏，蔡琦. 面向全民终身学习的慕课发展潜力、挑战与对策［J］. 成人教育，2022（1）：58—64.

阮晓蕾，詹全旺. 混合式学习视域下的大学英语“线上＋线下”课程建构行动研究［J］. 外语电化教学，2021（5）：101—106.

王蔷，张虹. 英语教师行动研究［M］. 北京：外语教学与研究出版社，2014.

王宇. 2019年全球慕课发展回顾［J］. 中国远程教育，2021（5）：68—75.

夏晓燕，林敦来，郭乙瑶. 非英语专业研究生通用学术英语听力校本测评体现的开发［J］，外语教育研究前沿，2019（1）66—71.

谢同心. 巧用评价促进辨析式学习［J］. 思想政治课教学，2022（02）：71—74.

徐鹰，章雅青. 形成性评估在学术英语教学中的应用［J］. 西安外国语大学学报，2020（1）：61—66.

许邓艳，王莹. 基于 MOOC 的大学英语教学评价与改进［J］. 职业技术教育，2020（17）67—71.

许涛. 慕课背后的争议研究综述［J］. 中国大学教学，2017（7）：22—26.

许涛. 慕课同伴互评模型设计研究［J］. 开放教育研究，2016（2）：70—77.

赵宏，张亨国，政勤华，等. 中国 MOOCs 学习评价调查研究［J］. 中国电化教育，2017（369）：53—60.

郑志高，张立国，张春荣. xMOOC 的学习评价方法调查研究［J］. 中国电化教育，2014（334）：44—48.

作者简介

刁阳碧，女，1985 年生，硕士。主要研究方向：英语教学。

“成渝双城经济圈”建设下高等院校跨区校际联合培养探索*

——以四川外国语大学国际经贸专业为例

呙小明　黄　森

（四川外国语大学国际金融与贸易学院 重庆 400031）

摘　要：成渝地区高等院校大学生的跨区校际联合培养有利于整合两地高等教育资源，为“成渝双城经济圈”的发展贡献重要人力资源。本文从国际和国内已有的大学联盟开展校际联合培养的实践出发，结合成渝地区双城经济圈高校联盟建立的契机，讨论了成渝地区国际经贸专业的大学生跨区校际联合培养的必然性，并以四川外国语大学的国际经贸专业为例，从设立国际经贸专业跨区校际联合培养的高层协调机构、打造多元化的国际经贸专业跨区校际联合培养方案、统一国际经贸专业教学资源建设标准、建立国际经贸专业虚拟教研室以强化校际教师交流等四个方面，提出了关于成渝地区国际经贸专业大学生跨区校际联合培养的具体建议。

关键词：成渝　跨区校际联合培养　必然性　举措

* 本文系重庆市高等教育教学改革研究项目“成渝经济圈建设下双城高等教育协同发展水平测度与推进路径研究”（213217）、教育部产学合作协同育人项目“内陆开放高地打造背景下重庆国际经贸人才培养模式研究”（202001100001）、四川外国语大学教改项目“新文科背景下‘双线教学’在国际经济与贸易专业《经济学原理》课程教学中的应用与研究”（JY2296223）的阶段性成果。

2020 年，党中央明确提出要加快推进成渝地区双城经济圈建设，并将此提议上升为国家战略，以期把成渝地区建设为全国重要的经济中心、科创中心、改革开放新高地、高品质生活宜居地。“成渝地区双城经济圈”的建设无疑为新时代成渝地区的高质量发展指明了方向，要实现这一战略目标，成渝区域高等教育的高水平发展将是重要推动力之一。高等教育由高等院校承担，有着人才培养、科学研究、社会服务等诸多功能，能够提供高素质人力资源，有力驱动区域发展创新。然而，孤掌难鸣，独木难支，凭借某一两所学校的力量难以支撑实现这一目标，只有有效整合两地高等院校资源才能群策群力、众志成城，才能通过合作将资源利用效率最大化，形成两地高校与社会的良性互动，推动高校自身和区域社会的可持续发展。因此，研究“成渝双城经济圈”建设下高等院校跨区的学生联合培养，不仅有利于成渝地区高校自身的发展，拓宽办学思路，克服关门办学的弊端，而且有利于成渝地区经济社会的发展，促进成渝地区真正升级为国家经济发展的“第四极”。

一、成渝地区国际经贸专业跨区校际联合培养的必然性

大学生跨区校际联合培养是指在位于地理上不同区域的两个以上高等教育办学实体开展各种合作培养活动，以形成一种具有关联关系的开放型办学模式。大学生校际联合培养由来已久，国际上比较著名的有美国的“克莱蒙特大学联盟”“常青藤盟校”和欧盟的“博洛尼亚进程”等。以欧盟的“博洛尼亚进程”为例，“博洛尼亚进程”引入区域学分积累制度，也称为欧洲学分积累和转换系统（ECTS），学生在欧洲其他学校学习之后，通过考试或考评可以获得学分，这一学分或者考核等级是 ECTS

所承认的，非常透明，也可以缩短学生的学习时间，提高效率，有效促进大学生在整个欧洲内的大多数学校进行学习。随着"博洛尼亚进程"的深入发展，欧盟大多数公立大学都鼓励自己的学生、教师、研究及管理人员在欧洲范围内合理流动，本校的师生可以到其他高校任教和学习，这就打造出了一个十分开放、高效以及多元化的大学生校际联合培养模式。

在我国，高等院校里大学生的校际联合培养也早已起步。通过校际联合培养，各高校可以交换资源，取长补短，特别是对于部分资源短缺的学校而言，校际联合培养学生可以提高自身办学效率，节约投入，获得最大收益。大学生校际联合培养主要通过大学联盟、互换交流合作和单向交流合作等形式来实现。如中国首个顶尖大学间的高校联盟：九校联盟（C9 League 或者 China 9，简称 C9），于 2009 年 10 月正式启动。联盟成员包括北京大学、清华大学等 9 所国家首批"985 工程"高校，都是国内优秀的一流大学。九校联盟开展了大量学生交流，部分学校学分互认，共享教育平台，共享精品课程，联合开发教材，进行教学与教改研究，联合举办暑期学校等，这些措施都为这 9 所大学的学生联合培养提供了肥沃的土壤和坚实的保障。

在成渝地区，大学生培养的校际合作也已开展，如 2011 年成立的重庆市大学联盟，包含了重庆大学、西南大学、四川外国语大学等 7 所高校，也开展了大量的合作，如部分学校学分互认，教师相互交流以及一些平台的共建共享等，尤其是在教师的科学研究合作方面效果较为突出。但这样的校际合作多限于一个城市，没有实现跨越省际的效果。直到 2020 年，中央决定推动成渝地区双城经济圈建设，情形才有所改变。这一年，成渝地区 20 所大学共同发起成立了成渝地区双城经济圈高校联盟，其中四川高校 12 所、重庆高校 8 所。成渝地区双城经济圈高校联盟旨在重点推进两地高校的校际联合学生培养，共享优质课程和其他资源，加强教师交流，促进成渝两地高校办学的高质量发展。

在这样利好的背景下，成渝地区国际经贸专业的大学生跨区校际联合培养迎来绝佳机遇。成渝地区双城经济圈建设要求国际经贸人才必须兼具优异的专业素质、良好的创新精神与合作精神。四川外国语大学作为成渝地区双城经济圈高校联盟的一个特色成员，在国际经贸专业的发展上具有得天独厚的条件。国际经贸专业旨在培育满足外资外贸机构、政府涉外经济管理部门、金融机构和各类企事业单位需求，具有良好思想品质和道德规范、突出“外语+专业”复合型能力，具有扎实的国际经济与贸易基本理论、基本知识、基本技能和实务操作能力，掌握国内外经济贸易运行机制、发展规律和国际贸易惯例的复合型、应用型、创新型涉外商务人才。然而，单一地区的教育教学资源的局限性影响了学生综合技能水平的提高和就业竞争力的提升，不利于复合型国际经贸人才的培养。加之近两年来新冠肺炎疫情的不利影响，国际经贸专业的跨国界联合培养受到限制，更是凸显了国内跨区域联合培养的重要性和必然性。

二、成渝地区国际经贸专业大学生跨区校际联合培养的举措

（一）设立国际经贸专业跨区校际联合培养的高层协调机构

设立高层协调机构是跨区教育合作可以真正展开的重要保障。成渝地区双城经济圈高校联盟已经成立，由重庆大学和四川大学牵头，但是该联盟并没有具体或全面的方案，还处于个别项目开展、局部领域先行的初级阶段，缺乏正式的政府层面的统筹和规划。因此地处重庆的四川外国语大学可在该联盟的大框架

下，与两地有关高校一起协商建立国际经贸专业跨区域校际联合培养的常设机构，以跨越川渝之间的行政壁垒。

如可常设国际经贸专业联席会议制度，由两地政府分派成员担任轮值主席，商定轮值期限，邀请教育部高等学校经济与贸易类专业教学指导委员会作为专业顾问，政府与高校都分派分管教育领域的市级领导和校长担任要职，每年至少召开 1 次专业发展诊断会议，负责制定专业联合培养章程和具体的合作项目，监督合作项目的实施过程，协调可能的各种问题，最终对合作项目进行评估。下设秘书处，主要由各学校专业学院院长和政府派驻的教育部门负责人担任职务，秘书处向国际经贸专业联席会议负责，秘书处职责是落实国际经贸专业联席会议设计的合作项目，包括经费筹措、项目细则审核、过程管理、评估细则制定等，定期向联席会议汇报合作项目实施的情况。

（二）打造多元化的国际经贸专业跨区校际联合培养方案

目前成渝地区高校大多开设了国际经贸专业，其专业培养方案大都由通识课程、专业基础课程、专业发展课程和实践四部分构成。课堂学习在专业培养方案中的占比一般为 80%左右，理论知识的学习占较大比重，核心课程也大多包含国际贸易理论、国际贸易实务、国际金融、国际市场营销、国际商务谈判等，并针对最新全球贸易形势增设如跨境电子商务、数字经济等专业课程，基本上是在大学一、二年级学习基础课，在三、四年级学习专业课（含专业实践课程）。

但通过这样的培养方案培养出来的学生在就业时却不断遭遇困境。尽管我国经济的高质量发展和对外贸易的日益强大，扩大了各类企业对国际经贸人才的需求，但企业需求的人才与大学培养的人才却出现了一些错位。主要原因在于，一方面，成渝地区各学校尽管都意识到培养高素质复合型国际经贸人才的重要性，但是在培养过程中因为资源、师资等诸多问题而没有达到预期的目标，培养出来的学生只了解了基本的专业知识，知识系统不够全面，“软”能力不足，还不能被称为高素质的复合型专业人才；另一方面，成渝地区国际经贸专业培养的人才类型偏单一，也就是学生书本知识掌握得好，但是实践操作能力偏弱，重理论而轻实践，综合能力不够好，不能满足企业对人才的多样化需求，不能有效对接市场需求。

面对“成渝地区双城经济圈”建设的良好机遇，成渝地区各高校应对学生的培养方向进行细分，打造多元化的国际经贸专业跨区校际联合培养方案。四川外国语大学也应立足于自身特色和合作高校特点，在制定国际经贸专业人才培养方案时，注重深挖成渝地区或者特定次级区域对经贸人才的具体要求，推进与企业的合作，进行深入的调研和考察，打造“订单式”培养方案，让培养出来的人才更加接近企业的用人标准，并保证培养方案的动态变化，及时跟进企业对聘用人才的最新要求。也可针对具体行业的贸易企业来制定“国别+”经贸人才培养方案，如某些行业主要针对某些国家开展经贸合作，重庆机电产品大量出口欧美地区，那么语言培训主要以英语为主，而重庆农产品大量出口韩国等亚洲地区，那么语言能力培训侧重点将不再是英语而是韩语。联合成渝两地的企业需求制定个性化、多元化培养方案，将能更好地为毕业生就业奠定扎实基础。

（三）统一国际经贸专业各类教学资源的建设标准

成渝两地高等教育发展水平不均衡，在国际经贸专业的教学上也是如此，重庆市区和成都市具有明显的优势，其余区县则处于相对落后的位置。此外，同一区域的不同性质高校，如民办院校与公办院校、本科院校与职业院校等，由于投入的能力不同，领导重视程度不同，也会在学校各类教学资源的建设上存在较大差别。这些参差不齐的教学资源难以共享和推广，给跨区域的校际学生联合培养造成了极大的阻碍。

为了避免这种“孤岛”现象，发挥联合优势，实现优质资源共享，避免资源的重复浪费，四川外国语大学需要在统一高层机构的指引下，与成渝地区部分合作高校共建教学资源平台，统一国际经贸专业教学资源的制作标准和质量评价机制。如可通过统一招标方式，基于广泛使用的数据平台建设国际经贸专业教学资源共享模式，并设立激励机制，评出省级奖项；在使用国际经贸专业共享平台的过程中，对国际经贸专业相关精品课程的视频录制进行统一规范，如场地、时间、格式和出镜人等，也包括资金使用等，这样资料不仅质量有保证，也更方便有关部门进行后期评估以及共享。除了教学视频，还可编写推广国际经贸专业课程的新型电子教材。新型电子教材不是简单的对原有教材的扫描，而是配有图像、视频、音频等多种教学资料的综合学习工具，学生可以随意在电子教材上批注和添加笔记等，可以和同学分享学习感悟，可以开设论坛，增强交互感，符合现代大学生的学习习惯。除了理论学习的资源可以共享，很多高校的实训平台也可以通过设计升级来实现互联互通，在各校五花八门的实训平台中为学生打造功能齐全、即时更新的数字平台，拓宽学生视野，有效提高学生的经贸操作能力。

（四）强化校际教师交流，建立国际经贸专业虚拟教研室

师资水平是学生培养的核心。从师资上看，本科高校在聘用教师时一般要求博士学历，且对科研成果的硬性要求越来越高，但较忽视所聘用教师是否具备与学生有效沟通的能力以及相应的心理学素养，课堂讲授能力也主要通过一次性课程试讲来衡量，

而高职院校在招聘时大多又更加注重工作经验而忽略学历，这就造成了教师能力结构不够全面的问题。这个问题在对外开放深度弱于东部地区的成渝区域来说更为突出。根据国际经贸专业人才培养的要求，该专业的教师不仅要有较高外语水平（双语型），同时还应具备外贸企业实际经验或持有能力证书等（双师型）。由于有效师资力量不充足，各学校不能根据培养目标设置重要的课程，或者设置了但无人可上，最后形同虚设，学生也不能真正实现自由选课，即实际上的课程体系是不全面不科学的，不利于培养方案的实现。因此，成渝地区非常有必要加强两地高校之间的合作，增强教师彼此之间的教学与学术探讨，共享教师培训资源，打造双语双师型优秀教师团队，营造争优创先的积极氛围。

作为“成渝双城经济圈”的重要核心区域，重庆与成都相距约300公里，因此虚拟教研室成为两地教师交流的重要渠道。虚拟教研室是利用数字技术、依托互联网建设的一种便捷、高效的共享平台，在虚拟教研室不同地理位置上的教师可以随时进行交互，也能方便地存储和共享数据文件。四川外国语大学国际经贸专业的虚拟教研室可以包含不同高校不同能力结构的专业教师，根据培养方案打造“模块式、开放型、动态化”的教学团队，开展跨时空远程教研活动。模块式指的是将国际经贸专业的专业课程按照贸易企业岗位的实际需要，分成若干模块，学生以这些模块作为自己选课的对象，然后教师再基于课程模块成立自己的团队。开放型指的是去除以往的封闭型。四川外国语大学国际经贸专业教学团队的教师均来自人文社科专业背景，缺少现代贸易所必需的计算机软硬件以及数理统计等相关知识，无法实现高素质复合型人才培养的目标，所以国际经贸教学团队应保持开放态度，主动吸纳理科、工科甚至其他自然科学的教师加入。动态化指的是可对团队进行动态调整，在维持核心团队成员稳定的条件下，整合各高校的教学资源，实现人员的可进可出，输入新鲜血液，激发团队士气。以四川外国语大学为例，作为一所以多语种为优势的文科院校，该校的国际经贸教学团队可以整合其他理工科学校在现代信息技术、大数据技术等学科的优势师资，组建一支高素质的动态化教学团队。这样的教学团队是难以在同一所专业性大学配置齐全的，因此虚拟教研室的构建将为高水平师资结合提供可能。

参考文献

陈涛，唐教成．高等教育如何推动成渝地区双城经济圈发展：高等教育集群建设的基础、目标与路径［J］．重庆高教研究，2020（4）：40—57．

何金财．成渝地区双城经济圈高等教育一体化发展：动力体系与推进机制［J］．长江师范学院学报，2021（5）：8—18．

金钢．校企协同育人理念下"双师型"教师队伍培养路径——以广西民族师范学院国际贸易专业为例［J］．时代金融，2020（5）：2．

李征阳，李忠华．"大循环、双循环"背景下国际经贸专业人才培养方案研究［J］．职业，2021（17）：3．

王成端，叶怀凡，程碧英．高等教育资源共建共享——基于成渝经济区现状的考察及思考［J］．中国高教研究，2017（2）：48—53．

作者简介

呙小明，女，1981 年生，博士，教授。主要研究方向：国际经济学、可持续发展。

黄森，男，1986 年生，博士，副教授。主要研究方向：区域经济学。

基于产出导向法培养思辨能力的基础英语课程教学研究*

李　燕

（四川外国语大学英语学院 重庆 400031）

摘　要：思辨能力的培养已成为我国外语教学界特别是英语专业教学密切关注的研究焦点。本文以英语专业基础英语课程教学为例，基于产出导向法对精读教学活动设计进行改革创新，驱动环节让学生明白教学目的和产出任务，促成环节指导学生完成产出任务，评价环节的反馈活动是对教学的升华。本研究提出了改善学生英语输出效果，促进学生知识应用能力得到不断强化的有效方法，在基础英语课程教学中培养和提升学生的思辨能力，以进一步推进英语专业教学改革和创新。

关键词：产出导向法　思辨能力培养　驱动　促成　评价

引　言

近年来，思辨能力的培养一直是高等教育改革特别是英语教

* 本文系重庆市高等教育教学改革研究项目“基于产出导向法的英语专业学生思辨能力培养——以《基础英语》教学模式为例”（202326），四川外国语大学教学改革研究项目“基于产出导向法（POA）英语专业学生思辨能力培养——以《基础英语》创新实践教学为例”（JY2062215）的阶段性成果。

学改革的重点。黄源深曾发表论文呼吁英语专业教学改革以根治“思辨缺席症”。[①] 孙有中从培养目标、课程设置、教学方法、课程测试、教材编写和教师发展等角度探讨了思辨能力的培养措施。[②] 文秋芳等认为思辨能力是国家外语能力的重要组成部分，从国家竞争力和国家软实力的高度思考了思辨能力培养，并提出了思辨能力层级理论模型。[③] 现阶段英语专业教学改革都重视对学生思辨能力的培养，要求学生不仅要掌握听说读写译等相关技能，更要兼具创新批判思维，成为能适应社会发展的改造型人才。

基础英语作为高校英语专业开设的核心必修课，学分和学时都较多，是学生在基础阶段进行基本功训练的主要平台；且由于语言与文化、思维的不可分割性，基础英语不仅是纯语言知识技能课，还是学生学习文化知识、开发创新思维能力、培养人格个性包括人文精神的重要课程，理应承担起培养英语专业学生思辨能力的重要任务。如何进一步深化教学改革，在提升学生基本技能的同时，以思辨能力的培养和提升为出发点，即在识记和理解的基础上，引导和鼓励学生运用语言知识和技能进行分析、推理、评价和创新等活动，通过质疑、解构和颠覆等过程，最终达到重组和超越进而实现思辨能力的提升，一直是广大英语教学者所关注的话题。针对当前英语专业基础英语教学活动中亟须解决的问题，本文引入产出导向法（Production Oriented Approach，POA），对传统的教学活动加以改革，以期培养学生的思辨能

① 黄源深：《思辨缺席》，载《外语与外语教学》，1998年第7期，第1—19页；黄源深：《英语专业课程必须彻底改革——再谈“思辨缺席”》，载《中国外语》，2010年第1期，第11—16页。

② 孙有中：《突出思辨能力培养，将英语专业教学改革引向深入》，载《中国外语》，2011年第3期，第49—58页。

③ 文秋芳、王建卿、赵彩然等：《对我国大学生思辨倾向量具信度的研究》，载《外语电化教学》，2011年第6期，第19—23页。

力，有效促进教学质量和效果的全面提高。

一、POA 基本理论

在传统教学只学不用、重用轻学的背景下，文秋芳教授提出了具有中国特色的教学理论 POA。这一理论融合了课程论和二语习得论，克服了西方两种理论割裂、两个领域学者缺乏沟通对话的弊端，坚持“实践是检验理论有效性的唯一标准”，在借鉴了国外外语教学理论和实践的精髓的同时，也结合了我国教育的优良传统，根据中国外语教育国情对症下药，综合施策。它提倡以学习为中心，学用一体，并且注重培养学生文化交流和关键能力，主张“输入性学习”与“产出性运用”相结合。POA 理论体系的“学习中心说”“学用一体说”和“全人教育说”三大教学理念决定着课堂教学的方向和目标；“输出驱动”“输入促成”和“选择性学习”的教学假设给课堂教学各环节实施提供了理论依据；而“驱动—促成—评价”的教学流程是实现 POA 教学目标应采取的步骤和手段。[①] 三大教学理念体现了知识习得、技能训练和思辨能力提升的结合，也是其他两部分的指导思想。教学流程以教学假设为理论支撑，也是教学理念和教学假设的实现方式。POA 的教学假设和教学流程中所含的思辨导向与思辨能力层级理论模型中的各个要素都完美融合，可以作为构建思辨型英语专业课程教学模式的理论基础。作为基础英语课程教师，笔者根据所教学生的特点，以 POA 作为教学设计和实践的基础。

① 文秋芳：《构建“产出导向法”理论体系》，载《外语教学与研究》，2015 年第 4 期，第 547—558 页。

二、基于POA培养思辨能力的基础英语课程教学研究

本研究将以四川外国语大学英语专业基础英语课程第二册第一单元课文为例，课文题目为“Another School Year—What For?”基于POA的教学流程包含三个核心环节：驱动、促成、评价。

（一）驱动

在驱动环节中，教师设计适当的话题场景和具有潜在交际价值的任务，激发学生完成任务的热情，增强学习的动力。与传统教学中由热身或导入活动开始一个新单元不同，POA由驱动环节开始新单元的活动，主要包含交际场景呈现、产出任务尝试和教学目标说明三个步骤。作为最具创意的第一步，教师呈现交际场景能在新单元学习之前明确向学生呈现他们在日常或未来学习和工作中可能遇到的交际场景和话题。在尝试完成交际活动的过程中，学生会发觉现有知识储存与交际能力的不足而产生学习的压力和动力，增强求知欲。教师有意为学生制造出的“饥饿状态”能让学生在教师说明教学目标和产出任务的步骤中为更好地接受输入做准备，还能够激发他们的学习和产出欲望，思考完成产出任务的途径。这一过程也是思辨能力的加强过程。

鉴于目前移动技术和智能手机的普及，该环节可以利用微课或拍视频等方式让学生在课前学习，课堂上教师检查学生的产出任务和理解情况即可，这样可以节省更多时间开展下一阶段。在这一单元的驱动环节中，笔者会安排学生视频采访同组的几位同学：Why do you choose to study in the university? 通过这一导入环节，让学生思考和回答以下问题：1. Why do we have to have course such as Intensive Reading? 2. Why do we have to spend so much time on those texts, dealing with so many different subjects and written by so many people, many of whom are long dead and gone? 3. What's the difference between training and education? 上述问题可以引发学生对自身学习目的和课程价值意义的思考，让学生懂得该文的教学目标在于引导学生明白我们读大学的意义所在。产出任务就是学生能够辨析培训与教育的差异，并能够理解大学相关课程存在的价值与意义和成为对社会有用的人的途径。与传统教学这一环节只围绕课文设计教学流程不同之处在于，POA 要求教师确定恰当的产出目标和与之匹配的产出任务，还要求围绕目标和任务设计“产出”场景用于激发学生学习输入的动力。因此教师要根据学生的英语水平进行适当的调整，并根据不同班级或学习小组提供有区别性的产出任务，供不同的学生选择，并通过适当的场景设置让学生明白该单元的教学目的和产出任务，同时通过难度设置充分激发学生的潜能。

（二）促成

在促成环节中，教师提供必要的输入材料，引导学生通过对听读材料的选择和加工，获取完成任务所需的语言、内容、文本结构等信息。因此，促成环节的主要教学方式是教师输入和课堂活动。为帮助学生顺利完成产出任务，教师需要设计包括输入型和输出型加工学习的系列教学活动。在输入内容上，除了课文和驱动材料，教师可做恰当的引申和补充，以提供更多的思辨素材。同时，语言习得要在赋予特定语境的基础上才能发生，因此对输入材料特别是课文中语言点的讲解和阐释要基于对语篇的理解进行深化主题的阅读。由于思辨能力产出的实现重在对文章的赏析，教师要带领学生在理解字里行间的意思时，“读思结合”，运用阅读策略、演绎推理和分析归纳法等把握语篇结构，获取主旨大意，并从认知和思辨角度抛出一系列预留问题，如分析作者写作意图，客观评判作者观点，对价值观等问题的思考和看法等。

以前述“引导学生辨析培训与教育的差异”的产出任务为例。虽然作者在该文章的第二段已较明确地说明了大学和培训学校的区别，并且阐述了理学学士学位证书的含义，但正如作者在第3段所言，学生未必听得进去太严肃的说理，因此他采取了更通俗易懂的方法来解释。所以指导学生完成第一个产出任务的关键在后面的第4~6段。作者将一天24小时分为3部分，第4段主要讲第一部分的8个小时，主要是睡觉；第5段的第二个8个小时用学习到的技能赚钱养家。这两部分的8个小时对学生来说都很好理解，但作者在第6段讲第三部分的8个小时时并没直接阐述，而是提了5个以will开头的问题。因此，笔者没有再单独设置问题，而是引导学生对这5个关于家庭生活的关键问题进行理解，让学生识别其中的隐喻、转喻等修辞手段，明白字里行间的深意。例如最后一个问题是：Will the kids ever get to hear Bach? 此问题不在于家里的孩子是否听说过巴赫这一个世界知名的作曲家，而是在用转喻的修辞手法问孩子们接受的是否是正统教育，具有一定的合理的欣赏水平。把这几个问题连起来，其实作者用提问的形式描述了第三部分的8个小时家庭生活应该怎么度过。再加上第8段的点睛之笔：“I hope you make a lot of it,” I told him, “because you're going to be badly stuck for something to do when you're not signing checks.”学生就能明白作者是在用幽默的口吻间接阐述培训和教育的区别：前者让你获得赚钱的技能，后者让你懂得该怎样生活。

促成环节的质量将决定学生产出的质量。除了较为传统的教师讲授、提问和小组讨论等，教师在设计课堂活动时，可采用角色扮演、小型辩论、苏格拉底式提问等多种形式开展教学活动，还可以充分利用各种新媒体平台进行个体分享和展示。这些服务于不同教学目标的不同形式，有助于激发学生的学习热情，引导学生理性、客观、具体地分析富有挑战性的各种问题，提高学生的认知水平，使他们能独立自主发现问题、提出问题和解决问题，更积极地进行思辨性学习。

（三）评价

在评价环节中，学生完成基本的产出任务或类似的新任务，教师做出即时评价和补救性教学。评价环节是 POA 必不可少的教学环节，主要包括即时评价、延时评价和师生合作评价三个方面。教学过程中可采取三者相结合的评价方式。即时评价是在学生进行选择性学习和产出任务过程中给予的过程性评价；延时评价即在学生完成课外练习之后，再提交给老师的评价；而师生合作评价包括课前、课内和课后三个阶段。课前，教师根据单元教学目标选择并评阅典型样本；课内，学生先独立思考，再进行小组交流，然后在教师引领下进行班级讨论，教师适时给出评阅意见；课后，在教师课内专业指导的基础上，学生采用自评或同伴互评对师生合作评价加以补充。①

根据单元主题和教学重点，教师可利用英语专业小班教学的优势，安排形式不同的开放型问题和任务，包括辩论、口语活动、角色扮演、调查报告、书面写作等，以加强语言知识的巩固和输出。单元结束时，为了加强学生对所学知识和技巧等的理解和掌握，教师既要布置复习性的产出任务，还要有迁移性的新任务，让学生通过自我评估和自我纠正，充分发挥其主观能动性在

① 文秋芳：《“师生合作评价”：“产出导向法”创设的新评价形式》，载《外语界》，2016 年第 5 期，第 37—43 页。

提升思辨能力中的作用。学生的反思不限于对作者观点的批判性思考，也可以是对作者论证的补充、对文章的感悟、对教师讲解的质疑、对学生回答的延伸等。无论哪种，都是更深层次的思考，也是获得思辨能力的必经之路。

鉴于学生是大一年级新生，笔者要求学生课后写阅读反馈：As a college student, what do you think of the question put forward by the author? Give your own answer to the question, and compare it with the author's. 写作是一种高强度的思维活动，学生从立意、构思、成文到修改的过程中都需要识别、比较、质疑和阐释，这都有助于学生思辨能力的培养和提高。

三、结束语

在当今时代背景下，社会对于英语专业人才的具体需求已由语言技能和专业知识更多地转向创新潜质、思维能力和解决问题的能力，培养英语专业学生思辨能力的重要性不言而喻，也符合外语教学发展的必然趋势，因而受到广泛关注，培养思辨能力的英语教育教学改革势在必行。在基础英语课程教学中进行基于POA的英语教学活动，能解决教学过程中学用分离的现状，提高课堂效率，并为课程教学改革提供实施思路，从而将理论转化为可操作的、有效的实际教学策略，以增强英语专业学生的思辨能力。

参考文献

黄源深．思辨缺席［J］．外语与外语教学，1998（7）：1—19.

黄源深．英语专业课程必须彻底改革——再谈“思辨缺席”［J］．中国外语，2010（1）：11—16.

孙有中．突出思辨能力培养，将英语专业教学改革引向深入

[J]. 中国外语，2011 (3)：49－58.
文秋芳. 构建“产出导向法”理论体系 [J]. 外语教学与研究，2015 (4)：547－558.
文秋芳. “师生合作评价”：“产出导向法”创设的新评价形式 [J]. 外语界，2016 (5)：37－43.
文秋芳，王建卿，赵彩然，等. 对我国大学生思辨倾向量具信度的研究 [J]. 外语电化教学，2011 (6)：19－23.

作者简介

李燕，女，1982 年生，硕士，讲师。主要研究方向：英语教学。

多模态话语材料在口译教学中的运用
——以四川外国语大学翻译学院本科交替传译课程为例*

刘美华

（四川外国语大学翻译学院 重庆 400031）

摘　要：本研究以四川外国语大学翻译学院交替传译课程为基础，利用多模态话语材料，调整课程教学模式，并以 2018 级与 2019 级学生为训练对象，展开了口译基础能力训练。笔者针对教学改革效果，进行了对比分析，结果初步证明，多模态话语材料对本科翻译专业交替传译教学有一定提升效果。

关键词：非语言因素　多模态话语材料　口译基础能力　口译教学

一、引言

人类的交际活动是多模态性的，其中，教学活动，尤其是外语教学，自古以来就是多模态性的。② 多模态是指口语或书面交际中交际符号的多样性。多模态话语分析是指在交际的整个过程

---

* 本文系四川外国语大学教学改革研究项目“基于多模态时政话语的交替传译教学改革与实践”（JY2062218）阶段性研究成果。

② 胡勇近：《多模态话语分析理论及其在外语教学中的应用》，合肥：安徽大学出版社，2018 年，第 69 页。

中，听众主要通过听觉、视觉、嗅觉、触觉等感知能力，掌握能传递语言、图像、音响、动作等多种符号资源的多种先进的现代化科技手段，理解和表达相互在一定语境下交际时的整体意义。[①] 在交际过程中，话语的一大部分意义是由非语言因素体现的，包括伴语特征和非身体特征，如：PPT、环境因素等。[②] 这些非语言因素能够让听众更清晰地理解内容。认知心理学认为，视觉和听觉关系非常密切。因此，交际者需从已有资源中选择合适的模态或者模态组合。[③] 从埃德加·戴尔对视听教学理论的研究成果中不难发现，信息通过视觉和听觉输入，传达率更高。因此，在交流过程中，听众需要利用多模态之间的协同作用，来准确理解讲话人所传递的内容。

口译教学为语言输入与输出的综合过程，多模态的特性就更加明显。口译这一活动主要分为源语输入与译入语输出两大过程。源语输入为信息知觉的过程。知觉就是利用已有的知识解释感觉器官记录的刺激[④]，并将这些刺激转换为信号传至大脑进行深入的信息加工。在源语输入阶段，译员主要依靠听觉系统，接收讲话人的声音信号，这是输入信息的主要模态。讲话人还能够借助 PPT、视频、图片等形式的资料来阐释自己的观点，译员则需要通过视觉系统输入信号，这一模态也是信息输入的重要渠道。传统交替传译教学更多关注听觉信号的输入，较少关注非语言因素。因此，口译教学需要组合不同模态。选择合适的模态组

① 胡壮麟：《多模态话语分析：理论探索与应用研究》（序），北京：北京航空航天大学出版社，2019 年，第 1 页。

② 张德禄：《多模态话语理论与媒体技术在外语教学中的应用》，载《外语教学》，2009 年第 4 期，第 15 页。

③ 张德禄：《多模态学习能力培养模式探索》，载《外语研究》，2012 年第 2 期，第 10 页。

④ 玛格丽特·马特林：《认知心理学——理论、研究和应用》，李永娜译，北京：机械工业出版社，2017 年，第 17 页。

合主要基于以下几种原因：补缺、强化、吸引关注、抒发情感、易理解。[①] 多模态话语材料介入训练后，在听觉输入阶段，加以视觉输入的辅助，学生能更清楚地理解源语大意。

本文以四川外国语大学翻译学院大三年级开设的交替传译课程为例。这一课程的前序课程为联络口译与焦点小组讨论口译，在这两门课程中，学生使用的训练材料以音频为主，源语主要依靠单模态输入。学生经过一学年的基础口译训练后，进入交替传译练习阶段。这需要进一步还原口译实战多模态的特点，以帮助学生开展更高效、更真实的口译练习。因此，本教学团队选取了大量视频材料，旨在促进学生的口译基础能力训练。本文以四川外国语大学翻译学院 2018 级与 2019 级交替传译实际教学情况为例，对整个教学过程进行了记录与分析，为本课程教学改革提供参考。

二、多模态话语材料在交替传译教学改革中的运用

本教学团队运用多模态话语材料，开展了交替传译教学改革。口译的基础能力涉及短期记忆、源语听辨等专业基础能力。在口译教学的过程中，教师不仅要帮助学生搭建口译练习模式，夯实口译基础能力，更重要的是要给学生搭建较为真实的口译实战环境，来帮助学生提升口译基础能力，准确听辨、理解源语信息。为还原实战环境，本教学团队主要从两个方面对课程进行了改革：一是搭建了以“口译技能训练”为主的训练框架，打破传统的以话题为主的课堂训练模式；二是训练材料由单模态材料（音频材料）转为多模态材料（视频材料）。此外，在实践教学的过程中，还借助学院最新搭建的 VR 虚拟仿真口译实训中心，帮

① 胡勇近：《多模态话语分析理论及其在外语教学中的应用》，合肥：安徽大学出版社，2018 年，第 74—75 页。

助2019级的学生译员沉浸式体验更加真实的口译过程。

（一）搭建口译技能训练框架

本教学团队针对课程教学设计，搭建了以“口译技能训练”为主的训练框架。传统交替传译课堂常以话题为单位开展教学，口译话题通常涉及教育、科技、政治、经济等。考虑到在交替传译入门阶段，训练应以短期记忆为重点，搭配口译实战练习，为学生打牢口译基础，因此，本教学团队从短期记忆入手，将整体教学内容板块划分为“无笔记交传训练”与“有笔记交传训练”。前半学期“无笔记交传训练”旨在夯实学生的短期记忆能力，主要教学内容包括“脱离源语外壳”“关键词与逻辑听辨”“逻辑记忆”“记忆方法”“长时记忆的辅助作用”以及“主旨口译”。后半学期教学团队从“数字口译”入手，过渡至“口译笔记”与“译文产出”的训练，主要的教学内容包括“数字口译”“口译笔记”“声音控制”与“译员角色”。在以“口译技能”为主导的训练框架下，学生更能牢固地掌握口译技巧，夯实口译基础能力。

（二）选用多模态话语训练材料

在口译技能训练框架的支撑下，本教学团队将课堂教学划分为“短期记忆训练”与“口译实战”两大板块，并将多模态话语材料融入各项训练，帮助学生提升使用非语言因素的能力，促进各模态之间的协调与合作。在大多数情况下，多模态信息输入，可帮助译员更准确地理解源语，使译文更加符合目的语的表述。

第十二周实践课堂练习材料选用了TED演讲平台上有关中国生肖文化的演讲——《中国十二生肖的详细介绍》①。在整个

① 薛晓岚：《中国十二生肖详细介绍》，https://www.ted.com/talks/shaolan_the_chinese_zodiac_explained.

演讲过程中，演讲者使用 PPT 帮助台下不同文化背景的听众理解中国生肖的内涵。源语介绍中国生肖概念后，出现了一句“Can you see your zodiac sign there?”讲者同时在大屏幕上播放出相应 PPT（如图 1 所示）。在 2018 级的授课过程中，教学团队采用了该材料的音频来展开训练，因此多数同学不清楚讲者使用了 PPT 这一辅助工具。在复听学生录音时发现，多数同学对这句源语理解不够透彻，并且将其直译为“大家能看到自己的生肖吗?”而在 2019 级的授课过程中，教学团队采用了原视频材料展开训练。有了视觉与听觉的信息输入，学生则能更准确地理解源语，并给出更符合表达习惯的目的语。在复听录音时，教学团队发现，多数学生能够将这句话准确地译为“大家能在 PPT 上找到自己对应的生肖吗?”这一教学案例可以说明，多模态话语材料介入日常口译训练，可提高学生使用非语言因素的能力，并加强各模态的协调与合作能力，为今后的实战打下较为坚实的基础。

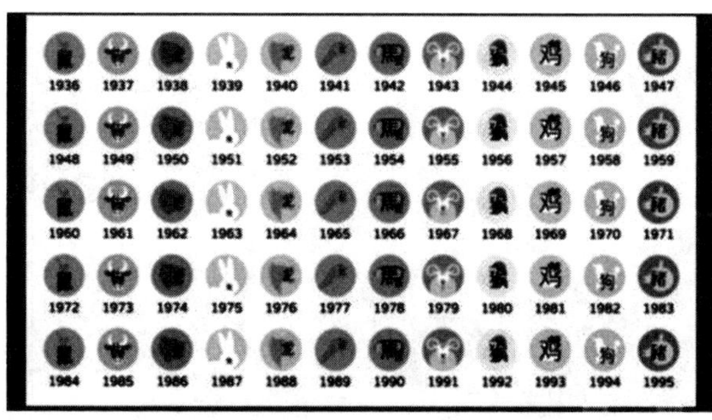

图 1　演讲中的 PPT 画面

（三）借助 VR 虚拟仿真口译实训中心

教学团队借助四川外国语大学翻译学院最新搭建的 VR 虚拟

仿真口译实训中心，为学生打造更加真实的口译现场，帮助学生提前适应多模态信息输入的过程，加强不同模态的协调与合作能力。口译员的视觉信息主要来源于演讲者的 PPT，还涉及其他非语言因素，例如：会场指示牌、会议背景牌、现场情况、听众反应等。实训中心搭载 VR 外语教学平台，能够提供联络陪同、交替传译以及同声传译的不同工作场景。本门课程主要选取交替传译的工作场景（如图 2、图 3 所示）。学生利用 VR 眼镜与头盔（如图 4、图 5 所示），沉浸式地体验交替传译实战训练。教室中的音效系统能提供信息的语音输出，保证最大限度地还原真实的口译场景。本教学团队利用该平台，展开了日常口译实践教学与实践周活动，帮助学生译员开展相关实战训练。这样的训练模态临场感强，犹如身临其境，有助于提高学习者对涉外环境的适应性和对口译内容的应变能力。[①] 通过在该实验室举办口译大赛、开展实战演练，帮助学生译员提前熟悉工作环境中能够提供信息的渠道，适应多模态信息输入的过程，逐步提高协调处理各模态信息的能力。

图 2　交替传译工作场景（一）

① 康志峰：《立体论视阈下的多模态口译教学》，引自《多模态与外语教育研究》，上海：同济大学出版社，2018 年，第 81—82 页。

图 3　交替传译工作场景（二）

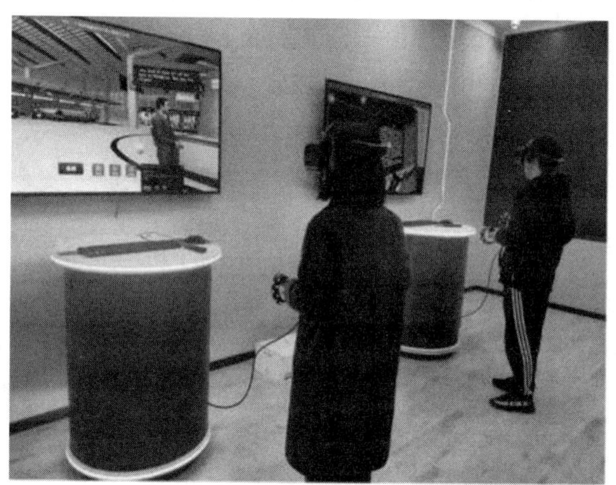

图 4　学生利用 VR 眼镜与头盔开展学习（一）

图5　学生利用VR眼镜与头盔开展学习（二）

资料来源：睿智教育科技《四川外国语大学翻译学院VR外语虚拟仿真实验中心及国家一流课程建设项目》

三、交替传译课程教学改革分析

教学团队选取了2018级与2019级的1班与2班作为教学改革项目的实验对象。2018级两班总人数为49人，2019级两班总人数为50人。为保证结果准确，教学过程中的所有源语材料内容与教学内容均相同，2018级选用音频版（单模态）源语材料，2019级选用视频版（多模态）源语材料。

（一）课前水平测试分析

在正式开展2018级与2019级交替传译教学前，教学团队选取了口译基础（第二版）第一课的对话练习作为水平测试材料，该材料为单模态音频材料。结果显示，2018级课前水平测试平均分为70.59分，多数同学处于60～79分段，少数同学进入80～89分段。2019级课前水平测试平均分为76.86分（如图6

所示）。根据课前水平测试得分分析，2019 级 1 班、2 班同学的口译基础水平稍高于 2018 级 1 班、2 班同学的口译基础水平。

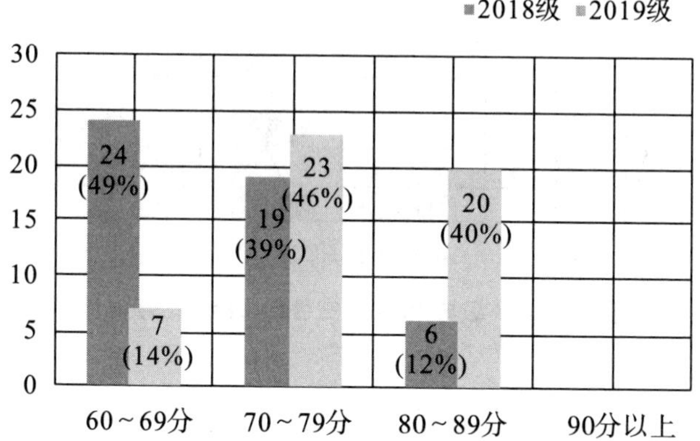

图 6　2018 级与 2019 级交替传译期初成绩对比

（二）期末测试分析

经过整学期教学训练后，教学团队对两个年级展开了期末测试，且对成绩展开了分析。2018 级 1 班、2 班交替传译期末考试的平均分为 82.49 分，两班最高分为 92 分，处于 90 分段的人数为 5 人。2019 级 1 班、2 班交替传译期末考试的平均分为 88.44 分，两班最高分为 95 分，处于 90 分段的人数为 15 人（如图 7 所示）。从期末成绩可以看出，2019 级 1 班、2 班学生的口译基础能力高于 2018 级 1 班、2 班学生。

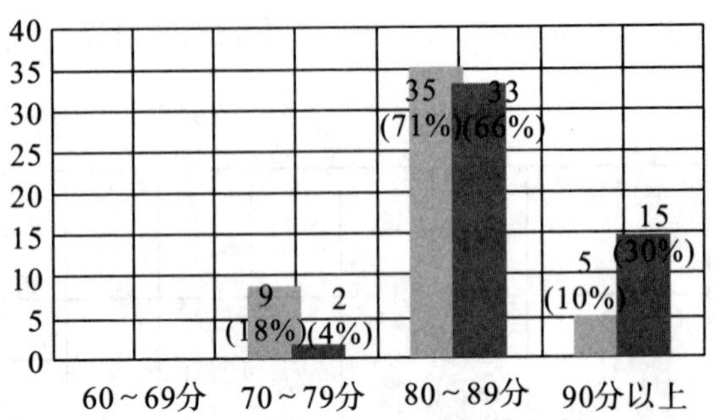

图 7　2018 级与 2019 级交替传译期末成绩对比

（三）数据分析

为保证数据准确，本教学团队还利用 SPSS 与 Python 对数据进行了分析。首先使用了 SPSS 进行了双侧检验。针对不同教学方法对学生成绩改善程度，本文考虑对比 A、B 两组（A 组为 2018 级 1 班、2 班，B 组为 2019 级 1 班、2 班）。经过不同教学方法后，衡量考试成绩与最初成绩的差值的中位数，考虑到分数越高提升难度越大，故对差值进行加权处理，以确保合理性。由于是小样本，并且为两个独立样本，因而本文采用 Mann-Whitney-Wilcoxon 检验。最终检验数据表明，两种方法有显著性差异，学生的口译能力均得以提高。在双侧检验后，教学团队又利用 Python 开展了单侧检验，结果显示左尾概率 P=0.013 小于显著性水平 $\alpha=0.05$，因此，使用教改方法优于未使用教改方法。

结　语

本教改研究基于口译实战呈多模态的特点，以帮助学生更好更快地适应口译实战环境为宗旨，利用多模态话语材料与 VR 虚拟仿真技术，提升学生协调各模态信息能力，夯实口译基础能力。通过对两个年级教学流程与效果的具体分析，我们可以发现，在教学中广泛应用多模态话语材料，能够帮助学生译员提前适应口译实战的全过程，加强对各模态信息的协调与合作能力，提升教学训练效果，为学生今后的口译实战打下坚实基础。

参考文献

胡勇近. 多模态话语分析理论及其在外语教学中的应用［M］. 合肥：安徽大学出版社，2018.

胡壮麟. 序一［M］//田海龙，潘艳艳. 多模态话语分析：理论探索与应用研究. 北京：北京航空航天大学出版社，2019.

康志峰. 立体论视阈下的多模态口译教学［M］//张德禄，黄立鹤. 多模态与外语教育研究. 上海：同济大学出版社，2018.

玛格丽特·马特林. 认知心理学：理论、研究和应用［M］. 李永娜，译. 北京：机械工业出版社，2017.

张德禄. 多模态话语理论与媒体技术在外语教学中的应用［J］. 外语教学，2009，30（4）：15.

张德禄. 多模态学习能力培养模式探索［J］. 外语研究，2012，132（2）：10.

作者简介

刘美华，女，1992年生，硕士，助教。主要研究方向：口译理论与实践、口译与认知。

汉语国际教育专业学生实践性知识的积累与构建*

屈梅娟

（四川外国语大学中国语言文化学院 重庆 400031）

摘　要：“一带一路”倡议背景下，学习汉语的人数不断增加，汉语作为第二语言教学的学科建设也进入了新的历史阶段。本校汉语国际教育专业人才培养顺应学科发展趋势，建成了一些较有影响力的实践平台与实践基地。但总体来看专业教学类课程的实践平台作用没有得到充分发挥，对汉语国际教育专业学生实践性知识的构建和发展的积极作用有待进一步挖掘。针对现有问题，本文认为应该充分利用现有教学资源与实践平台，通过增加学生互动、强化学生教学反思等途径促进本校汉语国际教育专业学生实践性知识的构建和发展。

关键词：汉语国际教育　实践性知识　课程改革

一、引言

自“一带一路”倡议提出以来，汉语作为第二语言教学的学科建设进入了新的历史阶段。为了更好地满足国内外汉语教学需

* 本文系四川外国语大学教学教改研究项目“新时代国际中文教育如何讲好中国故事”（JY2296267）的阶段性研究成果。

要，国家层面不断加大师资培养及培训的投入，以填补由于学习汉语人数剧增带来的师资缺口。汉语国际教育作为其中的重要力量，也备受各界重视。据统计，截至2021年开设汉语国际教育本科专业的高校已达300多所，每年毕业生达15000人。但该专业师资缺口却愈来愈大，究其原因主要是大批科班出身的学生缺乏足够的实践性知识，无法快速胜任一线教学工作，不能顺利实现从“课堂”到“讲台”的转变。在这样的大背景下，本文提出，我校汉语国际教育专业培养应以实践性知识的培养和训练为目标，努力提高学生的实践能力，为学生之后走上“讲台”做好充分的准备，而在这一过程中，汉语国际教育专业教学类课程具体体现了该专业对人才知识和能力的要求，这些课程的教学效果好坏成为提高学生实践性知识的重要一环。因此，本文结合笔者多年汉语国际教育专业的教学与实践，探讨如何利用有限的课程与资源努力提高汉语国际教育专业学生即准汉语教师的实践性知识，提高其实践能力。

二、研究背景

（一）前人研究

实践性知识（practical knowledge）一般指教师在教学实践中使用或表现出来的对教学的认识，实践性知识会影响教师对理论知识的学习和运用，并在实践中通过教学反思、知识提炼而获得。孙德坤在探讨教师认知知识时首次将实践性知识这一术语引进对外汉语教学领域。江新、郝丽霞在前人研究的基础上调整了对外汉语教师实践性知识的分类，将实践性知识划分为包括语言学知识、一般教学知识、语言教学知识、关于学生的知识、跨文化交际知识、文学文化知识等类别。研究结果发现，教师在课堂上运用频率最高的是一般教学知识和语言教学知识，而不是语言学知识和文学文化知识。徐子亮从课程建设的视角出发，强调了加强实践性知识学习的必要性。随后又结合学生实际需求提出了调整人才培养方案中的对外汉语系列课程的原有设置及教学模式，其目的就是让学生“学有所得”“学有所用”“学有所长”。姚美美利用叙事研究思路调查了对外汉语新手教师的课堂管理实践性知识，发现课堂活动设置不当、讲解方式不当、提问策略不当、教学进度安排不合理、教学环节衔接不自然等教学能力欠缺问题在新手教师中普遍比较突出。可以看出，随着汉语国际教育事业的不断发展，学者们开始关注对外汉语教师的实践性知识的使用对教师成长的重要作用，但多数研究针对在职教师展开，对汉语国际教育专业的在校学生即准教师的实践性知识的积累和构建关注不多。

汉语国际教育专业的准教师以后将要面对的均为语言不同、文化背景不同的国际学生，这种跨文化的课堂的开展实际上是一种即时的跨文化交际活动，准教师很难从以往的学习经历中迁移相关经验帮助他们快速进入“教师”角色，因此，在校期间实践性知识的积累对汉语国际教育专业的准教师而言尤为重要。对外汉语教学概论、对外汉语课堂教学法等汉语国际教育专业极为重要的专业实践课，是该专业准教师除实习之外实践环节最多的课程，自然也是汉语国际教育专业准教师实践性知识构建和发展的主要课程。因此，这些教学相关课程的教学模式等对于汉语国际教育准教师实践性知识的学习与能力的培养至关重要。

（二）现存问题

在“以本为本”教学方针指导下，我校汉语国际教育本科生的培养方案不断调整，对外汉语教学概论、对外汉语课堂教学法等教学相关课程已由原来的每周 2 课时变为每周 4 课时，很大程度上提高了汉语国际教育本科准教师的实践机会。但我校汉语国际教育专业“先理论后实习”人才培养模式容易使教师忽视课程的实践性，教学类课程亦存在理论讲授部分过多，实践操作不足的问题。相关任课教师虽然已经采取了一些提高学生实践性知识的方法，但总体上对提高准教师的实践性知识的构建和发展成效不足。

具体来说，目前我校汉语国际教育本科学生的对外汉语教学概论、对外汉语课堂教学法等教学类课程存在以下问题。

第一，实践性知识的教学资源利用不充分。我校教师在教授课堂教学法时通常是带领学生观摩示范课程教学录像。示范课程教学录像可以帮助学生积累教学设计、教学管理等体验式的实践知识，可以对对外汉语课堂有更感性、直观的认识，因此，这是较为常见的一种实践方式。只是笔者发现大部分学生之前未接触过留学生课堂，观摩示范课时更多是看热闹而非看“门道”，关注点并未放在对环节安排、教学方法、教学活动设置等教学技巧和能力的理解和分析上，而是将注意力放在了教学内容和留学生的一些行为表现方面，这给学生的学习带来一些问题：或者是过于“轻敌”，认为汉语课堂教学极其容易开展；或者是对留学生课堂的一些趣事过度关注，很难获得专业实践能力的提高。因此，若观摩视频前没有理论学习，观摩视频后没有很好的案例分析，示范课程很难发挥其应有作用。

第二，课程教学的实践活动课时不足。汉语国际教育核心课程教学中教师一般会组织学生模拟课堂教学。通过转换师生身份，深化学生对理论知识的理解，进而逐渐积累实践性知识。但由于教学课时和班级人数的限制，模拟课堂只能通过分组的形式进行，参与实践的人数有限，多数准教师处于观摩“表演”的状态，而非直接体验，未能在教实践课时中积累相应的实践性知识。

第三，学生之间的互动不足。同行之间的交流和合作是实践性知识积累的重要途径，学生之间的互动对其实践性知识的积累也至关重要。本专业的核心理论课堂一般由教师主讲，学生参与度不够。即使在模拟课堂环节，每个小组更多关注本组的教学内容设计，并预先安排组员参与互动，其他小组的同学参与积极性不够，课堂活动的突发性与课堂管理的灵活性不能得到体现，主讲人和组员之间过于流畅的交流不利于学生实践性知识的构建。

此外，教学反思对实践性知识的构建作用没有得到凸显。反思是获得实践性知识的重要途径，没有反思的经验是狭隘的经验，至多形成肤浅的知识。本校大部分同学积极参与有限的模拟课堂环节，但课后反思环节没有得到应有的关注，本科学生在模拟课堂获得的粗浅的实践体验和感性的认识没有经过充分的反思和反馈，很难成为其实践性知识的一部分。

鉴于本校的汉语国际教育教学类课程教学中存在诸多的问题，本文提出对教学类核心课程的教学设计进行简单调整，以求改善汉语国际教育本科学生的实践性知识的积累和构建，顺利实现汉语国际教育专业学生从“课堂”到“讲台”的顺利转变。

三、基于实践性知识的课程改革

（一）课程改革的主要方向

教学类课程的课程改革主要目标是提高汉语国际教育本科生的实践性知识的积累，主要形式仍然是教学类相关课程中的实践和学生的实习实践。具体可以通过以下方式：

首先，教师教研结合，充分利用各种可获得的教学资源，多层次多角度地促进学生实践性知识的积累。目前可利用的教学资源主要有示范课视频、留学生语音库、课堂教学案例库、各类汉语教学多媒体软件（手机 App 和电脑游戏、软件等）、汉语教师的教案、教学 PPT、当下通行的汉语教材、教辅材料等。这些资源能够使本专业学生对汉语教学的课堂有更直接、形象的认知。

教学资源的充分利用体现在理论与实践相结合。用理论指导的教学实践才能真正发挥其积极作用。示范课视频中的综合课中涉及知识较多，既有教学方法的知识，也有教学管理的知识；既有词汇语法的教学环节，也有语法分析和操练的环节。教师可以根据理论知识的内容安排不同部分的示范教学，使学生观摩示范课时更有的放矢，目标明确。比如“词汇教学”环节讲授主要词汇的教学方法，观摩示范课时就可以截取词汇教学部分，让学生带着知识和问题去观摩，一起讨论并找出教师使用了哪些词汇教学方法。再如“语音教学的方法和技巧”，可以在讲授教学方法和技巧之后带领学生利用留学生语音库中的录音进行听辨练习，通过听辨判断语音偏误的主要原因、学生可能的母语背景及相应的教学应对策略。

教学资源的充分利用既体现在课堂教学之中，也体现在课堂教学之后。作为课内学习的延续和补充，示范课堂的观摩让学生初步感受到了真实的对外汉语教学课堂，同时也更真切地认识到对外汉语教学的跨文化性和专业性。教师在讲解理论后可以适当利用教学资源帮助学习者理解理论知识，并逐步积累实践性知识。比如讲授汉语教材的选用原则，可以结合具体的汉语教材分析其“趣味性”“实用性”“针对性”等。在理论介绍之后利用在线对外汉语教材库，带领学生一起翻阅当下通行的汉语教材，分析每套教材的特点及适用对象。课后练习可以继续延伸课堂教学内容，如安排学生自行对比两套教材并于下次课堂共同分享。通过对比和分享，学生可以对通行教材的特点和内容有较好的理解和把握。

其次，通过各种办法增加学生的实践机会。通过教学类相关课程丰富学生的实践性知识，培养学生的教学技能和能力。对知识的掌握不是最终目的，教学方法也没有固定的模式，重要的是学生通过各种形式的演练将知识转化为能力，因此一定量的实践对于本专业学生非常重要。教学类相关课程要在总课时不变的基础上尽可能增加学生的实践课时，提高学生的实践机会。每次语言要素教学和课型教学均指定两个小组进行模拟课堂，鼓励学生课下利用自媒体录像，在实践课时之前可以将录像发给老师点评，多次练习揣摩之后再到课堂上来实际展示。教师会对实践小组模拟教学进行即时录像，并在每次实践环节留出一定的自由时间，鼓励课下提前自主录像学生主动展示，逐步实现短时间内的即兴展示，提高学生的教学机智。课下多媒体录像的使用一定程度上增加了教学类课程的实践课时，提高了学生参与课堂的积极性。

再者，通过多种形式增加学生之间的互动。为了加强学生之间的互动，可采取一个小组模拟教学，多个小组互动评价的模式。主讲小组上台开展模拟教学，其他组学生模拟外国留学生，根据特定国别学生特点参与模拟课堂情境。由于参与活动学生的“身份”由老师临时指定，避免了实践小组学生提前准备，更可能出现相对真实的课堂突发事件，不断提高学生的应对机智。此外，通过播放模拟课堂的录像，可以实现平行班之间的教学互评，更好地对比同一教学内容的不同处理方式。同时，同学之间的监督作用也督促学生认真对待模拟课堂，充分利用每一次上台展示的机会。

最后，监督学生强化教学反思。与重视模拟课堂不同，教学反思一直被教学类相关课程的教师忽视。模拟课堂教学录像的方法可以更好地帮助主讲学生进行教学反思，教师虽然会在模拟课堂之后针对教学进行简要点评，但点评一般都是概括式的，学生通过观看自己的教学录像，可以关注到仪态不自然、口头禅等具体问题，实现自我监控和反思。

总之，教学中我们主张先理论后实践，理论指导实践；先实践后观摩，避免先入为主；实践过程有互动，实践之后有反思；观摩过程有反思，观摩之后有评价；把讲课、录课、观课、评课有机统一起来。

（二）教学设计示例

此处以语音教学为例，进行简单的教学设计示例：

“语音教学方法及技巧”一节分 3 课时进行，其中利用教学资源的理论知识讲授 1 个课时，实践 2 个课时。

首先，带领学生复习汉语普通话语音的主要理论知识，依次分析声韵调的教学方法和技巧，并结合留学生语音库中的录音听辨练习归纳特定国别的常见语音问题。此外，介绍三种常见语音教学模式，语音为主、语流为主和语音语流相结合。学生分组讨论选择哪种方式进行语音教学。布置本次教学实践内容。

其次，指定小组进行语音教学的模拟课堂展示，展示过程中其他同学积极参与，教师参与互动并进行录像。展示结束后先请班级其他同学进行点评和主讲学生自评，随后教师总结点评。观摩面向零起点学生的语音教学示范课程视频，并组织学生对示范课程进行点评与学习。

最后，特定小组进行同一内容的第二次模拟课堂展示，并提交教学反思材料。随后，观看其他班级的模拟课堂教学录像，组织学生进行点评和学习。

结　语

鉴于本校的汉语国际教育教学类课程教学中存在诸多的问

题，本文提出充分利用各种教学资源、增加学生实践机会、增加学生参与互动和强化学生教学反思等手段对教学类相关课程的教学设计进行简单调整，以求顺应汉语国际教育事业对“应用型”人才的需求，顺利实现汉语国际教育专业学生从“课堂”到“讲台”的顺利转变。

参考文献

陈向明. 实践性知识：教师专业发展的知识基础［J］. 北京大学教育评论，2003（1）：104－112.

陈向明. 教师实践性知识研究的知识论基础［J］. 教育学报，2009（2）：47－55＋129.

江新，郝丽霞. 对外汉语教师实践性知识的个案研究［J］. 世界汉语教学，2010（3）：394－404.

江新，郝丽霞. 新手和熟手对外汉语教师实践性知识的研究［J］. 语言教学与研究，2011（2）：1－8.

倪嘉，刘思辰. 汉语国际教育本科专业教学类课程改革研究［J］. 江西科技师范大学学报，2019（5）：116－121＋98.

孙德坤. 教师认知研究与教师发展［J］. 世界汉语教学，2008（3）：74－86＋3.

徐子亮. 汉语国际教育本科核心课程的实践性知识学习探究——以对外汉语教学法课程为例［J］. 云南师范大学学报（对外汉语教学与研究版），2016（3）：17－21.

姚美美. 对外汉语新手教师课堂管理实践性知识研究［D］. 北京外国语大学硕士学位论文，2014.

作者简介

屈梅娟，女，1985 年出生，讲师，北京外国语大学博士生。主要研究方向：语料库语言学、汉语国际教育。

伟大建党精神融入中国近现代史纲要课的价值维度与实践探索*

冉　欢

（四川外国语大学马克思主义学院 重庆 400031）

摘　要：思想源于历史的起点，伟大建党精神在中华民族优秀传统文化中孕育，在马克思主义的广泛传播中萌发，在中国共产党的建党实践中出场，是中国共产党百年奋斗的精神动力，是思政课教学的优质理论资源。将伟大建党精神融入中国近代史纲要课有利于培养学生的求真、担当、无畏和奉献精神。而推动伟大建党精神融入该课，要找准教材结合点，实现精准融入；优化教学方式，实现科学融入；借助现代化载体，实现创新融入。

关键词：伟大建党精神　中国近现代史纲要　价值维度　实践探索

在庆祝中国共产党成立100周年大会上，习近平总书记首次提出“坚持真理、坚守理想，践行初心、担当使命，不怕牺牲、英勇斗争，对党忠诚、不负人民”的伟大建党精神。伟大建党精神是中国共产党的精神之源，具有极强的思想政治教育价值。中

* 本文系2022年四川外国语大学教学改革研究项目“伟大建党精神融入高校思政课路径研究”（JY2296250）、2020年四川外国语大学教学改革研究“三进”专项项目“《习近平谈治国理政》中文版‘三进’探索与实践”、2019年四川外国语大学在线开放课程“中国近现代史纲要”的阶段性成果。

国近现代史纲要（以下简称纲要课）是一门以中国近现代历史为主要内容的思想政治理论课，将伟大建党精神融入纲要课有助于青年学生进一步理解历史和人民作出“四个选择”的必然性和科学性，对纲要课教学效果的提升起着重要作用。

一、准确把握伟大建党精神的生成逻辑

伟大建党精神作为中国共产党的精神之源，有着清晰的生成逻辑：它在中华民族优秀传统文化中孕育，在马克思主义的广泛传播中萌发，在中国共产党的建党实践中出场。

（一）在中华民族优秀传统文化中孕育

中华优秀传统文化是中国人的精神脊梁，也是伟大建党精神孕育生成的文化沃土。有着五千多年历史的中华民族在发展过程中曾遭遇过无数磨难与挫折，在一次次的斗争实践中我们形成了厚重的文明底蕴。伟大建党精神的孕育生成离不开中华优秀传统文化的滋养，其中“坚持真理、坚守理想”的求真精神与中华民族追求“大道之行也，天下为公”的“大同”理想社会相契合。“践行初心、担当使命”的担当精神与中华民族“亦余心之所善兮，虽九死其犹未悔”的担当品质相一致。“不怕牺牲、英勇斗争”的无畏精神与“黄沙百战穿金甲，不破楼兰终不还”的爱国报国之志相统一。事实上，百年前中国共产党人齐聚上海创建党组织的根本目的是救亡图存、改变中国危机四伏的命运，其内蕴含深厚的爱国主义情怀。“对党忠诚、不负人民”的奉献精神与“民者，万世之本也”的人民至上追求相一致。可见，伟大建党精神与中华文化基因一脉相承，中华优秀传统文化是中国共产党发展壮大的精神密码。

（二）在马克思主义的广泛传播中萌发

“一个国家实行什么样的主义，关键要看这个主义能否解决这个国家面临的历史性课题。”① 鸦片战争后，半殖民地半封建中国在西方列强的侵略下陷入前所未有的民族危机，亡国灭种的阴影笼罩在中国人的心头，救亡图存成为时代主旋律。无数仁人志士为救亡图存上下求索，大量学说先后被引入中国，但实践最终证明这些学说无法改变中国危机四伏的命运。俄国十月革命的成功，让一部分先进分子看到了中国新的出路，他们率先接受了马克思主义，实现了由“学英美”到“师苏俄”的转变。巴黎和会外交失败后，大量对资本主义学说失望透顶的先进分子们发生思想上的转变，将学习的目标转向社会主义，并从社会主义学说中选择了马克思主义，马克思主义得到广泛传播。在马克思主义真理与中国工人运动实践相结合的过程中，中国共产党诞生了。马克思主义是中国共产党的思想灵魂，更是伟大建党精神的理论之源，伟大建党精神体现着马克思主义的理论特质。

（三）在中国共产党的建党实践中出场

依据社会存在决定社会意识的唯物主义原理，伟大建党精神作为中国共产党的精神之源，属于社会意识范畴，是伟大建党实践的精神产物。鸦片战争战败后，“国家蒙辱、人民蒙难、文明蒙尘，中华民族遭受了前所未有的劫难”②。莽莽神州，路在何处？在救亡图存的社会背景下，社会各阶级纷纷进行探索，从农民阶级发起的太平天国运动到地主阶级洋务派发起的洋务运动，

① 习近平：《习近平谈治国理政》（第一卷），北京：外文出版社，2018 年，第 22 页。

② 习近平：《在庆祝中国共产党成立 100 周年大会上的讲话》，北京：人民出版社，2021 年，第 2 页。

从资产阶级维新派发起的戊戌维新运动到革命派发起的辛亥革命，各种救国方案层出不穷，但都以失败告终。在民族危亡关头，我们迫切需要找到新思想以指导行动、建立新组织以开展活动。在马克思主义的广泛传播下，在北京、上海等地中国共产党早期组织的活动下，中国共产党的革命先驱们进行了建党实践活动。中国共产党人的建党实践是追求理想信念的实践，是担当民族复兴的实践，是不畏流血牺牲的实践，是深切爱国爱民的实践。从这个意义上讲，伟大建党精神源于伟大建党实践，并与中国共产党的发展壮大相依相伴。

二、伟大建党精神融入纲要课的价值维度

铸魂育人是纲要课的根本教学任务，伟大建党精神是铸魂育人的重要资源，推动伟大建党精神融入纲要课，有利于培养学生的求真精神、担当精神、无畏精神、奉献精神，进而培养出德才兼备之人。

（一）有利于培养学生“坚持真理、坚守理想”的求真精神

理想信念是人们在实践过程中对美好未来的设想，并在一定认识基础上确立了对某种思想或事物坚定不移且身体力行的态度。马克思主义哲学科学论证了意识具有反作用。理想信念作为人的意识，是人们前进的动力，是社会发展的中坚力量，是国家和民族振兴的巨大支柱。在中国革命、建设和改革进程中，马克思主义信仰和共产主义理想如灯塔照亮着中国前进的道路，使人民顽强地反抗着命运、走向黎明，实现了从站起来、富起来到强起来的飞跃。青年学生引领社会的新思想、新技术，推动着社会主义建设，是创造未来的中坚力量。青年担负着社会、国家的希

望，他们的价值选择和判断决定着自己的人生道路，也影响着国家未来的方向。因此，推动青年学生坚定理想信念是我们的重要任务。伟大建党精神体现着共产党人对理想信念的坚守，具有重要的理想信念教育价值，将其有效融入纲要课教学，有助于培养青年学生的求真精神，并为理想信念的实现矢志不渝地奋斗。

（二）有利于培养学生“践行初心、担当使命”的担当精神

中国共产党的初心和使命是为中国人民谋幸福、为中华民族谋复兴。百年党史是为民造福史，也是民族复兴史。在 1921—1949 年间，中国共产党团结带领人民艰辛奋斗，推翻“三座大山”的沉重压迫，新中国的成立为人民的幸福生活和民族的复兴创造了前提条件。在 1949—1978 年，中国共产党团结带领人民砥砺奋斗，在建设社会主义道路上取得诸多成就，为人民的幸福生活和民族的复兴提供了根本制度保障。在 1978—2012 年，中国共产党坚守不畏艰险、敢闯敢试、敢为人先的理念，取得改革开放和现代化建设巨大进展，为中国特色社会主义推进到新的发展阶段提供了体制保障和物质保证。在中国特色社会主义新时代，中国共产党团结带领人民接续奋斗，为人民的幸福生活和民族的复兴提供了更坚实的制度和物质保障。初心易得，始终难守。在新征程上，作为民族复兴重任的承担者，青年学生要在对伟大建党精神的学习中坚守初心、强化使命担当，深刻认识新矛盾新挑战，勇于奋斗、敢于胜利。

（三）有利于培养学生“不怕牺牲、英勇斗争”的无畏精神

中国共产党的历史是一部处处体现着敢于斗争的历史，是一部抛头颅、洒热血的历史，“不怕牺牲、英勇斗争”的无畏精神

贯穿于中国共产党人奋斗历程的始终。新民主主义革命时期，面对“三座大山”的压迫，无论是作为中国共产党创始人之一的李大钊同志，或是在黑山白水的密林之中坚持近十年时间的杨靖宇同志，都为革命的胜利战斗到生命的最后一刻。社会主义革命和建设时期、改革开放和社会主义现代化建设新时期，中国共产党人越是艰险越向前，毛岸英、黄继光、杨根思等共产党人为了保卫和平的正义事业英勇牺牲，雷锋、王进喜、邓稼先、孙家栋、杨利伟等共产党人为中国的建设事业砥砺奋斗。中国特色社会主义进入新时代以后，面对新冠肺炎疫情暴发，医护人员、志愿者、解放军战士等毅然逆行；面对脱贫攻坚战，李保国、张桂梅、黄文秀等共产党员攻坚克难、不负人民。将这些真实事例融入纲要课，有利于从意志上锤炼师生的风骨品质，勉励青年学生积极为社会、为国家、为民族作出贡献。

（四）有利于培养学生“对党忠诚、不负人民”的奉献精神

中国共产党诞生于危机四伏的至暗时刻，是中国先进分子探索救亡图存之路的产物。伟大建党精神内蕴爱党爱民、甘于奉献的优良品质。对党忠诚“一是指忠诚于党的性质和宗旨；二是指忠诚于党的最高奋斗目标和党在每一历史阶段的奋斗目标；三是指必须遵守党的纪律，保守党的秘密，随时准备为党和人民的利益牺牲自己的一切，永不叛党”[①]。不负人民就是尊重人民群众的主体地位，保持同人民群众的血肉联系，全心全意为人民服务。青年作为时代的新生力量，作为时代的建造者，其价值判断与选择影响着国家未来的发展方向。当代青年普遍具备爱党爱民

① 仝华：《对党忠诚、不负人民是伟大建党精神之根》，载《思想教育研究》，2021年第7期，第21页。

的责任感和奉献精神，但面对各种文化的冲击，也有少数青年的理想信念缺失、责任感缺乏、价值观混乱。大学生正处于积极向党组织靠拢的关键时期，纲要课要抓住这一关键时机，弘扬“对党忠诚、不负人民”的奉献精神，勉励青年把人生理想融入党和人民事业之中，志存高远、不忘初心、砥砺奋进。

三、伟大建党精神融入纲要课的实践探索

探索伟大建党精神融入纲要课的实践路径，要从找准教材结合点、优化教学方式、借助现代化载体等方面着手，实现精准融入、科学融入、创新融入，进而增强纲要课的教学实效性。

（一）找准教材结合点，实现精准融入

伟大建党精神孕育、产生和发展于中国近现代历史之中，认识和弘扬伟大建党精神要找准其与教材内容的结合点。在讲授第一至三章时，首先要肯定其他阶级为挽救民族危亡所付出的努力，前人的探索是伟大建党精神孕育产生的重要基础。此外，要引导学生在总结前人失败教训基础上，理解中国共产党作出正确选择的过程是艰难而伟大的。在讲授第四至六章时，重点引导学生理解伟大建党精神是引领中国革命走向胜利的精神支柱。“坚持真理、坚守理想”的求真精神指引着中国共产党人结合中国实际探索出农村包围城市、武装夺取政权的新道路。“践行初心、担当使命”的担当精神指引着中国共产党人率先举起武装抗日的旗帜。“不怕牺牲、英勇斗争”的无畏精神指引着中国共产党人奔赴前线，一次又一次改变战争局势。“对党忠诚、不负人民”的奉献精神指引着中国共产党人最终赢得中国革命的胜利。在讲授第七至十章时，重点引导学生理解伟大建党精神对于实现中华民族伟大复兴目标的重大意义。在伟大建党精神的指引下，我们

取得社会主义革命和建设的伟大成就、改革开放和社会主义现代化建设的伟大成就、新时代中国特色社会主义的伟大成就。

（二）优化教学方式，实现科学融入

对于自我意识突出、求知欲强的青年学生而言，枯燥的说教式、灌输式方法并不受欢迎，难以取得良好的教学回应与反馈。因而在教学方式选用上，要坚持主导性与主体性相统一原则，发挥好教师和学生的作用，提升纲要课的教学实效性。可以采用理论阐释法，深入阐释伟大建党精神的生成逻辑、深刻内涵和时代价值，讲清楚伟大建党精神“是什么”，以及“为什么”，要将其融入纲要课。可以采用英模教育法，英雄模范的先进事迹和感人故事是鲜活的育人资源，讲好英模故事既要选取好人物，更要突出人物品格，以榜样的力量教育人、引导人。可以采用情景再现法，通过学生扮演再现“首译宣言、传播真理”“一大首聚、开天辟地”等建党往事，有利于将抽象的内容形象化，便于学生理解认同。可以采用红色诵读法，中国共产党人的理论著作、家书信件等是伟大建党精神的重要载体，通过诵读法，学生可以感悟建党精神、增强意志品质。可以采用讨论教育法，针对伟大建党精神弘扬过程中的焦点问题或争议事件，进行讨论辨析，引导学生在甄别信息、交流讨论之中形成正确观点、树立正确意识。

（三）借助现代化载体，实现创新融入

随着互联网的深入发展，现代化载体重塑了社会传播结构，使得人们的学习、交流和思维方式发生重大变革。在信息化时代的背景下，网站、微博、微信等新兴现代化载体丰富的内容和个性化、碎片化的学习方式，适应了当代青年学生随性、自由的特性，相比传统载体，更受青年学生期待和喜欢。因此，要充分借助现代载体覆盖面广、传播速度快、传播方式形象生动的特点，

让互联网成为宣传和弘扬伟大建党精神的重要阵地。例如，以VR技术为支撑，打造伟大建党精神线上展馆，再现中国共产党的百年奋斗史，增强教学感染力；建设伟大建党精神专题学习网站，发布同伟大建党精神相关的学习课件、学习资料、音频、视频等，供学生在客户端上查找资料、自主学习；开通伟大建党精神的相关官方微博、微信公众号、抖音账号等，定期推送文章、视频，与受众开展交流互动。总之，在互联网时代，要守好网络思想文化阵地，借助现代信息技术传递主流价值，传承好、弘扬好伟大建党精神。

四、结语

伟大建党精神影响着中华民族的过去、现在和未来，跨越时空、历久弥新。青年学生作为社会主义的接班人，是创造未来的中坚力量，当代青年学生的成长发展目标实质同“两个一百年”奋斗目标相符合。在实现“第二个百年”奋斗目标的关键时刻，推动伟大建党精神融入纲要课教学，有助于推动青年学生坚定理想信念、强化使命担当、锤炼风骨品质、深切爱党爱民，成长为民族复兴重任的光荣承担者。

参考文献

白显良．基于四重逻辑深刻把握中国共产党伟大建党精神［J］．学校党建与思想教育，2021（13）：9－14．

代玉启．中国共产党伟大建党精神的三重逻辑［J］．求索，2021（5）：33－41．

蒲清平，何丽玲．伟大建党精神的内涵特征、时代价值与弘扬路径［J］．重庆大学学报（社会科学版），2022，28（1）：12－22．

齐卫平．把握伟大建党精神的深刻内涵和深远意蕴［J］．前线，

2021（8）：22－26.
习近平．在庆祝中国共产党成立100周年大会上的讲话［N］．人民日报，2021－07－02.
赵凤欣，忻平．建党精神的生成逻辑与时代意蕴［J］．思想理论教育，2021（4）：27－34.

作者简介

冉欢，女，1995年生，硕士，助教。主要研究方向：思想政治教育。

线上社会实践类课程教育传播设计探析*

——以广告策划课程教学设计为例

宋　瑾

（四川外国语大学新闻传播学院 重庆 400031）

摘　要：本文结合社会实践类课程《广告策划》的实际，从教育传播的六个阶段：确定教育传播信息、选择教育传播媒体、通道传送、接收与解释、评价与反馈、调整再传送的角度探讨了线上社会实践类课程教学设计，以提升教育传播的效果。

关键词：特殊时期　教育传播　教学设计

教育传播是传播的一种基本形式，其传播的主要内容是教学信息。教育传播涉及的要素包括传播的发起者（一般是教师）、接收者（通常是学生）、教育信息、教育路径和教育环境，每个要素都有可能对教育传播的效果产生影响。自 2020 年开始教育环境发生了很大改变，社会实践占比较大的课程尤其受到直接影响，许多线下实践活动无法开展，教育传播的效果大打折扣。究其原因，是在其他要素不变的情况下传统教育路径受阻，在特殊时期应寻找新的路径来使教育传播的效果最大化。以下笔者将以自己负责的广告策划课程的教学设计为例来探索在特殊时期提升

* 本文系国家级一流本科课程社会实践类课程广告策划（2020150153）课程建设成果。

教育传播效果的有效路径。

教育传播分为六个阶段：确定教育传播信息、选择教育传播媒体、通道传送、接收与解释、评价与反馈、调整再传送。[①] 教育传播通过有意图地影响学生而收到成效，但在整个传播的过程中有许多干扰因素会影响最后的传播效果。作为社会实践类一流课程，广告策划需要学生用 70%左右的时间进行社会实践，来对习得的广告策划的基础理论加以验证和应用。特殊时期需要传播的教育信息不变，但传播媒介有可能发生改变。原有的实践一般通过走访公司、参观创业基地、进入商圈实战等形式实现，但疫情出现后，各单位相对封闭，集中走访实现难度较大，学生集体出行基本也不太可能，甚至业界导师进课堂也得不到保证。在这样的情况下，课程教学设计必须进行相应的调整。

加涅认为，“虽然大量信息是作为正规学校教学的一种结果习得的并被储存在记忆中，但仍有大量的信息是在校外由搜索互联网、阅读书籍以及通过广播、电视而获得的”[②]。这也使得本课程的教学设计有了调整的可能。在现在这个互联网已然得到广泛应用的时代，社会实践也不应仅仅局限于线下的社会活动，更应包含大量的线上互动与学习。疫情使社会有机体互动大量减少，更多网络资源涌现，人们在网络中的虚拟互动量也比之前有了明显的增加，从信息获取情况来看，线上实践的信息丰富度与总量都远远超过线下实践时期。选择互联网这一通道进行社会实践经验的传递是否可行？通过简单地对信息接收的过程进行解释，结合老师们的评价与学生们的反馈，我们可以看到如何更好地借助这一通道提升教育传播的效率。

---

① 张剑：《现代教育技术——理论与应用》. 北京：高等教育出版社，2003 年，第 59 页。

② R. M. 加涅等：《教学设计原理》，王小明，等译，上海：华东师范大学出版社，2007 年，第 78 页。

一、线上社会实践的优势

（一）线上实践指导的互动便捷性

任何教育的本质都是为了帮助学生解决实际问题，因此在教学中需要注重教与学的双向互动，较为理想的状态是教师根据学生不同的学习特征、年龄、性别、社会出身、个人能力等，来安排不同的教育内容、采取各种可能的有效的组织形式和方法。但这样的状态在线下较难实现，在线上的小组指导中则有可能出现，虽然为了增强学生的团队合作能力，一般都要求小组协作，并不能完全达成一对一的指导，但一个导师指导 3～5 个学生的师生比已经是难能可贵了。通过 QQ 群、微信群、腾讯会议等多样化的连接平台实现的在线指导有可能促进团队成员之间及学生与导师之间的密切关系，高度的灵活性、便利性以及新的技术手段则有利于提高师生交流质量，但当然前提是有良好的教学实践指导和良好的教学设计。

（二）线上实践资源的实用性

线上实践给学生提供了多种数字资源包括与其他从业者讨论的机会；线上指导可回放、可选择、可同时收看，线上讲座清晰度高；基于互联网的教育实践与技术密切相关，但同时学校教育又提供了认识新技术的洞察力与经验。就广告策划的实务操作而言，现在大量业务都在线进行，如病毒营销、抖音直播、微博话题等；而之前线下教学实践课程做的很多项目都是针对在线执行而设计，所以当课堂从线下搬到线上，讨论的实质内容并没有很大差异，却节约了大量的人力和物力。例如日本电通与中国教育部合作 20 周年时做了一个工作坊，广告系的同学可以派出代表在线参加，全班同学都可以在线围观，学习的普及面大大增加。以往只能派出 3～4 位同学作为代表赴外地参加活动，其他同学则没有了接触可能，线上资源给学生们提供了平等接触信息的可能。同样的，通过与同行的信息互通，以前专属于某些学校的实践资源转移到线上后，更多学校的学生有可能接触更丰富的信息，如我系学生在线围观了中国传媒大学广告系的专家进课堂活动，受益良多。

（三）线上实践资源的多样性

由于地域和经费限制，本系以往线下实践活动基本在重庆市内进行，时间和场地限制使学生们无法充分与导师交流，常有遗憾。从广告实际执业水平来看，目前重庆地区与北上广地区还存在一定差距。线上实践使学生有机会接触到一线公司的实际操作指导，他们理念上更为先进，更能触动学生；此外时间的灵活性也有可能让线上交流更充分，让学生有机会接触到更为多元化的信息。维特罗克的学习生成模型认为学习者对当前环境中的感觉信息会选择性注意，并利用原有认知结构完成对该信息的意义建构，从而获得新知识和新经验。① 但这个模型成立的前提是学生要对此信息感兴趣，而新的有趣的主题总是更能吸引学生。我们邀请了网络红人孵化公司的首席执行官（CEO）来和学生们谈“网红”的打造，学生反应极为积极。香港贸易与发展局的在线展览，包括艺术设计和玩具展等十几个展会，我们给愿意云参展的同学基本都提供了入场机会，这在之前几乎是不可能的。

（四）线上实践的有效性

对学生来说，以往线下实习期间，大部分时间也通过旁观得

① 何克抗：《教育技术学》，北京：北京师范大学出版社，2009 年，第 107 页。

到学习经验。遭遇疫情的这届广告系的同学在疫情期间参加的数字论坛、数字展览的次数远远高过之前历届学生。年轻的大学生们习惯并热爱使用数字资源，互联网使得跨越地区和文化差异的兴趣趋同成为可能，而兴趣正是最好的老师。学生们喜欢从做中学，例如在策划在线方案的时候发现自己需要掌握一些新的技术或语言，他们就会利用数字资源主动补足弱项，并能将习得的成果应用在之后的方案中。线上实践可以配合各种多媒体资源，更能吸引学生眼球。如果学生对艺术设计感兴趣，就可以从导师分享的资源去参观从白宫图书馆到世界各大著名博物馆的数字资源，而这些资源在疫情期间的开放度远甚于平时，并且提供多种多样的交互方式，愿意学习的学生理论上可以获得近乎无限的资源。

当然，线上实践虽然看上去方便易行，有诸多好处，但结合老师的观察和同学的反馈，也明显存在一些不足，尤其需要注重调整和设计，以保证教育传播的效果。

二、线上社会实践的不足

在线社会实践的不足主要表现在以下几个方面：

（一）教育的相对独立性

教育设施、教育的原则和方法都要受到受教育者的身心发展规律的制约，线上教育传播的效果会受各种干扰因素影响，如学生长期在线学习会产生疲惫感，注意力难以集中；网络传输不稳定有可能产生传受双方不同步的情况；有的导师不愿意出镜，学生长期面对 PPT 很难产生代入感，如果学生自制力差，又处于无人监督状态，则容易转向娱乐，再好的资源也会白费。线下实践时教师可以通过提醒学生加以引导，但在线教学则无计可施。

亨达森的发达促进理论也认为在学生接触到更多的信息的同时，需要教师的现场指导才能帮助学生真正掌握新的知识或技能。

（二）学生能力的相对有限性

学生对数字资源的批判吸收能力比较有限，由于引入了多种境外资源，存在一定不可控的风险，需要有教师的监督和指导。就广告业而言，部分西方国家或地区的广告业较为发达，常常有全裸出镜的广告，业界导师也习以为常，不觉有异。但对学生而言确实有可能出现注意力转移的问题。建构主义学习理论认为新的信息要与学生原来已知的信息建立关联才能更好地被接受。多样化的数字资源既能启发学生，也有可能使其产生认知混乱，需要教师进行引导和辅助。

（三）在线实践监督的相对受限性

在线实践的各种监督手段下都存在作弊的可能，部分学生缺乏学习的主动性，存在利用技术手段偷懒等问题，如代打卡、开机不上课、IP 在线人不在场等。技术只能辅助信息实现更好的传递，但并不能优化接收者的行为，还需要更多的人为干预。

三、提升教育传播效果的对策

为了最大限度地保证数字资源的充分接收和使用，我们采取了线上实践与线下集中相结合的模式，通过学生身体的“在场”实现注意力的“在场”。主要采取了以下几种举措：

（一）提前告知在线实践目标，建立适当的预期

作为一门强调创新和发散思维的课程，广告策划非常重视小组协同学习的形式。通过线下小组讨论和集中参与的形式，既能

较好地规避学生缺席或逃课的情况，同时通过相对固定的小组来由小组成员互相监督，也便于协作完成后续工作。广告策划课程的期末评价是以小组为基础的，这使得学生从挑选组员开始就尤为慎重。

（二）通过安排多种课后练习以促进对线上资源的提取和迁移

学生通过直接操作软件获得直接经验印象更为深刻，因此在可能的情况下要召集线下的集中实习以补充线上教育的不足。例如广告系积极应用学院开发的虚拟仿真数字系统（adxfsy. sisu. edu. cn）进行广告课程的实验教学，以游戏场景构建虚拟的社会实践场景，KR 反馈（Knowledge of Results）通过游戏能否通关表现出来，通过模拟实践让学生体会广告合法合规的重要性，并用一种特别的形式将教师对学生学习情况的评估反馈给学生。

（三）教师需要始终坚持与学生一起完成在线实践

不管是云展览还是数字论坛，教师要注意对现场的把控，指导学生学会批判性地使用数字资源。就在线社会实践而言，变换的不过是教育信息传递的形式，信息本身是有意义的，因此要更好地提高教育资源的利用率。指导教师本人要积极参与各种在线实践，以便为学生争取更多的实践机会。同时教师的学习也能实现以学促教，共同进步，如广告策划课题组多位教师进入了东风大数据中心的专家库，参与了多场招标评标会议，对从甲方的视角来评价广告策划的优劣有了更多的体会，教学的针对性和实用性亦随之增加。

（四）以赛促学

部分学生的学习功利性较强，因此广告策划课程从教学设计之初就制定了“以赛促学”的思路，所有小组在进行了各种社会实践后都要完成最后的项目实践，即参加全国大学生广告艺术节的比赛，比赛成绩将直接影响小组最后的得分。有任务在身，学生对在线实践和学习的重视度会有一定程度的提升；而这种通过合作实现的体验式学习能让学生更好地将所学的知识融会贯通。根据戴尔的经验之塔理论，学生在积累了直接的有目的的经验和进行设计的经验后，能够更好地理解相关理论，也能更有效地学习。但整个过程中更需要学生学习和认知的是，虽然有海量的数字资源，但机器在创新设计方面还是不如人类，正说明了培养创新思维和批判性思维的重要性，也说明了综合学习的意义所在，为学生后续学习其他课程树立信心。

总之，所有的教学设计都是为了提高教育传播的效果服务的，线上实践还是线下实践形式本身并不特别重要，关键是实践教学能取得效果。因此必须注重教学的灵活性，特殊时期尤其如此。当学生自主学习的机会明显增多，学校便开始扮演提供学习资源和教学支持服务的学习中心的角色，这就需要我们的教学系统把信息资源、工具、情境、教学、管理等资源和功能综合在一个系统环境中，通过各方面要素的优化配合达到教学传播效果的提升。疫情是特殊时期，但在这个时期过去之后，相信线上的社会实践仍然将是本门课程教学设计的一个重要板块。

参考文献

程智．教师专业发展与现代教育技术［M］．广州：暨南大学出版社，2007．

高蕴琦，教育传播学［M］．上海：上海教育出版社，1992．

何克抗．教育技术学［M］．北京：北京师范大学出版集团，2009．

雷蒙德·艾伦·蒙罗，卡洛斯·阿尔伯特·托雷斯．社会理论与教育：社会与文化再生产理论批判［M］．宇文利，译．上海：

上海人民出版社，2012.
南国农. 教育传播学［M］. 北京：高等教育出版社，2005.
R. M. 加涅等. 教学设计原理［M］. 王小明，等译. 上海：华东师范大学出版社，2007.
张剑平. 现代教育技术——理论与应用［M］. 北京：高等教育出版社，2003.

作者简介

宋瑾，女，1976 年生，博士，副教授。主要研究方向：新媒介研究、广告策划。

能力导向下的“《习近平谈治国理政》西班牙语专题笔译”课程建设思考*

童亚星　王　田

（四川外国语大学　西方语言文化学院 重庆 400031）

摘　要：“《习近平谈治国理政》西班牙语专题笔译”课程比传统翻译课具有更专向的翻译培养目标，受众情况也有别于其他专业课程，故本课程不宜采用传统的结果导向模式，而应更关注学生的综合翻译能力。本文以四川外国语大学西班牙语专业的教改实践为基础，突出任务覆盖和思政创新，反思成效与不足，旨在为本门课程的建设提出可行思路。

关键词：《习近平谈治国理政》　西班牙语　翻译　能力导向

当前，我国综合国力与国际地位得到了前所未有的提升，进行国家对外话语体系建设和国际传播能力建设，培养优秀的对外宣传翻译人才至关重要。能力导向下的翻译教学思路与国家对外语人才培养的定位相契合：《普通高等学校本科专业类教学质量国家标准》对外国语言文学类的教学提出了明确要求，即融合语言学习与知识学习，以能力培养为导向，重视语言运用能力、跨

* 本文系重庆市高等教育教学改革研究“能力导向下的‘《习近平谈治国理政》专题笔译’课程建设”（213222）的阶段性成果。

文化能力、思辨能力和自主学习能力的培养。① 可见新文科背景下的外语教学有了更明确的能力衡量标准，翻译课程也有了更清晰的教学方向。

一、课程概况

（一）课程目标和要求

“《习近平谈治国理政》西班牙语专题笔译”是“《习近平谈治国理政》多语种版本进校园、进教材、进课堂”试点课程之一，旨在培养讲好中国故事、传播好中国声音的高级翻译人才。这一背景决定了本课程比普通笔译课程对学生的要求更高，具体表现为：

（1）对思想站位要求更高。本课程将习近平治国理政思想融入翻译教学，引导学生建立“把中国介绍给世界”的话语体系和知识体系，了解外宣翻译与一般翻译的区别，提升学生“讲好中国故事”的本领。学生既需要扮演好传统翻译活动中的“隐身者”，又要发挥主体作用，以崇高的爱国热情和强烈的使命感完成翻译任务。

（2）对语言能力要求更高。本课程涉及的翻译类型主要为汉西翻译，扎实的双语功底是重要基础。同时，本课程的翻译材料以时政文献为主，具有独特的语言特征和话语功能，其译文直接影响到国际社会对中国的了解程度。若语言基本功不够扎实，则会让翻译技巧停留在“纸上谈兵”的阶段，而通过外宣翻译助力打造国家“软实力”也将成为“空中楼阁”。

（3）对综合素养要求更高。本课程涉及的语料包罗万象，囊

① 教育部高等学校教学指导委员会：《普通高等学校本科专业类教学质量国家标准：上》，北京：高等教育出版社，2018 年，第 94—95 页。

括了中国政治、历史、文化和社会民生等，学生必须成为“杂家”，深刻理解原文，方可着手翻译。这一过程除了要求学生保持严谨的治学态度和良好的翻译操守，也要求学生培养文字审美能力、跨文化交际能力、资料查找能力、团队合作能力等。

因此，本课程的建设不仅在于做好专业层面的教学设计，也需要激发学生学习的“内驱力”，带领他们完成从象牙塔到国际舞台所扮演的不同角色的能力提升。

（二）学情分析

本课程采用小班授课模式，从每届学生中选拔出 15 名组成试点班。此举有利于因材施教、拉近师生距离、实施探究性学习等。目前已有的 2017 级和 2018 级两届试点班学生总体呈现如下特征：

（1）思想基础坚实。试点班授课对象选拔的第一步是自愿报名。主动报名的学生往往怀抱着为祖国外宣翻译事业贡献力量的崇高理想，具备爱党爱国的坚定政治站位，也对本门课程所涉及的翻译职业知识、国际传播能力培养和国家认同、人文底蕴、科学精神等多方面素养的价值体系有较高的认同度。

（2）学习能力优秀。选拔测试内容的难度和广度都超过了平时考试，能从一定程度上确保选出的学生具有更好的知识储备和学习能力，有潜力完成难度更大、涉及知识面更广的外宣翻译学习。

（3）翻译理论和实践能力尚待加强。本课程的教学对象是大四第一学期的学生，他们往往尚未系统学习翻译知识，因此，陡然面对外宣翻译内容，缺乏一定的课程铺垫和原则指导，也没有足够丰富的翻译实践经历，对“翻译”的认识相对狭隘，容易产生畏难情绪。

二、课程目标达成难点——学生翻译能力的培养

翻译能力概念的发展有一个渐进演变过程。一直以来，理论界对“翻译能力”（translation competence）的概念做出了诸多诠释，但鲜有将其局限在“熟知两门语言”的范畴内，而往往会从不同侧面、不同程度强调综合知识、语际语用能力等。肖维青等认为，如今国内外对翻译能力的内涵已基本达成共识，尤以西班牙翻译能力习得与评估过程小组（Process in the Acquisition of Translation Competence and Evaluation research group）的多元素翻译能力模式得到认同较多。本文参考其分类，认为翻译能力主要体现为以下六项子能力：双语子能力（bilingual sub-competence），如语法知识等；翻译策略子能力（strategic sub-competence），如计划并实施翻译任务、识别翻译问题并设法解决等；非语言子能力（extra-linguistic sub-competence），如各领域专业知识等；翻译专业知识子能力（knowledge about translation sub-competence），如对翻译过程、职业译员的相关认识等；工具利用及信息搜索子能力（instrumental sub-competence），如词典、搜索引擎等的使用；生理心理素质（psycho physiological components），如记忆力、批判精神、逻辑推理能力等。所有子能力组成一个有机关联的整体，相互制约和促进，具有动态性和整合性。

然而，在结果导向的传统型翻译教学中，学生对“正确”译文的关注相对更容易促成双语子能力和翻译策略子能力的一定提升，而上述其他能力则往往被忽略甚至被轻视。而一份合格的时政语篇译文需要译者在充分了解国情民情和文章背景等基础上，通过批判性思维，在一定的翻译理论指导下，运用不同的翻译策略进行翻译，并在这一过程中培养魄力、承担职责。

本课程培养学生上述翻译能力主要面临如下难点：

（1）学生学习目标不够清晰。试点班学生往往已具备了较为理想的双语能力，但相当一部分学生对学习的认知还停留在“多背单词”“分析语法”等层面，偏重“应试型”学习方式，对于扩充各领域专业知识、了解各国国情文化差异、提升中文表达能力等没有明确的学习目标，也缺乏学习动力。笔者对 2017 级学生的一个课堂调研显示，15 名学生中，9 名学生认为自己难以较好完成翻译任务的主要原因是“西班牙语语言理解/表达能力不足”。这一认知状况使学生难以实现“知识技能化”目标，直接影响到本课程的学习效果。

（2）学生翻译专业知识及综合技能局限。从 2017 级试点班学生学习情况来看，在上述六项翻译子能力中，大部分学生忽略了双语知识和翻译策略之外的能力，对于译者的基本道德规范、工具利用及信息搜索能力、生理心理素质等认识不足，而这些都是本课程应当带领学生发展的能力。

（3）教材急缺，备课、授课难度大。《习近平谈治国理政》文本翻译难度高、内容涵盖面广、语言表达形式多样，想要让学生在一学期内尽可能习得其中翻译精髓，需要教师本人的深入学习和教学上的精细构思。然而截至目前，本课程并无专门教材，教师不但需要在自身研读的基础上总结出适合翻译教学、兼顾培养学生各项翻译子能力的内容，也应充分考虑这些内容与课程思政的结合。此外，本书中涉及的时政、民生、社会热点等话题也在随着时代发展而变化，协调书本内容、教学内容与国内外时事热点也是一大难点。

三、课程建设特色

（一）任务覆盖：翻译能力全面发展

根据《普通高等学校本科外国语言文学类专业教学指南》，外语类专业学生应具有正确的世界观、人生观和价值观，良好的道德品质、家国情怀与国际视野、社会责任感、人文与科学素养以及合作与创新精神。这些培养目标与本课程的建设方向高度吻合。本课程旨在打破一直以来注重结果的传统翻译教学模式，采用能力导向模式，强调过程，注重各项翻译子能力的培养。课程不局限于常见的以翻译技巧、文体类型或文章内容来划分待译语料的方式，而是在每个单元分别设置基础教学目标和综合提升目标，通过布置学生搜集整理如“外宣中的人名译写”“生态文明关键词及其翻译”等语料，训练其双语能力和资料查找等能力。对于每个板块的练习，结合一定的翻译技巧或翻译理论，带领学生进行分析或评判，带动学生翻译策略能力、非语言能力等的提升。

本课程把对各项翻译子能力的培养设置重点分布在译前、译中和译后三个环节，贯穿于每个主题的翻译练习中。如表 1：

表 1　翻译子能力培养分布图

环节设置	能力培养	具体要求
译前准备	工具利用及信息搜索能力 非语言能力	1. 熟悉待译文本涉及的国情文化差异，具有跨文化意识 2. 借助网络、工具书等资料明确原文背景知识 3. 了解并初步掌握常见翻译软件

续表1

环节设置	能力培养	具体要求
翻译练习	双语能力 翻译策略能力	1. 合理运用不同翻译策略 2. 熟练运用各类资源查找翻译所需的具体表达 3. 判断不同文本的语言风格，使译文符合译入语表达习惯
译后总结	翻译专业知识子能力 生理心理素质	1. 尊重事实，谨慎判断，有良好的思辨能力 2. 熟悉并遵守译者的职业道德规范 3. 保持积极稳定的心理状态，严谨务实，不断进取

表 1 中的对应关系并非绝对化，以此为主要模式，可根据课程安排和任务设置灵活微调。

（二）思政创新：思想带动能力发展

本课程具有天然的课程思政元素。在深入挖掘《习近平谈治国理政》语料的基础上，利用“中国关键词”系列丛书、外交部网站等权威平台的中西文内容、“学习强国”App 的相关慕课等，进行教学资源整合，教学内容紧跟时代步伐。本课程的思政特色可以概括为：“三度”展开，全面育人。

（1）角度：结合《习近平谈治国理政》中不同主题的文章，从个人视角、家国视角、国际视角展开课程思政。个人视角包括价值观教育、职业素养教育等；家国视角包括爱国主义教育、文化认同教育等；而国际视角则体现在培养学生的国际视野、正确认识和对待国情文化差异等方面。三大视角相互配合，全方位地对学生进行能力和素养的综合提升。

（2）深度：深度挖掘隐性思政元素，从能力培养结构出发，观照现实问题和热点问题，把常规外语学习中的“听、说、读、写、译”转变为翻译课堂上的“读、写、思、辨/辩、创”，通过时事新闻阅读、优美西语译文段落朗读打卡、国际热点探讨、中国传统文化知识竞答等活动，引导学生去积累、思辨和表达。

（3）温度：教师做有“温度”的引路人，抓住新时代大学生的兴趣与学习特点，激发学生的求知欲和创新能力，践行“以情动人，以德服人”。例如，学习“坚定文化自信”相关内容时，教师用一首极具中国文化特色的流行音乐《敢》引入，歌曲来自在故宫博物院实地拍摄的纪录片《紫禁城》。教师在学生们欣赏优美乐曲、感受视觉震撼的同时，借由独特视角下的紫禁城，引出中国跌宕起伏的历史和璀璨的文明，引导学生建立高度的文化自信，充满热情地面对翻译任务。

四、成效与思考

经过两轮授课，能力导向下的《习近平谈治国理政》西班牙语专题笔译课程建设取得了一定成效。主要体现为：

（1）课程打破了“唯语言论”，不拘泥于技能练习，从相对单一的语言技巧类训练转向了关注综合素养的能力导向模式，引导学生树立了培养翻译综合能力的观念，再辅以对学生身心素质的关注，更好地为学生树立了解决问题的信心。

（2）通过译前、译中、译后三个环节的教学设置，囊括了形式丰富、针对性强的任务类型，有助于学生翻译能力的整体提升。

（3）通过显性和隐性思政元素的穿插，建立起了较为完整的课程思政体系。

因此，针对2018级试点班的课堂调研呈现出一些可喜的结果：有14名学生表示“强烈推荐”或“比较推荐”试点班学习，主要原因是“对提升专业水平和综合素质有较大帮助”；14名学生对于课程学习感觉“收获很大”，1 名表示“有一定收获”，数据较 2017 级学生有了明显提升。

诚然，课程建设依然任重道远。首先，学生普遍反映实践机会相对较少。对此，我们计划因地制宜，将来多开展如校史馆或红岩纪念馆讲解词翻译、模拟学校外事接待等活动，并辅以总结和反思，帮助学生形成学习和实践相辅相成的良性循环。

其次，课程思政手段需要常用常新。搭建可操作性强、更多“角度”、更有“温度”和“深度”的思政框架，并进行与时俱进的内容填充，也将会是本课程建设长期努力的方向。

最后，课程教材的编写和出版是重中之重，笔者正在参与相关工作，以《习近平谈治国理政》各重大主题为逻辑来安排内容，带领学生在对外传播与翻译的分析和实践中学习习近平新时代中国特色社会主义思想，较好地实现翻译能力培养和思政教育的统一。

参考文献

陈乐. 能力导向下中华优秀传统文化深度融入外译课程的路径探析［J］. 齐鲁师范学院学报. 2021（5）：61－64.

教育部高等学校外国语言文学类专业教学指导委员会. 普通高等学校本科外国语言文学类专业教学指南：下［M］. 北京：外语教学与研究出版社，2020.

梁琳，周敏康. 西班牙语专业本科生科技术语翻译能力调查分析［J］. 中国科技术语. 2021（4）：24－28.

冉志晗. 能力导向的语类教学法实施路径研究［J］. 合肥学院学报（综合版）. 2019（4）：141－143.

肖维青，冯庆华.《翻译专业本科教学指南》解读［J］. 外语界. 2019（5）：10－12.

余静. 从象牙塔到竞技场——翻译能力的社会学研究［J］. 外国

语（上海外国语大学学报）. 2018（2）：102－103.

杨晓荣. 多元翻译能力导向下的应用型高校翻译专业课程体系建设［J］. 北京印刷学院学报. 2021（8）：131－133.

朱楠. 应用型本科院校翻译课跨文化能力培养研究［J］. 黑龙江教育（理论与实践）. 2019（Z2）：112－113.

PACTE. Investigating translation competence：Conceptual and methodological issues［J］. *Meta*，2005（2）：609－618.

作者简介

童亚星，女，1984 年生，硕士，副教授。主要研究方向：西班牙语翻译理论与实践，西班牙语翻译教学。

王田，男，1989 年生，硕士，讲师。主要研究方向：西班牙语翻译理论与实践，西班牙语翻译教学。

高校思政课专题化教学改革的“道”与“术”*

王正宇 程 波

（四川外国语大学马克思主义学院 重庆 400031）

摘 要：高校思政课专题化教学改革是一项系统工程，首先需认清专题化教学改革之“道”：懂得专题化教学改革的具体目标是有效实现“三个转化”；专题化教学改革的关键是以优先供给满足学生的学习需要，提高学生的兴趣。其次应注意专题化教学改革之“术”：专题内容的构建要“顶天”“立地”；教学方法的运用和创新要坚持整体思维，协同创新。

关键词：思政课 专题化教学 改革

近年来，专题化教学改革与高校思政课同向同行已成为普遍共识。我校自 2015 年开始的思政课“一体两翼三化”教学模式改革，重点工作之一也是推进课堂教学专题化。在持续推进这一教学模式改革的进程中，我们根据对不同高校不同教师的对比分

* 本文系 2021 年度高校思想政治理论课教师研究专项一般项目“外语院校思政课程与课程思政协同育人模式研究——以《习近平谈治国理政》多语种版本‘三进’模式试点探索为例”（21JDSZK116）；2020 年四川外国语大学教学改革研究“三进”专项项目“《习近平谈治国理政》中文版‘三进’探索与实践”；2020 年四川外国语大学教学改革研究一般项目“新时代高校思政课网络教学模式研究”（JY2062252）的阶段性成果。

析发现，有的高校有的教师实施专题化教学改革并未达到预期效果。虽然导致这种结果的原因较多，但从教改主体即教师方面分析，一个重要原因就是对专题化教学改革之“道”的认识不够清楚，使得教改的着力点不够精准，导致专题化教学改革之“术”缺乏针对性。为进一步推进思政课专题化教学改革，提升教学实效，本文结合我校思政课“一体两翼三化”教学模式改革实践，对思政课专题化教学改革的“道”与“术”作一些探讨。

一、专题化教学改革之“道”

如果说专题化教学是为实现思政课教学立德树人最终目标服务的一种教学模式改革，那么本文所说的“道”则主要是指专题化教学改革的具体目标和关键要素。思政课专题化教学改革是全过程、全方位的改革，只有先明白专题化教学改革之“道”，才能使改革的顶层设计和总体规划目标精准，抓住关键。

（一）专题化教学改革的目标

思政课的内容具有政治性与科学性高度统一、理论性与实践性高度统一、历史性与现实性高度统一等特点，这些内容是大学生成长成才所必需的。同时，如今的大学生在阅读和识记方面具有新特点，是使用智能手机等电子设备成长起来的一代，他们习惯了碎片化阅读和记忆。而思政课的内容理论性较强，一般都需要较长时间的连续阅读才能完整领会。因此，思政课专题化改革的目标，就是有效实现教材体系向教学体系转化、教学体系向育人体系转化、育人体系向信仰体系转化。

思政课专题化教学，就是依托全国统编最新版教材的内容，结合世情、国情、党情、校情、学情等实际情况，在遵循教育规律、遵守相关政策法规的前提下，对教材的内容进行跨章节梳理，将重点、难点、热点、焦点问题进行有机整合，凝练出若干教学疑难焦点问题，对教材内容进行专题化重构，以新形势、新理论、新案例充实优化教学内容，使教学内容既有政治高度和理论深度能够“顶天”，又紧密联系学生实际能够“立地”。

以中国近现代史纲要课程为例。有高校把专题化教学与问题链教学相结合，将教材内容优化重构为问题链组成的九个专题。[①] 专题一：如何认识近代中国面临的主要矛盾和历史任务？专题二：戊戌变法为什么没有成功？专题三：为什么孙中山领导的旧民主主义革命会失败？专题四：中国人民为什么选择马克思主义和中国共产党？专题五：为什么说中国共产党是抗日战争的中流砥柱？专题六：中国共产党是如何领导人民建立新中国的？专题七：中国人民为什么要选择走社会主义道路？专题八：中国人民为什么要选择走改革开放道路？专题九：改革开放为什么离不开中国共产党的领导？在凝练教学专题时，该教学团队通过深刻认识理论、准确把握教材、全面了解学生，找到了理论、教材、学生之间的契合点，实现了三者的有机结合。专题一回答了为什么鸦片战争使中国开始沦为半殖民地半封建社会，这是之后八个专题的背景。第二、第三两个专题回答了为什么改良主义道路和资本主义的建国方案在中国行不通，让学生从中得到启示：要解决中国发展进步问题，迫切需要新的思想引领救亡运动，迫切需要新的组织凝聚革命力量，为第四专题做好理论铺垫。第四至九专题主要回答了历史和人民为什么选择了马克思主义、选择

① 中央财经大学马克思主义学院针对高校思想政治理论课教学中的现实问题与挑战，组织思想政治理论课教师开展了高校思想政治理论课“问题链教学”的探索与实践，将专题化教学与问题链教学相结合，以问题链为线索，对各门课程的教学内容进行了专题化重组，并由冯秀军任总主编，编辑出版了“高校思想政治理论课问题链教学详案丛书”。其中，《“中国近现代史纲要”问题链教学详案》由王雪梅任主编，中国人民大学出版社 2016 年 12 月出版。

了中国共产党、选择了社会主义道路、选择了改革开放，使学生在认识近现代中国社会发展和革命、建设、改革的历史进程及其内在规律的基础上，深刻领会中国共产党为什么“能”、马克思主义为什么“行”、中国特色社会主义为什么“好”。由问题链组成的九个专题，既紧紧围绕课程教学目标，突出了教材的重点难点，又紧扣学生关注的焦点，回答了学生关切的重大理论和实践问题，很好地实现了教材体系向教学体系转变、教学体系向育人体系转变、育人体系向信仰体系转变。

（二）专题化教学改革的关键

兴趣是最好的老师。只有充分激发学生对思政课的浓厚兴趣，其作为学习主体的积极性和主动性才能调动起来，提升思政课教学实效才有了重要前提和基础，否则，不能调动学习主体积极性和主动性的教学改革只能是剃头挑子一头热，难见实效。因此，专题化教学改革的关键，是提高学生对思政课的学习兴趣。如何提高学生对思政课的学习兴趣？我们认为，最根本的是要以优质供给满足学生的学习需求。

思政课教学活动与经济活动有类似的地方，都存在供给与需求的关系，都要解决好供需矛盾才能取得积极成效。因此，思政课教学改革可借鉴经济改革尤其是供给侧结构性改革的成功经验和典型做法。

供给侧结构性改革取得的成就表明，在解决供需矛盾的过程中，供给侧并非只能单方面去适应需求侧。对于不合时宜的需求，也可通过供给侧结构调整与改革来影响需求侧，使需求结构发生相应改变，甚至引发适应供给变化的新需求，从而解决供需不对口的问题。

供给侧结构性改革的上述成功经验在方法论上给思政课改革提供了非常有益的启示。为达成思政课铸魂育人之目的，切实提升育人效果，一方面，对于学生成长成才的合理需求，应通过供给侧结构性改革，提高思政课供给质量和水平；另一方面，当学生的需求和“所好”不符合思政课教学目标时，仍然可以从思政课教学的供给侧改革入手，通过专题化教学改革，以更加优质的供给纠正不符合教学目标的需求并将其引导至合理需求。事实上，大多数思政课教师都知道，在教学中存在着供给与需求的矛盾，也想努力解决好供需矛盾以提高教学效果，但一些老师对解决供需矛盾的认识还囿于传统观念，认为供给只能单方面被动地适应需求，不懂得通过供给侧结构性调整与改革也可以改变需求甚至引发新的需求，因而在解决思政课的供需矛盾时难以找到突破点，往往只是在教学形式、教学方法即供给形式、供给方法上下功夫。这样说并非要否定教学形式、教学方法改革创新的必要性和重要性，教学形式、教学方法的改革创新是提高思政课教学效果的重要方面，我们这里要强调的是解决供需不对口这个问题的关键点是供给内容而不是供给形式和供给方法。思政课的教学目的决定了思政课的供给不能完全被学生的需求左右，不能完全投学生所好，对不符合思政课教学目标的需求和“所好”不仅不能去迎合，还必须通过及时提供优质供给纠正不恰当需求，否则思政课作为立德树人关键课程的作用就难以发挥，铸魂育人的使命就不能达成。

我们认为，从解决供需矛盾的角度看，思政课专题化教学改革应为从供给侧入手的改革。这种专题化教学改革应秉承“内容为王”的教育教学理念，借鉴供给侧结构性改革的经验和启示，其目标是通过优化重组教学专题有效实现“三个转化”，其关键是以优质供给提高学生对思政课的学习兴趣。一方面，提高供给质量和水平，以优质内容更好地契合与满足学生的合理需求，提升学生的获得感和满意度；另一方面，为了更好地坚持并发挥思政课的引领作用，要以优化重组的优质专题内容供给，使原本对思政课兴趣不高的学生产生较为浓厚的兴趣，使不符合思政课教学目标的需求及时得到纠正并引导到合理需求上来，从而解决思政课教学中供给与需求不对口的问题，充分调动学生对思政课的学习兴趣和学习的积极性、主动性，不断提高教学质量和育人效果。

二、专题化教学改革之“术”

思政课专题化教学改革，既要懂得改革之“道”，使顶层设计找准方向和着力点，又要掌握改革之“术”，使专题内容“顶天立地”、教学方法协同创新，做到优质内容与科学方法有机结合。

（一）内容建构，“顶天立地”

在具体实施思政课专题化教学的过程中，必须坚持内容为王的原则，在深入钻研、吃透教材内容的基础上，紧密结合学生实际，科学设计合理安排教学专题，并使各专题的教学内容紧紧围绕课程教学目标，既能够“顶天”又能够“立地”，确保提供优质供给以解决供需不对口的问题。

如何打造科学合理的优质教学专题？众多专家根据自己的专题化改革实践提出了许多值得借鉴的宝贵经验。我们项目团队近些年开展的思政课“一体两翼三化”教学改革实践，有以下几点做法。

第一，专题凝练要坚持问题导向，问题要有探究性和挑战性。从问题出发，坚持问题导向，既是马克思主义的鲜明特点，也是思政课专题化教学改革在凝练专题时首先要坚持的重要观点。“问题就是公开的、无畏的、左右一切个人的时代声音。问题就是时代的口号，是它表现自己精神状态的最实际的呼声。”① 对于思政课专题化教学而言，问题是教学的起点。好的问题本身就是天然的兴趣点，具有激发教学探究的原动力。② 凝练专题时，坚持问题导向可从三方面入手：首先，以问题作为各专题的标题。其次，将各专题标题的问题作为一个整体，能凸显本课程的特点、重点、难点、焦点、亮点。最后，每个专题的教学内容以相互联系、逻辑清晰的若干问题为红线进行链接，即由问题链组成教学内容。凝练专题时，坚持问题导向还要注意，问题应是有一定的难度和深度的问题，使问题具有探究性和挑战性。若问题缺乏一定的难度和深度，都是众所周知的常识，就难以激发学生思考的兴趣，也背离了以问题链为线索的专题化教学改革的初衷，最终将因专题教学的问题缺乏内涵和深度而难以实现改善教学质量、提升教学效果的愿望。

第二，专题内容要坚持价值导向，把知识传授与思想引领相结合。坚持正确的价值导向，强化思想引领，是思政课铸魂育人的本质要求。正确的价值导向，就是要通过教学，引导学生树立和巩固正确的世界观、人生观、价值观，这是思政课的根本任务，也是专题化教学设计的立足点和落脚点。思政课的对象是“人”，思政课的一个特点是“思”，因此，既不能“用通识代替思政”，也不能“用知识代替思想”。习近平总书记强调指出：“要把培养担当民族复兴大任的时代新人作为重要职责。重中之重是要以坚定的理想信念筑牢精神之基，坚定对马克思主义的信仰，对社会主义和共产主义的信念，对中国特色社会主义道路、理论、制度、文化的自信。”“要抓住青少年价值观形成和确定的

---

① 《马克思恩格斯全集》（第40卷），北京：人民出版社，1982年，第289页。

② 陈红、米丽艳：《高校思想政治理论课专题教学设计的六大要素》，载《思想理论教育导刊》，2019年第9期，第99页。

关键时期，引导青少年扣好人生第一粒扣子。”①

第三，内容优化要坚持“顶天”“立地”，资料要有权威性，案例要有代表性。专题化教学，在优化专题内容实现“三个转变”的过程中，要以新形势、新理论、新案例充实教学内容，使专题内容既符合全国统编教材的基本要求，有政治高度和理论深度，能够“顶天”，又紧密联系学生实际，能够“立地”。要做到“顶天”“立地”，我们认为，有一个非常重要的环节是资料和案例的选择上要注意权威性和代表性。首先，资料的权威性，主要是指来源于权威渠道和平台以及专业领域权威专家的观点，能够代表学界主流，关涉学科前沿。其次，案例的代表性，主要是指选用的案例能够体现基本原理，具有鲜明的时代特征，与新时代中国特色社会主义伟大实践紧密结合，让思政课教学能够通过科学的理论阐释和成功的实践佐证，形成强大的吸引力、感染力和说服力。

（二）整体思维，协同创新

思政课教学的整体过程包括课前、课中、课后三个基本环节。专题化教学在改革创新教学方法时，首先须坚持整体思维，注重各个环节教学方法的协同创新，使其发挥出 1+1>2 的综合效应，促使学生实现由“要我学”向“我要学”转变。从具体做法看，一些高校在专题化教学改革中，不再使用或较少使用纯理论讲授的灌输式教学法，而是在对学生进行调研的基础上，把学生较为喜爱的案例式教学与互动讨论式教学结合起来。此模式就是在各个专题中都设置一定数量的重点任务，比如教师结合专题内容和教学需要，指定相应的理论著作或文献等作为阅读材料，

① 习近平：《习近平谈治国理政》（第三卷），北京：外文出版社，2020 年，第 313 页。

要求学生阅读并分享体会。学生既可以个人自主完成任务，也可以团队合作完成任务。此外，为进一步激发学生对思政课的学习主动性和积极性，还可以在课后增设一些讨论型题目。这些课后讨论型题目，在选材方面可紧密结合当下的社会热点和学生普遍关注的焦点，以提高学生参与课后讨论的积极性；在内容指向方面，既要有对已讲内容起复习巩固深化作用的，也要有为后续教学起预习铺垫导入作用的。这种课前、课中、课后相互配合的教学方法，既有助于开展探究性学习和开放式教学，也有助于调动学生思考的积极性，锻炼和提升学生运用辩证思维去分析解决问题的能力。其次，根据不同的专题内容选择恰当的教学方法。每一种教学方法，都既有优点也有局限，因此，任何一种教学方法都不是万能的，教学方法没有优劣之别，关键看用得是否正确，这就是教学法告诉我们的至理名言——教无定法，贵在得法。思政课实施专题化教学改革的终极目标是提升育人效果，因此，仅有优质的专题内容是不够的，还须根据教学内容选用恰当的教学方法和教学手段才能取得最佳的教学效果。在实施专题化教学过程中，应结合教学内容与新时代大学生的学习能力、学习习惯、接收知识的特点等，综合运用启发式、研讨式、体验式等相结合的方法，促进师生之间、生生之间的多向交流，营造共同探讨问题的多元立体互动教学氛围，使学生对思政课学习产生浓厚的兴趣，并达到入耳、入脑、入心的境界。

参考文献

艾四林．新时代如何办好思想政治理论课［M］．北京：人民出版社，2019．

白夜昕．高校思想政治理论课专题化教学中常见问题与对策研究［J］．思想理论教育导刊，2020（6）：106－109．

陈红，米丽艳．高校思想政治理论课专题教学设计的六大要素

[J].《思想理论教育导刊》，2019（9）：99－102.

王雪梅.“中国近现代史纲要”问题链教学详案［M］.北京：中国人民大学出版社，2017.

王云霞.高校思想政治理论课应处理好“内容为王”教学模式的三对关系［J］.思想政治教育研究，2020（6）：84－87.

作者简介

王正宇，男，1969年生，硕士，副教授。主要研究方向：中国近现代史、思想政治教育。

程波，女，1981年生，博士，副教授。主要研究方向：思想政治教育。

高校文科实验室在新形势下的实践与探索

——以四川外国语大学为例

徐　陶　周　伟

（四川外国语大学 重庆 400031）

摘　要：相比理论教学，实验教学更具直观性、实践性与创造性，它不仅传授学生以专业知识，培养学生实践动手能力和创新精神，对提高学生团队协作能力等亦有促进作用。四川外国语大学非常重视实验室建设，将实验课程纳入学校育人体系，构建科学合理的实验课程体系，在经费投入、人员配置和政策支持上给予充分保障。在新文科建设背景下，文科实验室发展将面临新的挑战和机遇。

关键词：新文科　文科实验室　实验室建设

2015年5月，国务院办公厅发布《关于深化高等学校创新创业教育改革的实施意见》（国办发〔2015〕36号），指出各高校要加强专业实验室、虚拟仿真实验室、创业实验室和训练中心建设，促进实验教学平台共享。2019年10月，教育部发布的《教育部关于一流本科课程建设的实施意见》提出实施一流本科课程“双万”计划，大力推进现代信息技术与教学深度融合，建设1500门左右国家虚拟仿真实验教学一流课程、1000门左右国家级社会实践一流课程。2020年11月，教育部高教司吴岩司长在《积势蓄势谋势 识变应变求变 全面推进新文科建设》的主题报告中指出，“新文科”就是文科教育的创新发展，旨在培养知中国、爱中国，堪当民族复兴大任的新时代文科人才。文科教育的创新发展及“新文科”背景下的人才培养都离不开文科实验室的建设。文科实验室作为高校日常教学实践的重要场所，对促进文科教学内容的拓展、学科之间的交叉融合以及推动高等教育复合型人才的培养等具有非常重要的意义。

一、新文科建设对文科实验室的挑战

新文科相对于传统文科，是以全球新科技革命、新经济发展、中国特色社会主义进入新时代为背景，突破传统文科的思维模式，以继承与创新、交叉与融合、协同与共享为主要途径，从而促进多学科交叉与深度融合，推动传统文科的更新升级，力图打破学科间技术壁垒、开创互通有无的新局面。

“新文科”的建立对文科人才培养提出了新要求，人文社会学科不仅需要在方法论和研究范式上创新，更需要在学科体系和教学模式上同步改革。因此在文科实验室的建设上，必须改变旧观念，从根本上改变文科教育目前的人才培养模式，在筑牢知识塔基的同时，进行必要的学科重组和融合。

二、新文科实验室建设的实践与探索

四川外国语大学（以下简称“川外”）作为一所文科高校，一直在创新变革的理念下探索文科实验室的内涵式建设。结合新文科建设情况和我校实验实践教学成果，我们梳理出文科实验室建设的发展方向。

（一）更新观念，重视实验教学

相比理论教学，实验教学更具直观性、实践性与创造性，它不仅传授学生以专业知识，培养学生实践动手能力和创新精神，亦可提高学生团队协作能力。川外秉持创新理念，认识到实验教学在人才培养过程中的重要性和必要性，在《四川外国语大学本科人才培养方案》中规定，普通专业实践教学学分不低于总学分20%、应用型专业不低于30%。除16个综合实践环节学分以外，普通专业须再设置22学分、应用型专业须再设置40学分左右的实验课程。为了贯彻实验教学的理念，川外非常重视实验室建设，做好长远发展规划，将实验课程纳入学校育人体系，构建科学合理的实验课程体系，在经费投入、人员配置和发展政策上给予充分保障。目前川外拥有专业实验室的学院有13个，占现有二级学院总数的68.4%；全校专业实验室有39个，占总实验室的71%；基础实验室6个，占11%；实训场所10个，占总实验室的18%。

（二）构建科学完善的实验教学体系

学校将实验教学真正纳入人才培养的重要环节，在人才培养方案、教学计划、课程设置及教学组织等方面体现实验教学环节，逐步建立目标明确、结构合理、层次清晰、衔接紧密的科学的实验教学课程体系。在构建实验教学体系时，按照“基础型”“综合型”和“研究创新型”三个层次设计实验项目，每一个实验项目均要制定详细的实验要求、实验目标、实验步骤等。

1. 增加实验课程，接轨行业发展

川外按照应用型人才培养目标改革专业教学计划，根据课程特点调整缩减理论讲授学时，增加实验实训课程学时，提升学生实践水平。实验实训课程突破了传统基础性操作技能，紧跟行业

发展前沿，与行业发展紧密接轨。川外于 2012 年在新闻传播学院的广播电视编导专业开设了“影视制片管理”这一课程，设立了海外制片虚拟仿真实验平台，以丰富的案例支撑国际制片版块的教学任务。虚拟仿真数媒化手段的使用，让学生身临其境地感受到海外摄制时可能触碰的诸多问题，让学生通过实际操作，发挥外语和跨文化交流能力，克服海外制片的诸多难题，熟悉多国联合制作影视作品的流程、机制，提升对海外制片的认知与实操能力，强化制片人的国家意识和大局意识，从而服务我国影视行业的海外制片人才需求。

2. 遵循学生认知规律，改革创新实验教学

新文科实验室相对于传统文科实验室而言，是注重学科重组、文理交叉，把新技术融入文科实验课程中，为学生提供综合性的跨学科实践的实验室。川外还强调改革实验教学内容，创新实验教学方法，遵循学生实践认识规律，循序渐进，通过综合创新性实验项目让学生自行操作实验，教师协助指导，增加学生自主动手能力训练，逐步强化学生的独立思考与应用能力。川外外交外事实验中心跳出了外语仅注重外语技能训练，而外交学、国际政治专业不需要实验教学的误区，以跨学科融合发展为理念，提出了以培养学生技能、锻造思想、提升素质为核心，以英语、外交学、国际政治三个专业融合发展为理念，以基础、综合、创新为三个主要层次，逐步递进式设计实施实验教学项目，以教师引领、师生共创、学生自主为主要手段开发实验教学项目，开展多形式的实验教学项目。该中心 2012 年被评为重庆市级实验教学示范中心，实验中心累计开展实验项目 900 余项，孵化大学生创新创业项目 30 余项（其中国家级 5 项、市级 13 项）、互联网+大赛项目 4 项、实验教学研究项目 20 余项（其中市级 11 项），指导学生获得省部级以上专业竞赛奖励 30 余项。实验中心通过开展大规模、高等级的实验教学研究和实践项目，取得了突出成

绩，得到了国内同行的认可和赞扬，初步具备了覆盖西部地区乃至全国的影响力。

（三）建立高水平的实验教学师资队伍

实验教学高水平师资队伍的建立是实验室建设的核心，是开展实验教学的前提与基础。川外传播技能综合实验中心为加强实验教学队伍建设，注重加强实验教学队伍的业务培训，鼓励现有从事实验教学教师和实验技术人员在职攻读博士学位，不断提高队伍的学历层次，改善职称结构；与此同时，要求新留校、分配或调进的青年教师积极从事和参与实验室的建设与管理工作；合理提高实验技术人员的津贴、劳保等待遇，研究、探索、制定有利于调动实验课教师、实验技术人员的积极性的政策和制度，对实验教师和实验技术人员在职培训以及攻读更高学位方面给予优惠政策和经费支持，鼓励和支持中青年教师参加各种学术会议和学习交流。

（四）统一规划，共享资源，提高实验室利用效率

川外实验室建设进行了高度系统谋划，统一规划，实现了跨部门、跨学科之间的协同优化与资源共享，避免了重复建设、资源配置低下的局面，加强了各部门的协作和协调，为实现创新综合实验教学思路的改革搭建平台，为学生提供更多的实践机会。川外外语语言实验中心坚持以创新教育理念指导教学，优化整合跨部门实验课程教学内容，注重跨学科、跨专业、跨语种实践，增设设计性、综合性实验项目。该中心不断加强教学资源的开发、推广和利用力度，建成精品课程、课程中心和网络课程开发等多个平台，目前，以英语为主，覆盖俄语、日语、法语、德语、韩语、西班牙语、阿拉伯语、意大利语等语种的外语教学资源库已初具规模。

三、新文科背景下文科实验室发展展望

由于学科门类之间的差异，各个学科对文科实验室建设的投入力度不同。随着“新文科”建设的大力推进，文科实验室也应加强建设。而整合优化分散的文科实验资源，利用高新技术建立文科综合实验教学中心，将会是今后文科实验室建设的重要趋势。文科实验室的建设和发展要突破学科和功能的界定，在新技术的发展驱使下，以融合的态势为人才培养提供更好的实践平台，促进学生创新能力的培养。

学科融合是当今科学发展的趋势，实验室的建设应根据客观需求，将不同学科门类和专业的实验室资源进行整合，以功能性为基础，打造涵盖多学科、多专业、现代化开放共享的综合类新文科实验中心，以提高设备利用率，拓宽实验室的辐射范围。在大数据时代，文科教学不能简单堆砌计算机等各种硬件，而应从提升内涵方面考虑，增加实验室的科技含量。视觉化、语音化、智慧化的发展有助于教学取得良好效果，尤其是虚拟仿真技术在实验教学中的应用，有助于学生通过在虚拟环境中模拟操作来加强解决问题的思维逻辑训练以及提高反应能力等基本素质，成长为复合型的应用人才。

参考文献

林丽．高校新文科实验室建设路径探索——以G大学文科实验室为例［J］．教育文化论坛，2022（1）：81－85．

林丽，刘希．新文科背景下高校文科实验室师资队伍建设研究——基于G高校文科实验室队伍建设调查［J］．才智，2021（29）：127－129．

邱坤．“新文科”实验室开放管理系统构建研究软件［J］．2021

（2）：67－70＋84.

孙璐璐，张萌，苏兵，姬浩，蒋琦．基于“新文科”背景的创新创业实验室建设探索［J］．创新创业理论研究与实践，2021（11）：193－195.

王娜，张应辉．高水平本科教育背景下新文科实验室建设路径探索［J］．实验技术与管理，2020（1）：32－35.

周善东．新文科背景下文科实验室建设的几点思考［J］．科技视界，2021（13）：151－152.

作者简介

徐陶，女，1977 年生，硕士，实验师。主要研究方向：教育学、实验教学管理。

周伟，男，1979 年生，硕士，讲师。主要研究方向：实验教学管理。

百年党史“三进”工作的三大原则*

徐跃峰　王正宇　李　爽

（四川外国语大学马克思主义学院 重庆 400031；

四川外国语大学国际教育学院 重庆 400031）

摘　要：党的历史是最生动、最有说服力的教科书。党中央历来高度重视党史学习教育，对开展百年党史的“三进”工作提出了更高的要求。在推进百年党史进教材进课堂进学生头脑工作中，应当遵循一定原则，做到有章可循，才能有的放矢，提升工作效果。开展百年党史的“三进”工作，应坚持“史与理”相结合、“史与情”相结合、“史与鉴”相结合的原则，帮助学生准确把握党史，增强使命担当，从而落实立德树人的根本任务，培养担当民族复兴大任的时代新人。

关键词：百年党史　百年奋斗　“三进”工作　原则

习近平总书记在党史学习教育动员大会上强调：“党的历史是最生动、最有说服力的教科书。我们党历来重视党史学习教

* 本文系四川外国语大学 2022 年教学改革研究项目“新时代高校思政课主客体关系科学构建研究”（JY2296249）；2021 年度高校思想政治理论课教师研究专项一般项目“外语院校思政课程与课程思政协同育人模式研究——以《习近平谈治国理政》多语种版本‘三进’模式试点探索为例”（21JDSZK116）；2021 年重庆市研究生教育教学改革研究一般项目“硕士研究生思政课《马克思主义与社会科学方法论》在线开放课程建设”（yjg213105）；2020 年四川外国语大学教学改革研究“三进”专项项目“《习近平谈治国理政》中文版‘三进’探索与实践”的阶段性成果。

育，注重用党的奋斗历程和伟大成就鼓舞斗志、明确方向，用党的光荣传统和优良作风坚定信念、凝聚力量，用党的实践创造和历史经验启迪智慧、砥砺品格。”① 党的十八以来，中国特色社会主义进入新时代，以习近平同志为核心的党中央，高度重视党史学习教育，对“三进”工作提出了更高的要求。站在百年历史新起点，回顾党的百年奋斗历程，有序推进党史学习教育，推进党的百年奋斗历史进教材进课堂进学生头脑，意义重大。开展百年党史的“三进”工作，应当遵循一定原则，做到有章可循，才能有的放矢，提升工作效果。开展百年党史的“三进”工作，应坚持“史与理”相结合、“史与情”相结合、“史与鉴”相结合的原则。从党的百年奋斗历程中汲取智慧和力量，以史为鉴、开创未来，有助于我们扎实有效推进“三进”工作，落实立德树人的根本任务，培养担当民族复兴大任的时代新人，培养德智体美劳全面发展的社会主义建设者和接班人。

一、坚持“史与理”相结合的原则

开展党的百年奋斗历史“三进”工作，应坚持“史与理”相结合的原则，即坚持中国共产党百年奋斗历史与马克思主义基本原理相结合。中国共产党百年奋斗历史是在马克思主义基本原理指导下开创和发展的，尤其是辩证唯物主义和历史唯物主义基本原理，在不同历史时期无不闪耀着真理的光芒。坚持“史与理”相结合，有助于学生用科学的理论武装头脑，树立科学的世界观、人生观和价值观，掌握辩证唯物主义和历史唯物主义的方法论，科学理解百年大党的成功密码，从而在理论上对百年党史的理解更加清晰透彻，提升对党史的理论认知水平；在全面建设

① 习近平：《在党史学习教育动员大会上的讲话》，载《党建》，2021 年第 4 期，第 4—11 页。

社会主义现代化国家新的赶考之路上，更加彻底地掌握理论，进而继续踔厉奋发，砥砺前行。

（一）百年奋斗遵循辩证唯物主义

习近平总书记强调：“历史发展有其规律，但人在其中不是完全消极被动的。只要把握住历史发展大势，抓住历史变革时机，奋发有为，锐意进取，我们就能够更好前进。”[①] 中国共产党在尊重历史发展的客观规律基础上充分发挥主观能动性，正确认识规律、利用规律，实现主观能动性和客观规律的辩证统一。在筚路蓝缕奠基立业的一百年，我们党遵循唯物辩证法，发挥主观能动性，尊重客观规律，创造了属于自己的辉煌历史。唯物辩证法本质上是批判的和革命的，正如马克思指出：辩证法在对现存事物的肯定的理解中同时包含对现存事物的否定的理解，即对现存事物的必然灭亡的理解；辩证法对每一种既成的形式都是从不断的运动中，因而也是从它的暂时性方面去理解；辩证法不崇拜任何东西，按其本质来说，它是批判的和革命的。[②] 中国共产党批判地和革命地进行历史创造，创建丰功伟绩。因此，在开展党的百年奋斗历史“三进”工作中，应注重结合辩证唯物主义的基本原理，引导学生用科学的世界观和方法论来理解中国共产党的百年奋斗历史，用唯物辩证法分析和解决历史与现实问题，不断增强思维能力，提升党史理论认知水平。

（二）百年奋斗体现历史唯物主义

列宁指出：与黑格尔和其他黑格尔主义者相反，马克思和恩

---

① 习近平：《在党史学习教育动员大会上的讲话》，载《党的建设》，2021 年第 4 期，第 4—11 页。

② 《马克思恩格斯选集》（第二卷），北京：人民出版社，2012 年，第 94 页。

格斯是唯物主义者。他们用唯物主义观点观察世界和人类，看出自然界中一切现象都有物质原因作基础，同样，人类社会的发展也是受物质力量即生产力的发展所决定的。[①] 社会存在是社会生活的物质方面，具有客观性，决定着社会意识；社会意识不仅能反映，而且能反作用于社会存在，二者是辩证统一的。在创造辉煌开辟未来的一百年，中国共产党认清历史和社会现实，通过实践能动地反作用于社会存在，实现社会存在和社会意识的辩证统一，体现了历史唯物主义。历史唯物主义认为，人民群众是社会历史的主体，是历史的创造者。正如毛泽东所说：人民，只有人民，才是创造世界历史的动力。[②] 中国共产党始终坚持马克思主义群众观点，贯彻群众路线，坚持以人民为中心的发展思想，创造辉煌历史，开辟美好未来。因此，在开展党的百年奋斗历史“三进”工作中，应注重结合历史唯物主义的基本原理，帮助学生树立唯物史观、正确党史观、大历史观，使其正确认识中国共产党百年奋斗历史和新时代国家发展形势，正确认识社会发展规律，在全面建设社会主义现代化国家的新征程上贡献青春力量。

二、坚持“史与情”相结合的原则

开展党的百年奋斗历史“三进”工作，应坚持“史与情”相结合的原则，即坚持中国共产党百年奋斗历史与伟大的爱国主义情怀相结合。中国共产党百年奋斗历史展现出强烈的爱国之情、强国之志、报国之行。尤其是崇高的理想信念与伟大的建党精神，在党励精图治的百年奋斗中熠熠生辉，在不同历史时期指引、贯穿着党的奋斗历程。坚持“史与情”相结合，有助于学生加深对百年大党风雨历程的情感体悟，增强爱国主义情怀，形成

---

① 《列宁选集》（第一卷），北京：人民出版社，2012 年，第 91 页。

② 《毛泽东选集》（第三卷），北京：人民出版社，2009 年，第 1031 页。

强烈的共情与共鸣，从而在情感上，使学生对百年党史高度共情，加强对党史的情感认同；在实现第二个百年奋斗目标的新征程上，使学生的情感得到升华，进而继续昂首阔步，奋发有为。

（一）崇高理想信念指引百年奋斗

习近平总书记指出：坚定理想信念，坚守共产党人精神追求，始终是共产党人安身立命的根本。对马克思主义的信仰，对社会主义和共产主义的信念，是共产党人的政治灵魂，是共产党人经受住任何考验的精神支柱。[①] 崇高的理想信念建立在对马克思主义理论的深刻理解之上，建立在对马克思主义的科学信仰之上，建立在对社会主义和共产主义的坚定信念之上。它指引伟大的共产党人在百年奋斗历程中披荆斩棘，突破重重难关，战胜重重困难。如果理想信念缺失，精神上就会缺"钙"，就会得"软骨病"。革命理想高于天，在革命战争时期，大批共产党人坚守理想信念，胸怀崇高的革命理想，抛头颅洒热血，涌现出许许多多可歌可泣的动人事迹；在和平建设时期，一批批先进人物坚定理想信念，为社会主义现代化建设奋斗终生。因此，在开展党的百年奋斗历史"三进"工作中，应注重结合对学生的理想信念教育，增强其爱国主义情怀，提高其精神境界和思想修养。学习百年大党坚定理想信念的奋斗历程，有助于学生确立马克思主义的科学信仰，树立共产主义远大理想和中国特色社会主义共同理想。

（二）伟大建党精神贯穿百年奋斗

习近平总书记在庆祝中国共产党成立 100 周年大会上指出："一百年前，中国共产党的先驱们创建了中国共产党，形成了坚持真理、坚守理想，践行初心、担当使命，不怕牺牲、英勇斗

① 《习近平谈治国理政》（第一卷），北京：外文出版社，2018 年，第 15 页。

争，对党忠诚、不负人民的伟大建党精神，这是中国共产党的精神之源。”① 伟大的建党精神贯穿党的百年奋斗历程，为党践行初心使命提供不竭的精神力量。中国共产党人精神谱系中一系列的伟大精神，如井冈山精神、红岩精神、抗美援朝精神、抗震救灾精神、载人航天精神、女排精神、脱贫攻坚精神等由此而来。这些精神为党克服一系列艰难险阻、应对一系列风险挑战、通过一系列重大考验提供了强大的精神力量。在矢志践行初心使命的一百年，中国共产党人弘扬伟大的建党精神，涌现出了许许多多伟大的英雄人物和先进模范，他们的故事惊天地泣鬼神。因此，在开展党的百年奋斗历史“三进”工作中，应注重结合伟大的建党精神，增强学生爱国主义情怀，通过百年大党弘扬伟大建党精神的奋斗历程，使学生在新时代继续弘扬光荣传统、赓续红色血脉，把伟大建党精神继承下去、发扬光大。

三、坚持“史与鉴”相结合的原则

开展党的百年奋斗历史“三进”工作，应坚持“史与鉴”相结合的原则，即坚持中国共产党百年奋斗历史与宝贵历史经验相结合。《关于〈中共中央关于党的百年奋斗重大成就和历史经验的决议〉的说明》（以下简称《说明》）强调：“总结党的百年奋斗重大成就和历史经验”，“要坚持正确党史观、树立大历史观，准确把握党的历史发展的主题主线、主流本质，正确对待党在前进道路上经历的失误和曲折，从成功中吸取经验，从失误中吸取教训，不断开辟走向胜利的道路”。② 党的百年奋斗取得了重大

① 习近平：《在庆祝中国共产党成立100周年大会上的讲话》，载《人民日报》，2021—07—02。

② 《关于〈中共中央关于党的百年奋斗重大成就和历史经验的决议〉的说明》，载《人民日报》，2021—11—17。

成就，积累了宝贵经验，尤其是《中共中央关于党的百年奋斗重大成就和历史经验的决议》（以下简称《决议》）总结的十条历史经验以及党在历史上的“三个历史决议”，在以史为鉴、开创未来的道路上显得弥足珍贵。坚持“史与鉴”相结合，有助于明晰和纠正对党史上一些重大历史问题的模糊认识和片面理解，使学生树立正确的党史观，旗帜鲜明地反对历史虚无主义，从而在把握党史经验上，认清中国共产党百年奋斗的历史挫折和教训；在实现中华民族伟大复兴的新征程上，对百年大党艰苦奋斗的历程认识更加深刻，进而继续坚定信心，勇毅前行。

（一）百年奋斗积累宝贵历史经验

习近平总书记强调：“以史为鉴，可以知兴替。我们要用历史映照现实、远观未来，从中国共产党的百年奋斗中看清楚过去我们为什么能够成功、弄明白未来我们怎样才能继续成功，从而在新的征程上更加坚定、更加自觉地牢记初心使命、开创美好未来。”① 中国共产党通过百年艰苦奋斗积累的宝贵历史经验来之不易，是千千万万中国共产党人用鲜血和生命换来的。《说明》指出了具有根本性和长远指导意义的十条历史经验，即“坚持党的领导、坚持人民至上、坚持理论创新、坚持独立自主、坚持中国道路、坚持胸怀天下、坚持开拓创新、坚持敢于斗争、坚持统一战线、坚持自我革命”②。党对宝贵历史经验的实践积累存在于百年奋斗的艰辛历程中，党不断实践积累历史经验的过程就是党的奋斗历史。正如《决议》指出：“一百年来，党领导人民进行伟大奋斗，在进取中突破，于挫折中奋起，从总结中提高，积

① 习近平：《在庆祝中国共产党成立100周年大会上的讲话》，载《人民日报》，2021—07—02。

② 《关于〈中共中央关于党的百年奋斗重大成就和历史经验的决议〉的说明》，载《人民日报》，2021—11—17。

累了宝贵的历史经验。”[①] 因此，在开展党的百年奋斗历史“三进”工作中，应注重结合党在百年奋斗中实践积累的宝贵历史经验，使学生深刻体会到百年大党一路走来的艰辛与不易，进而更加珍惜眼下的学习生活；使学生明白历经磨难积累的宝贵经验必须倍加珍惜，应在新时代的实践中不断丰富和发展。

（二）百年奋斗凝练伟大历史决议

一百年风雨兼程，一百年筚路蓝缕，一百年创造辉煌，一百年矢志不渝。伟大的中国共产党以高度的历史自觉，发扬历史主动精神，在百年党史中制定了三个历史决议：1945 年，党的六届七中全会通过的《关于若干历史问题的决议》；1981 年，党的十一届六中全会通过的《关于建国以来党的若干历史问题的决议》；2021 年，党的十九届六中全会通过的《中共中央关于党的百年奋斗重大成就和历史经验的决议》。以上三个历史决议展现了百年大党高度的历史自觉，决议的背后同时体现了党勇于自我革命和坚定的历史自信。中国共产党重视积累历史经验，吸取历史教训，不断进行自我革命，从而变得更加强大，更加自信。尤其是《中共中央关于党的百年奋斗重大成就和历史经验的决议》，突出新时代党的重大成就和历史经验，聚焦当前形势，总结经验成果，继续提升全党和全国人民的历史自觉、历史自信。三个历史决议贯穿党的百年奋斗历程，每一次历史经验的总结，都是一次自我革命，都是历史主动精神的生动展现；每一个历史决议的制定，都会使党和人民的历史自觉得到增强，走向未来的脚步更加自信坚定。因此，在开展党的百年奋斗历史“三进”工作中，应注重结合伟大历史决议，帮助学生认清党史上一些重大历史问

① 《中共中央关于党的百年奋斗重大成就和历史经验的决议》，载《人民日报》，2021－11－17。

题，树立正确的党史观，旗帜鲜明地反对历史虚无主义；帮助学生深刻感受到，党的十八大以来，以习近平同志为核心的党中央，团结带领全党全国各族人民坚定走向中华民族伟大复兴的时代大势，从而自觉增强使命意识，勇于担当，迎难而上，向着第二个百年奋斗目标意气奋发，建功立业。

参考文献

关于《中共中央关于党的百年奋斗重大成就和历史经验的决议》的说明［N］. 人民日报，2021－11－17（2）.

列宁选集（第一卷）［M］. 北京：人民出版社，2012.

马克思恩格斯选集（第二卷）［M］. 北京：人民出版社，2012.

毛泽东选集（第三卷）［M］. 北京：人民出版社，2009.

习近平谈治国理政（第一卷）［M］. 北京：外文出版社，2018.

习近平. 在党史学习教育动员大会上的讲话［J］. 党建，2021（4）：04－11.

习近平. 在庆祝中国共产党成立100周年大会上的讲话［N］. 人民日报，2021－07－02（2）.

中共中央关于党的百年奋斗重大成就和历史经验的决议［N］. 人民日报，2021－11－17（1）.

作者简介

徐跃峰，男，1989年生，硕士，助教。主要研究方向：马克思主义理论、思想政治教育。

王正宇，男，1969年生，硕士，副教授。主要研究方向：中国近现代史、思想政治教育。

李爽，女，1991年，硕士，助教。主要研究方向：课程与教学论。

新时代研究生教育改革与创新思考*

严功军

（四川外国语大学 重庆 400031）

摘　要：研究生教育作为学历教育最高层次，是教育高质量发展的重要体现。本文利用习近平总书记有关教育的重要论述，结合相关政策文件与研究生教育发展的历史现实，反思新时代研究生教育存在的具体问题，并提出理性的改革与创新建议。

关键词：新时代　研究生教育　改革创新

习近平总书记在针对研究生教育工作的重要指示中强调："研究生教育在培养创新人才、提高创新能力、服务经济社会发展、推进国家治理体系和治理能力现代化方面具有重要作用"，要"适应党和国家事业发展需要，培养造就大批德才兼备的高层次人才"。习近平总书记的指示明确了我国研究生教育的定位、目标和方向，也对研究生教育提出了新的更高要求。新时代我国研究生教育面临全新的发展形势，正视当前研究生教育存在的实际问题，结合国家教育现代化发展和教育强国战略，总结研究生教育的历史经验，不断推动研究生教育改革创新，为实现新的百年奋斗目标发挥人才和智力支持，具有重要的现实意义。

---

* 本文系重庆市研究生教育教学改革重大项目"后传播时代新闻传播学研究生科研创新能力培养实践与探索"（YJG201017）阶段性成果。

一、研究生教育改革与创新的时代要求

中国特色社会主义新时代承前启后，继往开来，既面临着伟大的历史机遇，也充满了斗争和挑战。

新时代要狠抓机遇，按照“五位一体”总体布局、“四个全面”战略布局，贯彻新发展理念，构建新发展格局，推动经济社会快速发展，解决人民日益增长的美好生活需要和不平衡不充分的发展之间的矛盾，建设创新型国家，需要大量卓越人才。

新时代社会信息化、网络化、移动化、智能化发展，知识和技术成为最重要的社会资源，国内社会结构、社会关系重组，新的社会矛盾和问题不断出现，社会风险和不确定性大大增加，社会治理能力提升和治理现代化成为时代要求，全面建设社会主义现代化国家的新征程，需要大量卓越人才。

新时代“国际力量对比深刻调整，单边主义、保护主义、霸权主义、强权政治对世界和平与发展威胁上升，逆全球化思潮上升，世界进入动荡变革期”，新冠肺炎疫情、俄乌战争等突发事件加深了全球发展的不确定性，新的地缘政治格局、经济格局正在形成，国际秩序正在重构，全球治理成为重要议题，综合国力竞争日趋激烈，中国作为新兴力量参与全球治理，提升国际话语权，维护国家政治、经济、文化安全，建立新型国际关系，推动人类命运共同体建设，需要大量卓越人才。

正如习近平总书记2018年在北京大学考察时所说：“教育兴则国家兴，教育强则国家强。今天，党和国家事业发展对高等教育的需要，对科学知识和优秀人才的需要，比以往任何时候都更为迫切。”研究生教育作为最高学历教育，“肩负着培养高层次拔尖创新人才的历史使命，是国家发展、社会进步的重要基础，同时也是参与全球人才竞争，保持中国国际竞争力的重要保障”。

中国特色社会主义进入新时代，也标志着中国高等教育进入新时代，中国研究生教育改革与发展进入新时代。党的十八大报告提出，“推动高等教育内涵式发展”，十九大报告强调“实现高等教育内涵式发展”，指出“建设教育强国是中华民族伟大复兴的基础工程，必须把教育事业放在优先位置”。2019 年 2 月，中共中央、国务院发布《中国教育现代化 2035》，进一步提出：“到 2035 年，总体实现教育现代化，迈入教育强国行列，推动我国成为学习大国、人力资源强国和人才强国，为到本世纪中叶建成富强民主文明和谐美丽的社会主义现代化强国奠定坚实基础。”党的十九届五中全会提出建设高质量教育体系和建设教育强国的明确要求，十九届六中全会提出“推动高等教育内涵式发展，推进教育强国建设，办好人民满意的教育”。新时代我国高等教育得到前所未有的重视，改革任务和方向明确，研究生教育也从规模扩张到内涵建设再向高质量发展转变，其改革与创新成为时代要求。

二、研究生教育改革与创新的现实问题

随着 2019 年高等教育毛入学率首次突破 50%，我国高等教育进入普及化阶段，近几年研究生教育也实现了规模的迅速扩张。2018 年，全国共招研究生 85.8 万人，在学研究生 273.1 万人；2021 年，共招研究生 117.65 万人，在学研究生超 333 万人；2022 年，全国研究生招生考试报名人数 457 万，相比 2021 年增幅达 21%。高等教育普及化与研究生教育大众化，对推动教育多元化、国际化发展提出了更高要求。建设教育强国目标高、任务重、需求强。虽然“经过 40 余年的探索与建设，中国研究生教育从无到有、从少到多、从不规范到规范，目前已建立体系完备、具有特色、规范持续的研究生教育制度，成为世界研

究生教育大国”，取得了突出的成绩，研究生教育培养高层次人才的目的、价值、使命没有变，但教育的内容、方式、对象、评价体系不断变化，建设研究生教育强国的新要求与研究生教育发展不平衡、不充分之间的结构性矛盾日益突出。我国研究生教育改革与创新还存在不少现实问题，需要在发展中理性认识和逐步解决。

（一）对研究生教育改革创新问题的宏观分析

从宏观上看，2020 年全国首次研究生教育大会召开，会后教育部会同国家发改委、财政部三部门研究制定出台了《关于加快新时代研究生教育改革发展的意见》，成为新时代我国研究生教育改革创新的指导性文件。教育部学位管理与研究生教育司司长洪大用在相关发布会上强调，我国研究生教育存在五个方面的客观问题：对研究生教育规律的认识还有不到位的现象，有的学校还片面追求规模扩张，高质量、个性化培养不足；学科专业调整刚刚起步，对紧缺人才培养和“卡脖子”技术突破的支撑不够有力，学位授权改革有待持续深化；导师规模不断扩大，总体素质有保障，但一些导师责任没有压实，指导能力不够，师德师风建设仍需加强；研究生培养机制还不完善，分类培养体系建设有待持续深化，差异化、多渠道投入机制尚不健全，对重点学科、基础学科保障还不到位；法律法规滞后于实践发展，对分级管理和分类评价有影响。这促使政府及时推进改革发展文件的制定、颁布和执行。

同时，我们也可以从《关于加快新时代研究生教育改革发展的意见》中提出——“加强思想政治教育、推进学科专业调整、完善人才培养体系、提升导师队伍水平、严格质量管理、加强条件资源保障”的六大举措，反向思考我们研究生教育在这些方面存在的问题；还可以从文件提出的十大行动——“学科专业改革行动、交叉学科高质量发展行动、产教融合建设行动、一流学科培优行动、关键领域核心技术高层次人才培养行动、基础学科深化建设行动、博士生教育提质行动、导师指导能力提升行动、课程教材建设质量提升行动、质量提升和管理行动”，思考我国研究生教育在这些方面存在的不足。也就是说，客观上相对于本科教育而言，我国的研究生教育机制、法规、评价等体系还不够完善，人才培养总体还停留在课程教学和导师指导模式，对立德树人与思政教育、德智体美劳综合素质培养、知识交叉更新、过程培养与质量评估重视不够，对研究生教育改革创新的观念转变认识不足，管理仍比较粗放，培养标准不够严格科学，资源建设和投入保障不足，不能很好地实现培养高层次人才目标。面对研究生教育规模的不断扩大，这些问题会更加突出。

（二）对研究生教育改革创新问题的微观分析

从微观上看，在新技术发展和国家战略需要，坚持研究生教育“四为”服务的背景下，在学科融合、专业学位发展、评价体系改革、国际合作等过程中，还会普遍存在研究生教育变与不变，改革如何做到既守正又创新，以及“精英化教育与大众化发展、专业化教育与交叉性发展、传统化教育与技术性革命、师徒制教育与过程化革新、学术化教育与专业化实践、课程化教育与自主化学习”等方面的矛盾和困难。研究生教育作为学历教育最高层次，不能因为大众化的发展而放低教育标准和影响培养质量；研究生教育作为研究型、创新型的教育，是专业化程度很高的教育，应该培养某个领域的高精尖专业人才。如何处理其与交叉性发展的矛盾问题？如何培养基础学科拔尖人才的问题？如何继承传统教育与师徒制人才培养的有效经验，并适应新技术对人才培养模式、教与学的内容和形式的改变，实现研究生的过程性培养和评价？如何使学术型研究生具备综合分析问题和解决问题的能力，使专业学位研究生保持基本的学术批判思维，具备基本的学术写作和方法应用能力？如何处理好课程教学与自学以及与产学研实践的关系？对这些问题进行理性认识和科学平衡的把握，避免非此即彼的极端化对待，显得尤为重要。

（三）研究生教育改革创新问题的具体反映

基于以上宏观和微观视域的考量，结合我们对当前研究生教育客观实际的考察，可以发现部分高校还不同程度地存在研究生教育“目标定位不清、体制机制不顺、导师队伍不齐、培养模式不新、教学资源不全、质量监控不严、交流合作不足”等问题。对诸如“学术型与专业型人才培养差别不大、学科单一化与同质化、过程管理体制机制不完善、导师队伍数量不足与年轻化、人才培养缺乏创新、体系化的教学资源建设不足、缺乏多元、高效的质量监控保障、国际合作、校校合作、校企合作服务人才培养少”等问题要高度重视并认真解决，才能推动研究生教育高质量发展，更好地服务国家发展战略对高层次人才的需求。

三、研究生教育改革与创新的理性抉择

新时代我国研究生教育正在经历从大到强的转变，其战略性、紧迫性、重要性更加凸显，准确识变、科学应变、主动求变，根据多元化的现实需要理性抉择，解决研究生教育存在的问题，成为社会普遍关注的重大议题。

（一）研究生教育改革创新要准确识变

研究生教育改革与创新的理性抉择，要做到准确识变。要准确认识国家战略与全球化发展趋势，围绕建设社会主义现代化强国和参与全球竞争与治理的目标，明确教育强国战略，明确双一

流建设与一流研究生教育目标，建设具有中国特色、国际视野、世界格局的研究生教育体系。

要准确认识扎根中国大地办教育，体现我国研究生教育的社会主义制度优势，坚持为党育人、为国育才，解决“为谁培养人、培养什么人、怎样培养人”的问题，立德树人，推动研究生教育“为人民服务、为中国共产党治国理政服务、为巩固和发展中国特色社会主义制度服务、为改革开放和社会主义现代化建设服务”。

要准确认识中外研究生教育改革与发展的历史和现实，认识新技术、新科技对研究生教育的影响，认识新的学科知识生产和应用规律，认识我国研究生教育走向大众化面临的巨大发展机遇和挑战，坚守质量底线，高度重视自主创新，推动研究生教育深层次、结构性变革。

（二）研究生教育改革创新要科学应变

研究生教育改革与创新的理性抉择，要做到科学应变。科学应变最重要的就是要践行研究生教育高质量发展理念。党的十九大报告提出“我国经济已由高速增长阶段转向高质量发展阶段”，这为我国研究生教育高质量发展提供了基本遵循。要以“创新、协调、绿色、开放、共享”的新发展理念为指导，推动研究生教育“质量优先、结构优化、多元开放、公平普惠、育人为本”系统改革，实现可持续发展。具体而言，就是要做到研究生教育发展“导向的政治性、目标的全面性、结构的合理性、方式的创新性、动力的内源性、评价的科学性”，坚持培养精英化、高层次人才的定位，注重理论水平提升、知识技能融合、思维方法训练、解决问题能力培养的综合标准，坚持导师作为保证研究生培养质量最重要的影响因素，推动全方位、全链条、全过程育人，全面提升研究生教育社会服务能力，确保实现结构与质量、规模与效益、分类与融合、守正与创新的有机统一。

同时，科学应变还要变传统的管理为治理，形成有效的研究生教育治理体系，提高治理能力。一方面政府要完善推动研究生教育发展的制度体系，围绕研究生教育的各个环节，形成成熟的、相互协调的教育制度；另一方面要运用制度，通过“系统治理、依法治理、源头治理、综合施策”，解决研究生教育的关键问题，夯实研究生教育改革与发展的基础，构建培养卓越创新人才的良好教育生态。

（三）研究生教育改革创新要主动求变

研究生教育改革与创新的理性抉择，要做到主动求变。主动求变主要体现在改革创新的具体举措方面。就政府角度而言，就是要结合国家战略需要做好研究生教育改革创新的科学规划，提供制度、政策、资金保障，宏观调控学科结构，推动区域协调发展，大力推行“放管服”改革，推动多主体参与研究生教育，打造开放多元的高质量研究生教育体系。2020 年 9 月全国研究生大会召开以来，国务院学位委员会、教育部等部门陆续推出《专业学位研究生教育发展方案（2020—2025）》《关于进一步严格规范学位与研究生教育质量管理的若干意见》《研究生导师指导行为准则》《交叉学科设置与管理办法（试行）》，中共中央、国务院印发了《深化新时代教育评价改革总体方案》等政策文件，覆盖研究生教育改革发展的核心范畴，开启了全面统筹推进我国研究生教育高质量发展的新征程。

就承担研究生教育的高校和机构而言，要高度重视，强化顶层设计，制定专门的研究生教育发展战略规划，根据国家制度、法规、政策要求，结合各自学科建设和研究生教育实际，对照《关于加快新时代研究生教育改革发展的意见》提出的六大举措和十大行动，认真总结自己的问题，提出具体的改革与创新策略，包括制定学科发展规划，优化培养方案，完善招生、人才培养与学位授予各项管理规定，推出导师队伍建设方案、学风建设方案、实习实践与实训规定、联合培养制度等，形成创新的制度体系；采取有效措施解决研究生思想政治教育难题以及学科社会服务弱的难题，做到分类培养与交叉培养相结合，推动研究生课程、教材、案例、项目、数据库等资源建设；丰富学校研究生院管理机构的职能，融入建设职能，强化研究生院与二级学院的协作，推动研究生教育与内部科研、智库、实验室工作相结合，与外部企事业单位、国际高校开展项目合作；按照新的教育评价要求，改革绩效制度、研究生教育资助制度和成果奖励制度，构建系统的目标考核与质量监控体系等，转变观念，创新理念，以优质研究生教育推动学校和机构内涵式发展。

四、结语

习近平总书记在全国教育大会讲话中强调，要坚持深化教育改革创新，深化办学体制和教育管理改革，充分激发教育事业发展生机活力。要提升教育服务经济社会发展能力，调整优化高校区域布局、学科结构、专业设置，建立健全学科专业动态调整机制，加快一流大学和一流学科建设，推进产学研协同创新，积极投身实施创新驱动发展战略，着重培养创新型、复合型、应用型人才。研究生教育改革与创新是新时代教育高质量发展的重要目标，是建设教育强国的核心内容。唯改革者进，唯创新者强。我们要坚决贯彻习近平总书记有关教育重要论述精神，践行初心使命，强化责任担当，深化调查研究，精准分析问题，科学理性判断，全面有效施策，把各项研究生改革创新工作落实、落细，使研究生教育更加符合时代要求与国家战略，更加符合自身发展规律与人才培养规律，办好让党放心、让人民满意的一流研究生教育。

参考文献

洪大用．研究生教育的新时代、新主题、新担当［J］．学位与研究生教育，2021（9）：4—6．

教育部发布会介绍《关于加快新时代研究生教育改革发展的意见》等有关情况［EB/OL］．引自教育部官方网站：http://www.moe.gov.cn/fbh/live/2020/52461/．

马永红，张飞龙．研究生教育高质量发展的历史脉络及时代意蕴［J］．民族教育研究，2022（1）：15．

习近平．坚持中国特色社会主义教育发展道路，培养德智体美劳全面发展的社会主义建设者和接班人［EB/OL］．引自新华网：http://www.xinhuanet.com/politics/leaders/2018－09/10/c_1123408400.htm．

习近平．习近平谈治国理政：第2卷［M］．北京：外文出版社，2017．

习近平．在北京大学师生座谈会上的讲话［N］．人民日报，2018—05—03．

习近平对研究生教育工作作出重要指示［N］．人民日报，2020—07—30．

中共中央关于党的百年奋斗重大成就和历史经验的决议［M］．北京：人民出版社，2021．

中共中央国务院印发《中国教育现代化2035》［J］．人民教育，2019（5）：4．

作者简介

严功军，四川外国语大学新闻传播学院教授，博士生导师。

技术创新视角下媒介融合发展研究*

杨成杰

（四川外国语大学新闻传播学院 重庆 400031）

摘　要：在数字技术、人工智能、5G等技术广泛应用的背景下，媒介环境、媒介格局发生了巨大变化，媒介融合将成为媒介未来发展的必由之路。本文从技术创新的视角，分析技术创新对于媒介发展的促进作用，分别从技术创新引领媒介内容生产变革、技术创新助推媒介社会发展、技术创新主导媒介融合实践层面，分析当前的媒介融合现状，在新旧媒体的转型、裂变和重组整合中，勾勒出媒介融合发展的图景。

关键词：技术创新　媒介融合　数字技术　新媒体

随着数字技术和互联网传播的快速发展，基于媒介的大众传播形态改变了现代社会生活的经验性内容。毋庸置疑，媒介文化的实践在现代社会里变化很快，而这些变化是诸多的社会力量使然，这包括新型的所有制模式、新的技术、全球化、国家政策和受众的实践等。由此可见，媒介的发展是社会多重因素作用的结果，无论是传统的广播、电视、报纸等媒介形态，还是互联网、新媒体等新兴电子媒介形态，都需要以科学技术为物质基础，同时，任何新的媒介形态的产生都是对旧的媒介形态的发展和改

* 本文系四川外国语大学教学教改研究项目"应用型转型背景下课程实践教学改革研究——以《电视节目导播》为例"（JY2062228）的阶段性成果。

进，并能够借助技术的发展和不可逆性推进旧媒介的改革、新媒体的衍生，以及新旧媒体的融合、演变。

关于媒介融合，美国有学者认为，媒介融合是印刷的、音频的、视频的、互动性数字媒体组织之间的战略的、操作的、文化的联盟，是印刷媒介、广播媒介、电视媒介和网络媒介的融合系统，是一个整体。美国麻省理工学院尼古拉斯·尼葛洛庞帝认为，媒介融合是各种各样技术和媒介形式都汇聚在一起。国内有学者把媒介融合分为狭义的融合和广义的融合，丁伯铨认为媒介融合是新媒体及其他相关因素在诸多方面的相互交融的状态，主要分为物质层面、操作层面和理念层面的融合，媒介融合是一个系统工程。笔者在这里探讨的是基于物质层面和观念层面的媒介融合。在目前的媒介语境下，新旧媒体在博弈中竞争、合作、发展，特别是随着大数据、云计算、5G、区块链等数字技术的广泛应用，这种合作竞争成为媒介产业转型突围的重要手段。由此，媒介融合的内涵、意义和外延操作变得更加具有不确定性。维尔纳·海森伯在《物理学家的自然观》中指出，技术变革不仅会改变生活习惯，而且会改变思维模式和评价模式。麦克卢汉从社会的意义上，提出“媒介即讯息”“媒介即人的眼神”的论述，人用新媒介和新技术使自己放大、延伸，而这些新媒介和新技术构成了社会机体的集体大手术，受影响的部位不是仅切口区，而是整个机体。技术带来了变革、发展的“元动力”，成为发展的核心要素。在历史的长河中，由人际传播到大众传播，由印刷媒介到电子媒介，由传媒媒体到新媒体，技术创新成为媒介变革的关键原因，媒介融合势必成为媒介环境变化、媒介发展史中的重要阶段，融合是过程，最终将成为媒介发展洪流中的一个重要组成部分，同时也是人类信息社会进步的一块基石。但是，现阶段作为媒介融合的物质基础，技术创新是媒介融合实践的关键，为此，本文聚焦于技术创新驱动下的媒介融合发展，分析当前的媒介融合现状，在新旧媒体的转型、裂变和重组整合中，勾勒出媒介融合发展的图景，也是理解媒介融合发展逻辑的理论和实践起点。

一、媒介融合的发展现状与挑战

尼尔·波兹曼说，电报是第一个使信息的传播速度超过人体速度的传播媒介。随着信息技术的发展、更迭，新的技术和系统在潜移默化渗透、影响着媒介结构和媒介环境，传统媒体已经处在变则进不变则退的媒介发展语境中。就目前的媒介发展现状看，传统媒体进行资源整合，拓展新媒体业务和平台，利用新媒体在内容生产、传播方式、用户体验等方面的优势和特征，实现自身媒介功能、运营的融合，打造媒介融合的品牌集团，是媒介融合的目标，也是媒介发展的趋势，这也是传统媒体自身难以完成的革命。

进入 21 世纪以来，我国的媒介产业对媒介融合进行了多元化的探索，借由媒介的跨平台整合资源，实现内容的生产共享，并逐步渗透拓展到媒介产业的融合发展。在这样的发展历程中，媒介融合就其表现形式主要分为两种：其一，在传媒业界领域并购整合，组建具有核心竞争力的跨媒介传媒集团；其二，通过媒介技术的融合，进行新旧媒介技术的整合，形成新的信息生产和传播的模式。但是，分析目前我国媒介产业融合发展的现状，当前的媒介融合实践与研究范式还存在诸多结构性问题，主要体现在作为主流价值体系的传统媒体改革艰难，公信力下降，市场份额下降，传统媒体人才流失，政策支持与市场发展效果存在巨大差距，把媒介融合化约为一种媒介对另外一种媒介的占有或者加盟……这些问题凸显了当前媒介融合发展的现实困境，同时也体现了数字化和智能化时代的媒介融合与传统的媒介融合发展存在巨大的差异。随着媒介融合的逐步深入，结构层面和操作层面的融合在具体的实践中产生了阶段性的结论，但是，随着时间的推移，在具体的实践层面出现了突出的发展瓶颈，进而产生了一些如“中央厨房”成为摆设的观点，以及各级媒介机构在融合发展的进程中陷入难以逾越的困境。纵观人类社会发展的历史，我们可以发现，任何一种新兴事物的出现、发展，到被普遍接受，都需要一个过程。当前，我们正经历的是人类传播史上迄今以来发展最为迅速，技术迭代最为剧烈的媒介变革时期。在媒介发展的进程中，相较于口语、文字、印刷的发展历程，基于网络和数字技术的媒介融合还处在逐渐突破技术壁垒的新时代，在内容、结构融合的进程中，新旧媒介既要进行有效的资源整合，又要各自发挥自身的优势，在合作和竞争中发展。

二、技术创新引领媒介内容生产变革

根据马克思关于生产力决定生产关系的基本原理，瓦尔特·本雅明提出，技术因素对艺术生产活动的发展具有决定性的作用，本雅明认为一种技术是否具有革命性，关键在能否将观众或者读者转化为合作者，也就是说将消费者转化为生产者，使消费者参与到艺术生产过程中，作为新技术和新媒介形态的电影显然做到了这一点。由此可见，本雅明对技术手段的看重以及对新技术的推崇，使他能够深刻揭示出技术创新对内容生产的重要作用。受益于技术的发展和迭代，我国媒介产业的生存环境和方式发生了巨大的改变。传统的信息传播模式和媒介管理观念受到前所未有的挑战，技术的发展为产业结构的调整和发展带来了机遇和挑战。真正的“传播革命”所要求的，不只是信息传播方式的改变，或者受众注意力在不同媒介之间时间分布上的变迁，其最直接的驱动力，是技术。

随着新媒体的快速发展，互联网特有的庞大数据和算法逐渐被开发应用，新技术在媒介发展过程中的作用引起学界和业界的普遍关注，研究领域也在不断地向专业化、精准化、深入化、系统化发展。如随着新媒体、大数据、虚拟现实（VR）、增强现实（AR）、区块链、AI、5G 技术的发展，信息内容的生产获得了更加丰富的数据来源，拓展了新闻的最终形态。以数字技术、无线网络为技术支撑的新媒体，通过计算机网络、无线通信网、卫星等渠道，以及电脑、手机、数字电视机等终端，借助文字、图像、视频、音频等文本，向用户提供信息和服务的传播形态，信息内容更加多元、丰富且碎片化。从空间上来看，新媒体是利用信息文本的实时、交互、海量等特性，跨越空间障碍以实现全球化传播的媒体。而区块链作为一种新兴的网络技术范式，其技术特性——透明性，与传统新闻的生产过程存在一定的交集，虽然目前作为新兴的技术范式，在媒介领域的应用还处在逐步深入的阶段，但是其技术原理、计算范式的突破，在媒介内容生产领域的应用具有广泛的空间。AI 技术于媒介产业逐步应用，直接影响着信息的采集、加工、审核和发布，以及信息内容的生产和传播模式。随着数字技术的发展，5G 被广泛应用于物联网、虚拟现实和移动通信等领域，相较于传统的 4G 网络，其数据传输速度提升了 100 倍，为影像语言即视频和图像信息智能检索的普遍应用提供了可能，为媒介内容的生产方式和形态提供了新的发展空间。

三、技术创新助推媒介社会发展

麦克卢汉认为，从机器如何改变人际关系和人与自身的关系来看，无论机器生产的是玉米片还是凯迪拉克轿车，都是无关紧要的。作为机械技术实质的技术，改变了人的工作的结构，改变了社会生活的方方面面。美国技术史家托马斯·P. 休斯在研究中提出了“技术体系”，不仅囊括了人，而且勾勒出技术体系所建构的社会形态，这一系统所考量的是另一个概念——“技术动量”，它是在与其相关的社会机构和实践的整合角度和过程中得以体现的。休斯提出，不应该将新媒介的影响作为事件来考察，而应该将其作为过程，这一过程伴随着时间的推进而产生效果。毋庸置疑，媒介对社会个体的影响是具有普遍性的，而作为技术的媒介，无论是传统的印刷媒体还是基于电子技术的广播电视、互联网、新媒体等媒介形态，都是技术发展的产物。技术是媒介融合发展的核心动力。刘易斯·芒福德在《技术与文明》中，强调了技术创新与现代文明的关系，芒福德认为现代技术所具有的独特性是非常确定的，作为现代技术的媒介与交往实践是我们感知现实世界和虚拟世界的方式，也是我们“拥有世界”的基础。麦克卢汉在《理解媒介：论人的延伸》中分析，电光作为单纯的信息，乍一看，似乎是一种不带信息的媒介，除非它是用来打文字广告或者是名字，因此说明任何媒介都是另外一种媒介的“内容”，文字的内容是语言，文字是印刷的内容，印刷又是电报的内容。在信息社会和媒介社会，电子媒介成为主流，语言成为电影的内容，电影变成电视的内容，电视变成网络的内容，网络变成新媒体移动终端的内容，随着媒介技术的不断发展、更迭，社会媒介交融、多维度发展。麦克卢汉坚持认为探究媒介技术影响人类感知的方式，构成了面对今天媒介研究最为重要的理论问题。技术创新促进媒介的快速发展，已经深刻且全方位地渗透到人类的社会生活，媒介成为人的触觉的延伸，同时也成为人的中枢神经系统的延伸，媒介本身已经超越了其自身的传播信息的基本功能，媒介在推行社会价值体系和价值规范的进程中发挥着重要的社会功能，重构了人的世界价值观、知识体系和意识形态。鲍尔格曼认为，在未来，媒介与人类的价值规范会不断同构，是生态学视野下的有机整体。新的技术和媒介形态，改变了传统社会的认知、体验和交往方式，新的媒介文化促进了人类社会的发展。

四、技术创新主导下的媒介融合实践

迈伦·吉尔摩在《人道主义的世界》中直截了当地概括说："活字印刷术的发明，为西方文明史上的知识生活状态带来了巨大的变革……它的影响迟早会在人类活动的各个方面被感受到。"印刷媒介的出现，彻底改变了人类信息传播的口头形式，印刷媒介在过去的时间里已然证实其对社会生活的巨大影响，阅读成为普遍的、规范的、权威的、系统的获取知识和信息的主要来源。伴随着数字技术、人工智能的发展和广泛应用，新媒介和融合媒体对当前世界的影响是深刻的，也是全面的。数字媒介不仅增加了信息之间的交互性，也增加了传播者之间围绕信息的内涵和外延的交互性，以及传播平台和传播系统之间的交互性。作为物质基础和"元动力"的新技术的迭代发展，为新旧媒体的融合发展提供了双轮甚至多轮驱动。作为一种媒介实践，媒介融合孕育于市场竞争，信息、通信、数字技术为媒介融合的发展提供了养分，在技术和市场的助推下，不同媒介实践的边界逐渐模糊，形成新的媒介形态。进入 21 世纪以来，技术的统治地位越发明显，社会生活的每一个层面都离不开技术的渗透和影响。海德格尔认为技术的本质不仅仅是表现出的手段的特性，它也是一种去蔽的方式，其技术哲学观点从更深刻的层面分析了人与客观世界之间的关系，技术被视为人与客观世界沟通的"中介"。因此，在信息社会，技术融合不仅是媒介融合的基石，还是其核心动力。在美国媒介融合研究的早期，媒介融合主要指不同媒介介质的边界逐渐模糊和消失，进而实现融合，信息技术、通信技术、数字技术为媒介融合的发展提供了养分。技术创新推动了社会结构和关系的调整，重塑了信息的传播模式和人类的生活方式。英尼斯在《传播的偏向》中提出“传播空间偏向”，麦克卢汉在《理解媒介·论人的延伸》中提出电子媒介的“中枢神经系统”论，技术成为媒介发展的重要动力源泉。技术驱动并生产内容，技术搭建数据库平台，技术改善传播关系，技术提升可视化效果，技术增强互动能力，技术是媒介融合发展的物质基础，是媒介融合发展的手段，也是媒介变革的核心引擎。

总之，技术之于媒介，如雨水之于干涸之地，雨水所到之处，草地焕发新生，技术的创新对于媒介业态、媒介制度、媒介环境具有重要的决定作用。进入 21 世纪的前 20 年，互联网、数字技术、人工智能、5G 等技术的创新，为媒介的快速发展提供了先天的肥沃土壤，传统媒体借助新平台、新技术实现结构转型，实现内部改革和外部整合的新探索，在媒介融合的产业进程中取得了显著的成果。但是，媒介融合发展是一个产业更新、迭代的过程，同时也与人类的社会生活息息相关，因此，不仅要实现媒介结构的融合，同时也要深入到媒介的观念融合、产业融合、技术融合，最终实现“人与媒介”的融合，实现人与媒介的价值体系的互动、勾连，构建现代意义上的信息社会系统。

参考文献

本雅明. 机械复制时代的艺术作品导读 [M]. 周颖，译. 天津：天津人民出版社，2009.

蔡雯. 新闻传播的变化融合了什么——从美国新闻传播的变化谈起 [J]. 中国记者，2005 (9)：70－72.

丹尼斯·麦奎尔. 受众分析 [M]. 刘燕南，李颖，杨振荣，译. 北京：中国人民大学出版社，2006.

丁伯铨. 媒介融合：概念、动因及利弊 [J]. 南京社会科学.

2011（11）：92—99.
杜忠锋，罗敬．话语分析视角下我国媒介融合的话语嬗变及其内在逻辑［J］．编辑之友，2020（1）：12—18.
马歇尔·麦克卢汉．《理解媒介·论人的延伸》［M］．何道宽，译．南京：译林出版社，2011.
马歇尔·麦克卢汉．《理解媒介·论人的延伸》［M］．何道宽，译，南京：译林出版社，2011.
孟建，赵元珂．媒介融合：粘聚并造就新型的媒介化社会［J］．国际新闻界，2006（7）：24—27.
尼尔·波兹曼．消逝的童年［M］．吴燕莛，译．北京：中信出版社，2015.
尼克·史蒂文森．认识媒介文化·社会理论和大众媒介［M］．王文斌，译．北京：商务印书馆，2013.
尼克·史蒂文森．认识媒介文化·社会理论和大众媒介［M］．王文斌，译．北京：商务印书馆．2013.
延森．媒介融合：网络传播、大众传播和人际传播的三个维度［M］．刘君，译．上海：复旦大学出版社，2016.
严功军．走出思维困境：媒介融合的认识论反思［J］．现代传播，2019（11）：23—26.
严三九．融合生态、价值共创与深度赋能——未来媒体发展的核心逻辑［J］．新闻与传播研究，2019（6）：5—15.
Gilmore，Myron. *The World of Humanism* ［*M*］. New York：Holt，Rinehart & Winston，1976.

作者简介

杨成杰，男，1984 年生，博士研究生。主要研究方向：文化与传播，广播电视，新媒体。

“双一流”背景下金融科技人才培养创新研究*

于 洁
（四川外国语大学国际金融与贸易学院 重庆 400031）

摘　要：“双一流”建设的核心任务是“落实立德树人根本任务，培养一流的拔尖创新人才”。2022 年 1 月央行印发《金融科技发展规划（2022—2025 年）》，将“做好金融科技人才培养”列为八个重点任务之一，意味着金融科技人才培养已上升到国家战略层面。本文在分析金融科技人才培养的现实需求和意义的基础上，确定金融科技人才培养的目标和能力定位，同时结合四川外国语大学的学科发展特色、专业配套资源等具体因素，提出金融科技人才培养的模式和路径，期望培养出更多具备国际化素质的复合型、创新型、应用型金融科技人才。

关键词：“双一流”　金融科技　人才培养

一、引言

2021 年 3 月教育部、财政部、国家发展改革委印发的《“双

* 本文系四川外国语大学教学改革研究重点项目：“新文科”背景下国际化多元融合式人才培养的模式与路径研究（JY2296102）的阶段性研究成果。

一流”建设成效评价办法（试行）》明确提出，要以中国特色、世界一流为核心，突出培养一流人才、产出一流成果，主动服务国家需求。作为一项重要的国家战略，“双一流”建设的核心任务是“落实立德树人根本任务，培养一流的拔尖创新人才”，具体来说是培养具有历史使命感和社会责任心，富有创新精神和实践能力的各类创新型、应用型、复合型优秀人才。地方本科高校，面对“双一流”建设中高等教育一流人才培养的挑战与机遇，应结合高校特色进一步调整发展战略，找准转型升级与综合改革的着力点和契合点，承担好“双一流”建设提出的新使命。在“双一流”背景下，地方本科高校金融科技专业建设一流学科、培养一流人才需要解决以下三个问题：一是人才培养的需求问题，即为谁培养金融人才；二是人才培养的目标问题，即培养什么样的金融人才；三是人才培养的模式和路径问题，即怎样培养金融人才。

本文以四川外国语大学国际金融与贸易学院的金融科技专业为例，基于“双一流”背景，在分析金融科技发展的特征以及对新型人才需求的定义的基础上，结合四川外国语大学的国际化特征，研究“双一流”背景下金融科技人才培养的模式和路径，以期金融科技专业能够建设得更好，培养更多既能够在国际化环境中成长，也能够满足地方经济发展需要的金融科技人才。

二、“双一流”背景下金融科技人才培养的现实需求和意义

（一）金融科技人才培养的现实需求

金融科技在本质上是由技术带来的金融创新，它基于大数据、云计算、人工智能和区块链等技术创新，不断创造出新的金

融产品、经营模式和业务流程等金融业态，在支付、信贷、财富管理、银行和保险等金融领域被广泛应用。快速发展的金融科技对从业人员提出了更高的要求，但是金融科技人才面临严重的供需失衡问题。全球招聘顾问公司 Michael Page 发布的《2018 年中国金融科技就业报告》表明，92％的企业面临金融科技人才短缺，85％的受访雇主遇到招聘困难，45％的受访雇主难以找到符合特定职位需求的人才。中智咨询公司也在《2020 年金融科技人才管理趋势报告》中指出，目前有 50％的传统金融机构在金融科技人才方面尚处于团队搭建期；未来一年内，有 25％的传统金融机构和 50％的独立金融科技公司会继续增加金融科技人才配置。金融科技人才供需失衡还体现在缺乏应用型人才和高端领军人才，并且存在人才区域分布不均的问题。

“双一流”建设的核心任务是“培养一流的拔尖创新人才”。2022 年 1 月，中国人民银行印发的《金融科技发展规划（2022—2025 年）》将“做好金融科技人才培养”列为八个重点任务之一，明确提出“制定金融科技人才相关标准”“加快金融科技人才梯度建设”“培养德才兼备的金融科技人才”等内容，可见金融科技人才培养已上升到国家战略层面。重庆市自 2018 年以来，先后被中国人民银行等多部委确定为全国金融科技创新应用、金融标准创新建设以及金融科技创新监管试点城市，金融科技发展获得国家专项政策强力支持，重庆市也不断通过出台相应的政策文件、完善基础设施等多种措施积极推进金融科技高质量发展。但受地理位置、经济发展、人才保障、薪资水平等因素的影响，与北京、上海、深圳等发达地区相比，重庆市对金融科技人才的吸引力总体不够，金融科技人才总量不足，缺乏金融科技专业人才和行业领军人物。①

由此可见，金融科技人才供需失衡已成为制约国家和地方金融科技进一步发展的重要因素，同时也对高校的金融人才培养提出了挑战。当前高校仍是培养金融科技人才的主阵地，以金融行业发展需求为导向，培养符合地方经济发展需求的人才，可以缓解金融科技人才供不应求等供需失衡问题，从而夯实地方经济和金融科技高质量发展的基础支撑。

（二）金融科技人才培养的意义

现有关于金融科技人才培养的研究主要存在以下不足：一是很少有研究将“双一流”背景和金融科技人才培养结合起来进行分析，这在一定程度上忽视了“双一流”建设对人才培养的新要求；二是现有研究没有区分不同地区和不同类型高校在人才培养方面的差异和特色，从而导致研究结论不能适用于不同类型的金融科技人才培养要求。地方本科高校要培养金融科技人才，需要在了解行业需求的基础上，明确“双一流”背景对金融人才培养的新要求，并结合本校的学科发展特色、专业配套资源等具体因素，最终确定金融科技人才培养的模式和路径。

四川外国语大学的金融科技专业于 2020 年获批设立，于 2021 年开始正式招生，是四川外国语大学为服务重庆市地方经济建设和金融发展对金融科技专业人才的新需求而开设的专业，体现了学校教学与时俱进、与社会经济发展紧密结合的特点。本文基于“双一流”背景研究金融科技人才培养问题，不但符合当前高校本科教育的任务要求，也是对现有金融科技人才培养研究的有益补充，具有一定的学术价值。同时，本文的研究能为完善

① 参考资料详见《关于推进重庆金融科技高质量发展的建议》，重庆人大网，https://www.cqrd.gov.cn/jydetail? id=9997。

金融科技人才培养提供一定的政策建议，特别是对地方本科高校如何在"双一流"建设中发挥本校的特色优势，培养出具有国际视野的金融科技人才，具有明显的实践价值。

三、"双一流"背景下金融科技人才培养的目标和能力定位

（一）金融科技人才培养的目标

考虑到"双一流"建设的核心任务"培养一流的拔尖创新人才"，当前金融科技发展的需要，重庆市依托自贸试验区等项目金融开放程度的不断提高，以及四川外国语大学的国际化特征，合格的金融科技人才应该是具备国际化素质的复合型、创新型、应用型人才。

1. 国际化

四川外国语大学作为语言类高校，可以利用优质的外语教学资源，充分发挥外语学科优势，在金融科技人才培养过程中融入鲜明的国际化特征。随着经济全球化的发展，金融开放程度不断提高，金融国际化的发展愈发需要具备国际化素质的金融科技人才，即要具有国际视野，掌握国际金融业务和规则，能熟练运用外语从事涉外金融科技工作等。

2. 复合型

金融科技强调金融与科技的深度耦合，这要求高校培养"金融+科技"复合型人才，金融从业人员既要掌握金融资产定价、公司金融、风险管理、金融监管等金融领域核心知识，还要掌握大数据、云计算、人工智能、区块链等技术，具备经济、金融、管理、统计、计算机、数学等跨学科的专业知识和技能。

3. 创新型

金融科技的发展过程伴随着各种各样的金融创新，不断构造新的金融业态，比如互联网支付、保险科技、智能投顾、数字货币、大数据征信、量化投资等。为了与时俱进、保持核心竞争力，金融从业人员必须不断提高个人的创新能力，具有创新思维和创新意识，成为能够设计金融科技产品和服务、落实相关制度规范的创新型人才。

4. 应用型

金融科技作为金融高质量发展的“新引擎”重在应用，通过创新驱动发展，提升金融产品与服务的质量和效率，优化金融领域各项业务的经办流程，从而增强金融服务实体经济的能力。相应地，金融从业人员应增强自身的实践应用能力，学会批判性思考，成为能将掌握的金融知识和技术技能运用于解决金融科技实战问题的应用型人才。

（二）金融科技人才培养的能力定位

合格的金融科技人才应具有国际化思维和视野，既要懂金融又要懂技术，掌握跨学科的专业知识，同时要有创新思维和创新能力，适应新兴金融业态发展，还要有将专业知识应用到解决实际经济金融问题的能力，因此金融科技人才培养的能力定位为学习能力、专业能力、创新能力、实践能力、语言能力、人际交往能力等多维能力，具体定义见表1。

表1　金融科技人才培养的能力定位

能力类别	具体定义
学习能力	自主学习能力，可以快速学习新知识，并完成知识内化，实现学以致用、举一反三

续表1

能力类别	具体定义
专业能力	金融业务理解能力+技术工具应用能力，能用专业知识和技术技能解决实际业务问题，同时遵守职业道德
创新能力	金融实践创新+技术应用创新，能设计金融科技产品，完善金融科技服务，建立新的金融科技组织制度，可以应变决策，创造性解决实际金融问题
实践能力	能将已有的知识、技能和经验运用于金融产品设计、场景应用、经营模式、业务流程和解决实际金融科技问题等方面，适应金融科技业态的发展变化
语言能力	掌握一门外语，具备基本的国际交流能力以及国际化思维和视野，理解中外文化差异，熟悉国际金融科技的业务运作、实务操作和法律法规等内容
人际交往能力	沟通能力+团队协作能力，能准确进行语言表达和书面写作，具有团队合作精神，能进行数字协作，可以有效化解冲突

四、"双一流"背景下金融科技人才培养的模式和路径

（一）金融科技人才培养的模式

1. 校校合作模式

校校合作模式包括两种，第一种是与国外开设金融科技专业的高校开展合作，这既可以学习其他国家在人才培养方面的优点，改进现有人才培养模式的不足，还能为培养国际化人才提供国际化资源。其中，教师可通过短期国际研修交流活动提高国际化教学的能力，学生可通过寒暑假短期访学活动、"2+2"国际本科项目或者金融科技硕士项目体验国际化的氛围，学习国际金融科技领域的先进理念、专业知识和业务技能。当前四川外国语

大学已与英国朴次茅斯大学建立校校合作，开展了“3+1+1 & 2+2+1 名校本科+硕士直通车”项目，将国内和国外教学结合起来，全面提升学生的综合能力和国际化素质。第二种是与国内开设金融科技专业的高校开展合作，四川外国语大学金融科技专业早在设立之初，就由国际金融与贸易学院院长助理带队去中央财经大学、山东财经大学和吉林财经大学调研，学习这些高校在金融科技专业核心课程建设、实验平台搭建、课程思政体系构建和人才培养模式等方面的先进经验。这种交流与联系一方面有利于四川外国语大学更好地建设金融科技专业，另一面也有利于教师与其他高校学者开展科研合作，从而为金融科技教学提供科研成果支撑。

2. 校企合作模式

金融科技作为一门理论知识和实践应用紧密结合的专业，知识更新速度快，行业的实践创新领先于理论的研究创新，这要求高校在金融科技人才培养的过程中采用校企合作模式，将教学内容和金融实践的发展结合起来，培养符合行业需求的金融科技人才。高校可与金融企业签订长期合作协议，通过建立企业大学、金融科技实验室、定向培养、联合培养基地、实习实训基地等方式，实现“产学融合”的金融科技人才培养。这种模式能将学校的理论学习和企业的实践应用结合起来，有利于激发学生的学习兴趣，培养学生的金融科技业务实操能力，从而提高学生就业的核心竞争力，还有利于解决金融科技人才供需失衡的矛盾，提高金融科技人才培养的质量，有针对性地为地方金融科技企业输送人才。目前四川外国语大学与迪肯区块链、数喆大数据、中国银行、浦发银行、浙商证券、中信期货等多家企业建立了实践教学基地，并与迪肯区块链共建了“四川外国语大学—迪肯区块链实验室”，与数喆大数据共建了“重庆市研究生联合培养基地”，为金融科技专业人才培养提供了有力保障。

（二）金融科技人才培养的路径

1. 转变教育理念

传统教育以学科为导向构建教学体系，更强调教师的“教”，关注教得怎么样。面对快速发展的金融科技对新型人才的需求，高校应该及时转变教育理念，以“国家、社会和行业发展需求”为导向，以“学生”为中心，提高学生学习的积极性和主动性，关注学得怎么样，并根据学生的反馈结果持续改进教学和学习过程，以“预期成果”为目标，确保学生掌握符合时代发展和市场需求的金融科技知识、技能和应用。

2. 完善培养方案

应该定期修改和完善培养方案，确保培养方案的时效性。金融科技人才培养的目标和标准既要符合“双一流”等国家战略的要求以及金融科技实践发展的需求，也要充分发挥语言类高校的学科优势，还要合理安排理论教学和实践教学的内容，根据金融科技的运行过程和职业岗位的技能要求，构建满足金融科技发展所需要的跨学科知识结构，并将知识教与学的过程和具体的金融科技实践过程结合起来，让培养方案落地。

3. 优化课程设置

当前金融学类本科专业的课堂教学主要依赖教材，侧重于传统金融学科理论知识的传授，与行业需求和实际应用脱节，不能反映技术带来的金融创新；此外，实践教学内容单一，占比不高，学生接触的金融业务较少。因此应该同时优化课程的结构和内容，既要有金融学、行为金融、互联网金融等理论类课程，还要有金融科技模拟实验、应用案例、数据挖掘、产品设计、专业实习实训等实践类课程，并且课程内容要及时更新和反映金融科技行业的发展前沿。

4. 建设师资队伍

一流的师资队伍是培养高质量金融科技人才的关键。应该培养能够讲授大数据、区块链、数据挖掘等核心课程的教师，通过师资培训、行业交流等方式提高教师的综合教学水平。还应该通过“产学融合”方式协同育人，邀请金融科技企业家进课堂，担任企业导师，为学生讲授金融科技的创新案例和发展前沿，还可以组织校内教师到金融科技企业进行调研学习，全面提升教师的实践教学能力。另外，也应该鼓励和资助教师开展金融科技专业建设相关的研究，比如编写核心课程教材、构建网络教学资源、搭建实践教学平台等。

参考文献

刘勇，曹婷婷．金融科技行业发展趋势及人才培养［J］．中国大学教学，2020（1）：31－36＋59.

唐佳妮，徐天瑶，袁先智，张高煜．金融科技复合型人才评价指标体系构建研究——兼论协同培养机制［J］．上海立信会计金融学院学报，2021（1）：103－118.

王小燕，阮坚，蔡敏容，范忠宝．金融科技人才能力结构与培养策略研究［J］．电子科技大学学报（社科版），2021（1）：34－39.

周方召，付辉，贺志芳，赵汝为．金融科技背景下金融学人才培养模式的挑战与优化［J］．金融理论与教学，2021（1）：94－98.

作者简介

于洁，女，1990年生，博士，讲师。主要研究方向：金融科技。

关于四川外国语大学校内专业评估机制构建的几点思考*

余晓梅

（四川外国语大学教务处 重庆 400031）

摘 要：“双万计划”背景下，开展校内专业评估是高校加强质量保障体系建设，提升学校核心竞争力的必然选择。本文通过国内专业评估发展历程分析，结合四川外国语大学办学现状，提出采用“认证为体，评估为用”的思路，突出“以赋能为主问责为辅”的评估价值取向，构建一套与《普通高等学校本科专业类国家质量标准》紧密衔接的适合学校战略发展需求的专业评估指标体系和路径模式。

关键词：专业评估 评价机制 指标体系

2018 年教育部印发的《关于加快建设高水平本科教育 全面提高人才培养能力的意见》（教高〔2018〕2 号）明确提出，专业是人才培养的基本单元，是建设高水平本科教育、培养一流人才的“四梁八柱”。同年，教育部以专业建设为抓手，颁布《普通高等学校本科专业类国家质量标准》（下文简称《国标》），并

* 本文是重庆市 2020 年高等教育教学改革研究一般项目“‘双万计划’背景下高校内部专业评估机制研究与实践——以四川外国语大学为例”（202320）和四川外国语大学 2020 年教改立项重点项目“‘双万计划’背景下高校内部专业监测与评估机制研究与实践”（JY2062107）的阶段性成果。

启动一流本科专业建设“双万计划”，提出了新的育人理念和质量要求，对本科专业建设和专业评估具有重要的指导意义。

专业评估是指政府、高等院校或社会组织依据专业建设目标或既定评估标准，对专业质量的监测结果进行价值判断，并做出目标达成度或标准符合度的结论（陈梦瑶，2019；陈文松，2011）。尽管自20世纪80年代末，国家层面已开展专业评估试点工作，但在《国标》颁布、“双万计划”实施背景下，专业评估的目标、标准和手段都面临新的调整。本文将结合我校专业评估实践，反思在“双万计划”背景下，开展校内专业评估的必要性和新的专业评估机制构建路径，为完善高校专业自评模式提供参考。

一、我校开展校内专业评估的必要性思考

2016年，我校邀请校内外75名专家对14个院系31个专业开展专业评估。六年之后，在新的高等教育政策背景下，当我们反思以怎样的理念、内容和形式指导学校周期性专业评估时，有必要重新定位校内专业评估的目的和作用，重新梳理和认识开展校内专业评估的必要性，从根本上解决我校如何持续开展校内专业评估的问题。

（一）外部专业评估与专业认证、校级专业评估的发展脉络

我国专业评估发展历程与国家政策引导紧密相关。1985年原国家教委召开“高等工程教育评估问题专题讨论会”，标志着全国性的专业评估试点工作正式启动，试点工作于1989年结束。同一时期，我国一些高校已经开始自行组织校内专业评估，如同济大学。20世纪90年代后，我国院校评估工作全面开展，专业评估相对放缓。2006年我国工程教育专业认证开始全面性系统

化试点工作，形成中国工程教育专业认证体系。2007—2012 年，教育部先后发文强调专业建设和专业评估的重要性。2011 年教育部《关于普通高等学校本科教学评估工作的意见》（教高〔2011〕9 号）明确提出，建立“五位一体”的具有中国特色的高等教育评估制度，其中就包括学校自我评估和专业认证及评估。2013 年我国加入《华盛顿协议》，标志我国工程教育专业认证体系得到国际认可（吴岩，2014）。2016 年国务院教育督导委员会办公室下发通知，要求各省结合本地实际开展专业评估工作。2017 年教育部正式出台《普通高等学校师范类专业认证实施办法（暂行）》，为在全国范围内开展师范专业认证提供了依据。自此，专业评估和认证重新引起高校和省级行政主管部门的重视，省级专业评估实践也在全国逐步铺开，同时，更多的高校如南昌大学等，开始自主开展专业评估。

我国专业评估发展历程呈现以下特点：一是我国的专业评估实践主要源于国家政策推动，外部专业评估与内部专业评估同步交织，专业认证发展相对较晚。二是政府和社会组织主导的外部专业评估和认证体系相对成熟、覆盖面更广，高校内部专业评估构建相对薄弱。三是我国已形成“国家－省级－高校”三级本科专业评估体系，国家和省级专业评估两级体系架构中，国家层面专业评价的重心逐步转向专业认证，省级专业评估工作开展尚不均衡。四是专业认证作为一种外部专业评价方式正逐渐传递新的评估理念和评价模式，影响政府主导的专业评估和高校自主开展的评估实践转型。

可见，在我国“国家－省级－高校”三级本科专业评估体系中，高校内部的专业评估机制建构还不完善，作用发挥尚不明显。同时，我国专业评估新的发展特点也呼唤更加成熟的校内专业评估机制。我校应把握新形势，探索突出校本特色的评估机制，发挥好校内专业评估的实效性，助推学校核心竞争力提升，在国家层面专业评估和认证中争取主动。

（二）我校开展校内专业评估的必要性

1. 开展专业评估是构建我校内部质量保障体系的重要内容

从我国高校专业评估的发展历程和特点来看，高校专业评估正逐步从外部政策要求发展成内部质量保障需要。《教育部关于加快建设高水平本科教育全面提高人才培养能力的意见》（教高〔2018〕2号）明确提出要强化高校质量，保障主体意识，完善高校自我评估制度，健全内部质量保障体系。不论是国家开展的五年一轮的审核评估，还是外部专业认证，其观测和评价的重要内容都包括高校的内部质量保障体系是否建立并有效运行。目前我国开展的工程专业和师范专业认证更是将参与认证的专业对标自建、自评和持续改进能力作为认证的必需环节和基本要求。因此，高校开展专业评估是其自我评估制度的重要组成部分，是健全内部质量保障体系的必然要求。

2. 开展专业评估是我校加强一流专业建设点过程质量管理的必然选择

我校现有 49 个本科专业，在一流专业“双万计划”项目建设中，已获批国家级一流专业建设点 11 个，市级一流专业立项建设项目 27 个。但一流专业建设点还不是“一流专业”，要成为“一流专业”还需要在建设周期届满后通过专业认证。那么，在国家的一流专业认证办法未正式颁布前，一流专业建设点在五年的建设周期中，应该依据怎样的标准加强专业内涵建设？即使学校有一套既符合国家认证要求，又契合学校发展定位的专业建设标准，又如何能有效监测和检验专业建设达标情况？围绕建设“面向未来、适应需求、引领发展、理念先进、保障有力”的一流专业目标，构建我校专业评估机制是解决上述问题的关键。通过开展校内专业评估能有效进行过程质量监测与管理，助推一流专业建设点人才培养能力持续提高，确保各专业达到专业建设目标和认证水平。

3. 开展专业评估是我校优化专业布局，推进专业内涵建设的关键举措

有学者认为专业评估目的通常包括：一是找出专业的优势和差距，明确建设目标；二是改进专业办学质量（陈文松，2011），促进专业内涵发展；三是为开展专业建设，谋划专业布局和确立人才培养等提供科学决策依据（谭潇，2016）。因此，开展校内专业评估既是对我校专业进行的一次全方位定制化“体检”，也是对学校专业设置、布局以及专业建设成效的综合检验。各专业通过梳理现状，盘点“家底”，扬长避短，找到专业建设的着力点；通过对标专业建设标准，校准专业未来发展方向；学校决策层通过专业“体检报告”能更好布局学校专业结构，为统筹和规划专业定位、转型或改革发展提供依据和参考。

二、我校专业评估指标体系的设计思路

（一）我校校内专业评估机制的设计理念

一般而言，专业评估的目的也是学校开展校内专业评估的初衷，但对高校而言，要构建具有校本特色的评估机制，切实发挥评估的实效性，就要坚持从学校办学定位和人才培养目标出发，落实好以“自己的尺子量自己”的评估理念。具体而言，应从学校的现实情况出发，明确以下设计理念。

1. 校内专业评估的本质是认证还是评估

设计校内专业评估机制，应首先明确学校对专业评估本质的

认知是倾向于认证还是偏重于评估。认证和评估是两个不同的概念，但从我国专业评估的发展历程来看，尤其是“双万计划”背景下，同一个专业在接受外部认证的同时，可能还要进行自我评估，两种都是专业评价的方式，但专业认证与专业评估的理念存在一定差异。目前国内开展的工程专业和师范专业认证均贯穿了“学生中心，产出导向，持续改进”评价理念，认证强调“我想要被证明”，重视质量标准对参与认证高校的引导，在认证体系下开展的专业评估是一种为了实现自证的综合评价。传统意义上专业评估强调“我被证明”，采用一定的评估标准对专业建设进行定量或定性评价。因此，二者在指标体系和评价侧重上有所不同。笔者认为，二者虽然存在差异，但又紧密联系，如果校内专业评估将视野拓宽，在“双万计划”背景下构建校内专业评估，就应该突破传统的专业评估理念，采用“认证为体评估为用”的思路，在“学生中心，产出导向，持续改进”认证理念的指导下，构建校内评估体系不仅能更好地衔接外部建设标准，也能更准确地评价专业发展短板，实现持续改进。

2. 校内专业评估的价值取向是赋能还是问责

传统的高校专业评估往往由学校质量管理机构主导，采用同一套指标体系进行评价，评价结果以分数高低进行通报，并作为年度考核的依据，倾向“问责”的价值取向，因此，教学单位很难保持平常心态关注过程管理和持续改进。如果校内专业评估转向为专业教学和发展“赋能”的价值取向，在同一指标体系下对新办专业与传统专业、学术型专业与应用型专业等进行差异化的指标赋分，评估结论淡化等级或分数，给出定性的反馈意见，更能帮助教学单位确立人才培养质量责任的主体意识，推进专业建立有效的自律机制和自我改进机制。笔者认为，校内专业评估应以“赋能为主问责为辅”，在评估模式选择和机制设计上应注重确立标准、留足专业自我评价以及建设时间和指标空间、定性与定量评方式相结合，过程反馈与终结性评价互补指引，真正帮助专业“静下心来”以聚焦人才培养质量，学校决策参考过程中要用好专业监测数据，淡化评估“问责”价值取向。

3. 我校专业评估机制构建应基于学校办学定位和实际需求

我校是一所特色鲜明的多科性外国语大学，致力为国家培养各类外语专门人才和高素质复合型、应用型国际化人才，学校办学定位为“应用研究型”大学。目前，学校的省级一流专业建设点已达到专业总数的55%以上，在构建校内专业评估机制时，我们除了需要明确专业评估的本质和价值取向，还需要思考：如何兼顾学校外部认证或评估政策与学校发展战略需要？办学定位如何在评估指标中体现和落实？面对多类学科是否需要设计分类型的评估指标体系？学校决策层怎样才能更好地利用评估结果进行专业宏观调控？等等。目前国家层面的专业评估和认证工作已蓄势待发：《国标》提供了专业评估依据，专业教学指导委员会提供了专家储备，工程和师范专业认证积累了实践经验。因此，笔者认为，我校专业评估机制构建应全面融入《国标》框架，构建通用的专业评估质量标准和评估指标体系，才能更好衔接国家政策和一流专业认证需要，同时通过多样化的指标设置和差异化赋分，尤其是一流专业建设点的动态监测指标，推动学校办学定位在不同学科的落实。指标体系的设计要关注并平衡好专业现状与未来、专业个体与整体、发展优势与“瓶颈”等关系，真正实现以评促建。

（二）我校构建校内专业评估机制的设计思路

1. 校内专业评估原则

（1）主体性原则。强调校内各专业在参评过程中不仅要自我诊断差距，反思不足，更应主动对标建设，明确未来发展思路，不断提升人才培养质量，落实专业高质量发展的主体责任。

（2）分类评价原则。强调统一指标体系基础上的分类评价。不同类型的专业强调不同评估侧重点。对于一流专业建设点，侧重于评价专业建设成效是否达到专业自身的建设目标；新办专业侧重于评价是否达到基本办学条件；应用转型专业侧重于评价实践教学和服务地方经济发展的情况等。

（3）常态化原则。评估实施模式和评价过程尽量简单，评估内容与专业建设和日常运行管理内容吻合度高，评估方式主要采取定期采集数据信息、自评监测和专家线上线下评价等，不让评估和专业日常教学工作成为“两张皮”。

（4）持续改进原则。强调专家评价注重以客观数据为依据，利用客观事实作判断，重视准确的描述性意见反馈。各专业应针对评估反馈问题提交有针对性的改进计划和报告。

2. 我校专业评估指标体系建设

“双万计划”背景下，《国标》为校内专业评估提供了参考标准。根据上文对校内专业评估本质和价值取向的分析，我校构建专业评估指标体系拟采用基于产出的评估（张树永，2017），即以“学生中心、产出导向和持续改进”为理念设计指标体系，突出专业定位与培养目标、毕业要求的达成度；突出学生培养效果的考察；突出专业教学过程质量监控机制构建及持续改进成效。同时，指标体系设计应基本符合教育的“输入－过程－输出”模式，指标内容涵盖学生、教师等输入指标，专业培养目标、课程、持续改进等过程指标，学生学习成果等输出指标（张妍，2016）。

在综合对比国内各高校专业评估指标内容的基础上，笔者拟参照《国标》、师范专业认证指标进行我校内部通用专业评估指标体系构建（见表1）。

表 1　我校内部通用专业评估指标体系

一级指标	二级指标
1　专业定位与培养目标	1.1 专业定位
	1.2 专业建设发展规划
	1.3 专业培养目标
	1.4 专业质量标准落实情况
2　毕业要求	2.1 毕业要求
	2.2 毕业要求达成
3　课程与教学	3.1 课程设置
	3.2 核心课程
	3.3 实践教学
	3.4 课程建设（优质课程、教材建设等）
4　教学资源	4.1 专业师资数量与结构
	4.2 专业师资水平
	4.3 专业负责人情况
	4.4 基层教学组织与教师发展
	4.5 实验实践教学条件
5　培养效果	5.1 生源情况
	5.2 专业能力
	5.3 毕业与就业情况
	5.4 社会认可度
6　持续改进	6.1 专业质量监控机制
	6.2 定期评价机制
	6.3 评价结果的应用

三、我校开展校内专业评估的实施路径

1. 校内专业评估的实施路线图：制度文件体系

实施校内专业评估需研制一套完备的制度体系，包括专业评估通用的质量标准、评估实施办法（明确评估的范围、评估对象、评估机构、评估方式和评估工作流程等）、评估工具（包括专业监测指标体系、专业评估指标体系、专业状态数据建模表等）、专业评估各类报告模板（含专业自评报告、专家个人评估报告、专业评估报告、专业改进报告等）。

2. 校内专业评估的方式：动态监测与定期评估

定期评估具有周期性，对专业建设而言，要实现持续改进必须开展常态化的动态监测，尤其是一流专业建设点评价，动态监测有利于对专业进行及时预警、诊断和纠偏。动态监测还能为定期评估提供实证数据，增强评估的客观性和科学性，缩短实地考察时间。同时，专业动态监测也能方便学校决策层全面掌握专业建设和发展状态，通过同类专业监测数据横向对比，为优化专业布局和动态调整提供决策依据。因此，采用两种评估方式，可实现对专业建设基本状态的全面评价。

3. 校内专业评估的技术支持：信息化平台建设

校内专业评估信息化平台建设应从微观、中观和宏观三个层面进行构建。在微观层面，应就专业人才培养过程中的课程目标达成情况和毕业要求达成情况构建信息化平台，尤其是一流专业建设点的各项课程和教学要求，可以依托 OBE（基于学习产出的教育模式）理念构建信息化平台，在引导专业建设中不断规范和改进专业建设目标达成情况。在中观层面，应建立专业基本状态数据监测与分析平台，针对专业认证和《国标》要求的量化指

标和关键数据开展常态化的专业数据采集，并开发专业状态预警功能和同类专业数据对比功能。最后，在宏观层面，应针对专业人才培养目标达成度、专家定期评估进行信息化平台建设，为评估信息反馈建立畅通而高效的渠道，支持专业的持续改进。

参考文献

陈梦瑶．教育部发布 2018 年全国教育事业发展基本情况［EB/OL］．新华网，（2019－02－26）．https://baijiahao.baidu.com/s?id=1626522016146268277&wfr=spider&for=pc.

陈文松．工程教育专业认证及其对高等工程教育的影响［J］．高教论坛，2011（7）：29—30.

谭潇．我国体育院校本科专业评估指标体系的研究［D］．北京：北京体育大学，2016：21—25.

吴岩．高等教育公共治理与“五位一体”评估制度创新［J］．中国高教研究，2014，30（12）：14—18.

张树永．我国高等学校化学类专业评估标准建设进展及未来工作重点浅议［J］．中国大学教学，2017（4）：51—55.

张妍．美、日高等工程教育专业认证指标体系的比较研究［J］．上海教育评估研究，2016（1）：52—55.

作者简介

余晓梅，女，1980 年生，硕士。主要研究方向：教育行政法。

基于互动协同理论的法律英语听说教学探究*

袁振华　温　融

（四川外国语大学国际法学与社会学院 重庆 400031）

摘　要：互动协同现象在语言、情境层面大量存在，并具有教师主导、学生启动、有意识无意识并存等特点。法律英语听说课程旨在培养学生以英语为工作语言准确理解和表述法律的能力，创设真实性的职业语言情境，输入具有真实性的语言材料，创设互动协同机会，增强协同发生的频率和强度，积极促进学生的语言习得。

关键词：法律英语听说　互动协同　课堂教学

一、引言

法律英语课程教学应以提高学生运用法律英语处理涉外法律事务的综合能力为目标。对于中国学生而言，在学习英语的过程

* 本文系重庆市高等教育教学改革研究项目“涉外法治人才法律英语能力培养的教学模式创新研究”（213221）阶段性成果；四川外国语大学教学教改研究项目“产出导向视域下法律英语听说课程教学模式构建——基于国际化卓越法律人才法律英语能力的培养”（JY2146213）阶段性成果；四川外国语大学教学教改研究项目“任务型法律英语翻译与写作课程建设研究”（JY2296275）阶段性成果。

中，听、说要比读、写更加难以掌握，尤其是法律英语中存在大量的专业术语、句式和习惯表达法。国内已有高校开设法律英语听说类课程，但当前大学生的英语水平参差不齐，听说能力尤为不足，如何在教学中切实提高学生的法律英语口头交际能力，已成为亟待解决的重要课题。

二、法律英语听说教学与互动协同理论

（一）互动协同理论基础

Ellis（1994）认为，师生间的互动是语言习得的关键，教学的成功则源于对互动的成功把控。Pickering & Garrod 探讨顺利交谈机理的互动协调模式，认为会话双方需要密切合作、默契配合，会话才能顺利进行（Pickering&Garrod，2004：169－226）。对话双方相互协调和启发，自动对焦，不断构建趋同的情景模式，达成心理共识；当一方的情境表征被激活，将反过来激活另一方的对应表征，使说话者能够协同彼此的语言特征，交流由此得以顺利进行。说话者之间因为互动而产生的大脑认知状态的契合，即为协同（王初明，2010：297）。

互动协同使得说话者在会话过程中自动或显性模仿，在词语选择与运用方面相互适应，体现为重复彼此使用过的用词或表达方式，形成说话者互动协同的一种反应，这在心理语言学上称为结构启动（王初明，2008：53－60）。换言之，互动与协同相伴相生，表现为语音、词汇、语法、语用等方面的趋同与契合，具体表现为：（1）对对话者的信任；（2）彼此模仿；（3）说话者间达成共识；（4）反馈；（5）说话者间行为趋同等（Pickering & Garrod，2007）。会话过程中的互动协同可产生“拉平效应”，具有促进外语教与学的作用（王初明，2010）。语言结构上的协同

使得说话者对词汇、句式以及固定表达方法的重复使用率远远高于书面语，有助于语言理解和习得（王初明，2010）。

（二）互动协同与法律英语听说教学的契合

法律英语的全浸式情境教学是指教师在所创设的特定教学情境中以英文贯穿整个教学过程（章彦英，2009：27）。特定情境下的听说教学，主要表现为真实的主题或任务的设定与完成，在此过程中，需要大量的师生互动与协同。互动协同理念即将语言的有效习得建立在教师之间高频、有效的互动与协同基础上，学生在接收教师提供的语言素材后输出所学语言，开展有效表达和交流。师生间的会话互动协同能产生积极的“拉平效应”。首先，法律英语主要应用于涉外法律实践，其教学内容依托于专业知识，需要兼具法律和英语双重专业背景的教师。教师不仅要对所涉专业术语进行尽量浅显而准确的英文诠释，而且要在语音、词汇、语用等教学过程中启动与主导引导，提供丰富的原版法律英语语言材料，创设正确的法律英语语境。其次，法律英语语言材料真实、生动，在听说教学中，互动协同在语言和情境模式等层面大量发生，实现在真实情境下专业法律词汇、句式以及固定表达方法的重复使用，对于学生习得法律英语的专业表述具有极大的促进作用。

（三）法律英语听说教学中的互动协同实例

协同指的是导致行为的内在表征（Costa，Pikering & Sorace，2008），比如，当说话者使用“assignment”来指代“权利的转让”，对话者也倾向于使用该词汇。师生互动协同不仅表现在语音、词汇、语法等语言方面，也表现在情境模式、情感意念等方面。

1. 语音层面的互动协同

教师的发音以及通过多媒体技术提供的语言素材中的发音，是学生模仿和学习的对象。如学生将"contract"的重音置后发出，教师进行纠正，学生随即纠正自己发音的错误，再次陈述"contract"时，已能做到正确发音。互动过程中，学生不准确的发音诱发了教师的正确发音，使学生的正确发音意识得以唤醒，并启动学生的模仿跟随，最后，学生输出正确发音。此过程包括了二语学习的三个基本要素：反应、意识唤起和语言输出，修正性反馈后引起的注意能够促进二语的发展（Mackey et al.，2001）。对正确发音的模仿是互动协同发生的主要方式，属于无意识的行为，纠错后学生重复默念，并提醒自己不再犯同样错误，则是有意识的协同，使学生能够内化正确的发音。

2. 词汇层面的协同

法律英语中，表述特定概念的词语具有唯一性，不能发生偏差，因此，在师生互动过程中，教师对词语选择所产生的协同作用较一般英语而言更为明显。如提及"公司设立"，教师没有使用"setting up of a company"，而是重复使用"incorporation of a company"，学生很快注意到并在课堂发言中一致使用此专门词汇。又如，在强调"合同义务转移"时，重复使用"delegate"，以区别于表示"权利义务概括转让"的"transfer"，学生在发言中也都开始使用"delegate"。教师再做解释，选择"delegate"而不是"transfer"的原因在于，前者更能准确表达"义务转移"的概念。可见，教师在词汇的使用上是学生的模仿对象，特别是对于专门词汇丰富的法律英语而言，教师在互动协同过程中更能起到主导作用。

3. 语法层面的协同

法律英语的专业性使学生在会话中的语法错误频率高于一般

英语。例如，在有关公司增资程序的会话中，教师问学生："What is the first step to be followed if a company is planning to increase its share capital?"学生回答："According to laws，the first step would be to check the bylaw."教师说："Yes，in accordance with law，the first step is to check the bylaw to find out whether they have issued all their share capital."学生随即选择了相同的说法："Yes，in accordance with law，the first step is to check the bylaw."然后，教师强调，"依法"是"依照法律"之义，其中的"法"是整体"法"的概念，是不可数名词，应表述为"in accordance with law"。当教师以重复的方式纠正语法错误时，学生心领神会，随即默契配合，从而引发协同。

4. 语用层面的协同

在讨论合同转让问题时，教师与学生对话如下（T：teacher；S：students）：

S：When one party is delegating his duties，such party is the delegator.

T：Yes，when either party delegating his duties under the contract，this party is calledthe delegator. How can we call the party who assigns his rights?

S：If one partyassign his contractual rights，we call the party the assignor.

T：We'd better say that either party assigning his rights under the contract is called the assignor.

S：Ok，if either party assigns his rights，such party isthe assignor.

此处的"（合同）一方"是指"当事人中任何一方"，用"either party"相较于"one party"更为准确。教师纠正以后，学生虽不明白哪里存在不妥，但基于对教师的信任，选择了重复教师的说法，这种趋同表明，师生因互动而产生大脑认知状态的契合。当然，对教师说法不加思考地重复，不一定能够保证学生对二语的习得，需要教师进行阐释说明和在后续课堂互动中适当重复，才能巩固效果。

此外，法律英语中很多看似没有语法错误的表述实际上存在错误。比如，“execution of contract”指的是“合同的正式签署”，而非“合同履行”；供货合同中“卖方提供产品”之“提供”，应该用“provide”或“supply”，而不是“offer”。教师做出表述时，学生通常自觉选择协同，无疑会提高他们对法律文化、语用等方面的意识。

三、互动协同理论对法律英语听说教学的适用启示

（一）教师主导互动协同

教师是课堂教学的主导者，在教学内容选择、课堂活动组织等方面掌控教学进程。教师应以法律服务“任务”和“场景”为主线，选取尽量真实、纯正的语言材料，为学生提供语言交际的机会和条件（杜碧玉，2009：101）。学生在感受语言素材的基础上，能够主动参与交际型课堂活动，模拟实现类似的任务，使输入与输出匹配，所听与所说协同，有助于提升法律英语口语技能。在与学生互动的过程中，教师创设真实法律英语语境，主导互动协同的进程和结果。

（二）学生自主参与互动协同

学生是课堂活动的参与者、语言组织者、教师指导下的自主学习者和任务完成者（夏纪梅，2006：47）。互动协同由教师掌控，但学生集中了所有语言学习的变量，是启动协同的一方。在

师生互动过程中，学生体验协同，并由协同产生习得效果。如在学习“合同争议及其救济”过程中，学生从热身听力任务中汲取语言营养；在教师提供解决有关合同争议的法律词汇及其语言背景后，学生结合所汲取的语言素材和教师的要求编排并完成表演。在教学过程中，对于重点词汇和表达方式，教师多次重复、多次提问，激发学生反馈，以确保学生能够听懂和理解听力任务中的内容，产生并强化协同，使动态对话过程中各变量互相串联，不断构建相互趋同的语言情境。

（三）有意识协同与无意识协同并存

在教学过程中，教师为促使协同发生，需考量学生对特定词汇及其对应的法律制度的理解程度，并选择更准确的词汇和表达方法，有意识地创造协同机会；学生基于对教师的信任和心理趋同，通常会主动协同自己与教师的语言，如在内心重复“contract”的正确发音、重复“公司设立”的对应表达（incorporation of a company）等，都是有意识协同的表现。协同的过程大多是自动无意识的（Pickering & Garrod，2004），这也是协同发生的重要方式，体现为师生对话时相互间对不同层面的语言的模仿中不自觉、不费力的无意识状态。

（四）由情感和信念引发协同

协同是一种心理和认知感染，是旨在交流信息的合作行为（Costa，Pickering & Soarce，2008），与信念、情感相关联。在语言方面，可以体现在用词、语音、语调、语速等方面的协同上。法律英语听说教学中，教师创建协同所需的合作氛围，照顾学生的语言水平，通过互动协同产生“拉平”效应，使得法律英语的理解、习得和使用变得相对容易。教师提供的语言素材真实、规范。基于对教师权威和能力的信任，学生通常趋于协同。

在师生会话过程中产生的协同，促使学生的语言水平得以“拉平”和提高，词汇和表达方式更加规范，语音、语调也得到极大改善。

四、结语

在法律英语听说教学中创设互动协同的机会，激发学生参与互动协同，产生拉平效应，有助于提升学生的法律英语听说技能。基于互动协同理论开展教学的良性效应，也应在法律英语听说教学中体现。当然，在互动协同中也可能存在输入和输出匹配不紧密、协同响应滞后等问题，这有待于从确保语言材料关联性、充分性，确保听说任务可实施度等方面加以克服和解决。

参考文献

杜碧玉. 浅谈法律英语听说课程的教材编写［J］. 南方论刊，2009（10）：101.

王初明. 互动协同与外语研究［J］. 外语教学与研究，2010（4）：297—299.

王初明. 语言学习与交互［J］. 外国语，2008（6）：53—60.

夏纪梅. 现代外语教学理念与行动［M］. 北京：高等教育出版社，2006.

章彦英. 全浸式情境教学法初探—以法律英语为视角［J］. 山东外语教学，2009（3）：27.

Alison Mackey，Susan M. Gass and Kim McDonough. *How Do Learners Perceive Interactional Feedback*［M］. Cambridge：Cambridge University Press，2001.

Costa A. Martin J. Pickering andSoarce A. Alignment in Second Language Dialogue［J］. *Language and Cognitive Process*，2008.

Pickering, M. J. & S. Garrod. Toward a Mechanistic Psychology of Dialogue [J]. *Behavioral and Brain Sciences*, 2004, (27): 169－226.

Pickering, M. J. & S. Garrod. *Alignment in Dialogue. The Oxford Handbook of Psycholinguistics* [M]. Oxford: Oxford University Press, 2007.

Rod Ellis, Yoshihiro. Classroom Teaching, Comprehension, and the Acquisition of L2 Word Meanings. [J]. *Language Learning*, 1994, Vol. 44: 449－491.

作者简介

袁振华，男，1974 年生，博士，副教授。主要研究方向：国际经济法、法律英语。

温融，男，1977 年生，博士，副教授。主要研究方向：国际法、法律英语。

新时代背景下泰语口译教学路径研究*

张倩霞
（四川外国语大学东方语言文化学院 重庆 400031）

摘　要：培养泰语口译人才不能简单地复制英语等其他语种口译人才培养模式。我国泰语口译人才培养起步较晚，教学模式单一，师资力量薄弱，教学内容传统，人才培养质量有待提升。顺应新时代发展，泰语口译教师应调整观念，更新口译教学内容，拓展口译内容领域，构建口译教学课程群，打造线上线下双轨式教学模式。坚持以“动态教学”为指导理念，在“不变与改变”“传统与创新”中，保证高素质高水平泰语口译人才的持续培养与输出，为国家和社会在国际国内各领域汉泰口译活动提供有力的人才保障与智力支撑。

关键词：口译教学　泰语　培养路径　动态理念

随着“一带一路”倡议的深入实施，中泰两国在各领域交流更深更广，泰语语言服务行业顺势蓬勃发展，国家和社会对语言服务人才的需求愈发迫切，高校泰语口译课程教学的理念、模式、方法必须与时俱进，动态调整，不断探索与创新，以满足国家社会对口译人才的迫切需求。

---

* 本文系 2020 年重庆市高等教育教学改革研究项目“新时代背景下泰语口译课程教学改革与实践”（202328）及 2020 年四川外国语大学校级教改项目“新时代背景下泰语口译课程教学改革与实践”（JY2062225）的阶段性成果。

一、我国泰语口译教学及口译研究现状

（一）口译教学现状及主要问题

截至 2021 年 12 月，全国开设泰语专业的院校已达到 60 余所。据不完全统计，泰语已成为我国外语非通用语种中仅次于朝鲜语的第二大语种。几乎所有泰语专业均开设有泰语口译类课程。各高校根据自身办学定位、人才培养目标、师资情况及实习实训条件，在课程开设的学时、开课学期及教学内容与方式等方面各有特点。少数院校结合学校自身特点与优势，在教学内容上有所拓展与延伸，开设有方向类口译课程，如泰语工程口译、泰语商务口译等。绝大多数院校泰语口译课程开设 2 学期，每学期 32～36 课时，开课学期为第五学期至第六学期，或第六学期至第七学期；部分院校开设 3 学期课程，每学期 32～36 课时，开课学期为第五学期至第七学期。目前，国内暂无通行的泰语口译类教材，课程内容由各高校授课教师自行选择与安排。

教师、学生和教材是教学活动中最重要的三要素。综合教学三要素，我国泰语口译教学现存在的问题主要体现在：授课教师口译实战经历少，教师水平参差不齐，甚至有些教师自身未必具备口译实战经历；教师教学方法单一，教学过程静态、固定，不符合口译活动的实际特点，无法训练学生各方面口译能力，未能将口译课与笔译课完全区分。学生方面，学生知识面广度不够，难以在教学中完成心理素质与抗压能力的培养，在课程学习中更多接受的是翻译能力培养，缺少口译技能及口译方法等综合能力训练。教材方面，国内泰语口译教学质量缺乏统一、科学的评估方式，没有统一的教学大纲和课程体系，缺乏专门的口译教材，或教学内容更新不及时，难以对接市场需求。针对以上问题，本

文将从教学内容、教学过程、教学方法及师资力量等方面探索建构科学的泰语口译教学模式。

二、新时代背景下泰语口译教学路径

口译的基本过程是输入、解译与输出（梅德明，2002)。王斌华（2007）将口译能力定义为“完成口译任务所需的内在的知识和技能体系”。具体来说，口译能力包括双语语言表达能力、知识能力及口译技能。针对以上能力的培养，结合新时代特点，笔者认为可构建泰语口译“动态教学”理念，在延续泰语口译教学传统理念的同时，保持教学动态更新与改革，确保泰语口译人才能够与时俱进，满足国家和社会对泰语口译人才的新要求与新标准。

（一）拓展教学内容，树立“动态教学”理念

口译理论与口译技能的学习与训练是口译教学中十分重要的内容。中泰政治、经贸、科技、文化、教育、旅游等领域的相关知识，也始终是口译课程教学中最根本的教学内容。随着时代发展、科技进步，面对大数据、互联网+、人工智能等时代新特点，为了服务国家“一带一路”建设，推动中华文化“走出去”，培养优秀非通用语翻译人才，泰语口译课程亟须拓展新兴领域，例如，工程口译、医疗口译、法庭口译、物流口译等中泰两国合作的热点领域的教学内容，帮助学生掌握新兴领域专业词汇，以便为新兴领域合作交流提供精准的语言服务。因此，泰语口译课程可构建“1+1+N（New)”教学内容，即口译理论与技巧+基础领域内容+新兴领域内容，其中，新兴领域内容应树立“动态教学”理念，做到动态变化，符合时代需求，同时，积极融入课程思政教育，并将其牢牢贯穿于口译课程教学的始终。由于课时有限，以上三部分教学内容的比例要合理科学，口译理论与技巧

可融入各领域内容中，基础领域内容应做到夯实熟练，使之成为学生今后完成口译任务的基本能力。新兴领域内容的教学设计应根据学生的实际水平，教师也可将该部分内容安排在课外培优训练中，因材施教，打造个性化与差异化人才培养模式。

（二）构建课程群联动，打造“四课一体”口译教学模式

泰语为外语非通用语种，学生进入大学之后才开始系统学习，本科四年需掌握泰语听、说、读、写、译各方面能力，学习时间、学习内容的深度、广度及难度相较于英语等通用语种差距较大，但社会对泰语口译人才的能力要求与其他外语专业人才则并无较大差别。这对我国泰语口译人才的培养提出了巨大挑战。

众所周知，口译能力的培养是难以在短时间内取得显著成效的。基于翻译能力发展的阶段性特征，针对“零起点”“学时短”“要求高”的泰语口译教学特点，笔者认为可采用与口译能力发展阶段相一致的递进式、配合型教学方法，构建泰语视听说、汉泰互译、泰语演讲艺术及泰语口译联动的“四课一体”课程群教学模式，使四门课程在目标指向、能力培养、教学方法等方面相互配合，共同发力，在完成各门课教学目标的同时，又聚焦泰语专业学生的口译能力，旨在培养基础夯实、能力突出的泰语口译人才，满足国家社会对高素质泰语口译人才的要求。

泰语视听说课程是泰语专业基础阶段十分重要的一门课程，其教学目标为训练与提升学生听说技能，让学生在精读课程中的语法知识得到运用与检验。教师在讲授“四课一体”教学模式下的视听说课程时，配合口译笔记原则与技巧，讲授听记笔记方法、汉泰笔记书记技巧等，让学生从低年级阶段逐步形成具有自身特点的笔记方式，这对口译笔记技巧训练板块的学习具有重要的铺垫与辅助作用。现阶段线上会议、线上推介等活动日趋常态

化，口译工作大多由线下转入线上，远程口译成为译员工作常态，大大增加了译员工作的难度，对译员的听力能力提出了更高的要求。为更好适应线上口译信息的接受、线上口译软件的操作与使用、线上口译所需的临场应变等诸多问题，现阶段泰语口译人才培养也应加大对学生听力能力的培养，为其线上线下口译能力夯实基础。

汉泰互译课程（即汉泰笔译课，也称为泰语翻译理论与实践）一般开设在第五至七学期，主要教授翻译理论、翻译方法与技巧、语篇翻译实践等。准确的口译信息的输出离不开高水平笔译能力基础。因此，笔译课程与口译课程在教学中的协作、联动与一致性显得尤为重要。笔者认为口笔译课程可尝试在口译能力初级阶段“一课两学”的教学方法，笔译课上教师可讲授翻译的方法与技巧、长句的处理，学生深刻理解文本内涵，钻研翻译方法，在笔译训练中不断提升自身翻译能力，课后拓展该领域分类词汇等；口译课前教师布置学生拓展该内容相关背景知识，课上教师重点训练学生笔记技巧、语篇交传能力等。“一课两学”口笔译课程联动学习模式，通过两种不同课型组织不同技能的学习模式，解决泰语口译课程难度大、学生畏难情绪高的问题，减少学生对于口译难的心理焦虑，树立学生口译学习信心。

泰语演讲艺术是高年级专业发展课程，旨在将学生口语能力提升至更高层次水平，该课程可提高学生的口头演说能力与公众演说技巧。“四课一体”教学模式下的泰语演讲艺术可重点训练学生模拟多场景演说的能力与技巧，训练并提升学生的口译综合素质，培养学生缜密的逻辑思维能力，积累多场景演说经验与解决突发状况能力，提升学生“口译软实力”。

“动态教学”“一课两学”“软实力”培养是“四课一体”教学范式的核心理念。绝大多数院校泰语口译课程多为32学时或64学时，口译能力培养不可能速成，构建“四课一体”教学范式，传统口译课程将从 32 学时延伸到 256 学时的“四课一体”口译教学模式，视听说类课程 4 学期，共计 128 学时；汉泰互译类课程 3 学期，共计 96 学时；演讲艺术类课程 1 学期，共计 32 学时；总计 256 学时。课时数增加为原来的 8 倍，大大增加了口译课的课时数量，解决了口译课课时少、学时短的问题。同时，延伸了口译内容学习的时长，让学生从低年级阶段便接受口译能力培养，系统化学习口译知识，各阶段能力培养目标明确，重点突出，实现科学化、系统化、精准化的泰语口译人才培养。

（三）探索“新技术＋行业译员”的线上线下教学方法

长期以来我们习惯性地认为，口译课程的效果十分依赖教师的现场示范、学生的大量实操，以及教师对学生课堂表现的及时点评和点拨。所以，师生物理空间的同时在场非常重要（任文，2020）。自 2020 年以来，高校教师与学生已经对线上教学有了很好的适应与接受。线上教学让我们得以重新审视口译教师与学生原有的“身份认同”和可能的角色转换。作为“数字原住民”的新生代学生虽然能够轻易地适应在线教学方式，但依然向往线下教学师生共享的“理论空间、知识视野、集体欢腾”（李兴国，2020）；作为“数字移民”的教师虽然坚信面对面教育的不可替代性，强调实体课堂神圣感和仪式感的重要性，但其实也可以很快接受新观念、拥抱新技术（任文，2020）。因此，后疫情时代线上线下混合式口译教学模式值得我们深入探索。

1. 打造沉浸式多场景口译课程

静态、封闭、缺乏场景性是口译教学活动的常见问题，不符合口译活动即时性、现场性特点。传统口译教学一般多安排学生在多媒体教室或口译实验室教学，笔者认为在“互联网＋”、人工智能等新技术广泛运用于社会生活的今天，可利用现代化技术与设备打造沉浸式多情景口译课程，突出语境在口译教学中的重要性，打破传统口译教学“讲授—练习—点评”的教学模式。具体可利用口译实验室营造国际会议场景，利用 VR 技术营造新闻发布会等各类公众演说、产品推介、商品展销会等场景，利用 VR 虚拟场景的个性化定制，让学生感受较为真实的口译现场环境，让学生具有参与感、画面感与实战感。教师根据教学内容的不同营造最贴近教学内容的虚拟场景，并设计各场景易出现的常见问题，既增加了口译课程的趣味性，也让学生在实训中通过多场景历练，具备处理口译活动现场突发情况的实际能力，培养学生应变与应急处理能力，提升学生口译能力与口译活动综合能力。

2. 引入行业译员打造一流线上课程

口译师资是我国泰语口译教学的短板之一。首先，我国泰语口译教学起步较晚，绝大多数院校在 2005 年以后才逐步开设泰语口译课程，导致目前高校泰语专业教师中，部分中青年教师在求学阶段本身就未经历过泰语口译能力系统学习与训练，缺乏实际经历与理论素养。其次，在中国-东盟自贸区全面建成之前，由于我国泰语人才培养数量少，人才质量有待提高，中泰两国各领域交流合作多以英语为中介语言，部分活动才直接使用泰语交流，这导致泰语学生口译实习实践机会极少，泰语口译员素质仍有极大提升空间。近年来，随着中国-东盟自贸区合作愈发成熟，中国同包括泰国在内的 15 个亚太国家正式签署了《区域全面经济伙伴关系协定》，中泰两国各领域活动频繁，有越来越多的高水平泰语口译员出现。鉴于此，笔者认为引入行业译员与校内教师共同打造一流线上口译课程时机成熟。高校可利用行业译员丰富的口译经验、实战素材、专业素养等，提升本门课程的教学效果。通过打造线上课程的方式，解决行业译员不能随时到校授课、学生不便随时体验真实口译实战的困难，借助现有网络平台，建立口译语料库，并及时更新语料库资源，制作极其贴近真实环境的口译练习音频视频，录制讲解口译实操各项知识等，打造以行业译员为主、校内专业教师为辅的一流线上课程，大跨步地提升高校泰语口译课程的教学质量，提升泰语专业学生口译能力。

三、结语

泰语口译人才的培养不能简单地复制英语等其他语种口译人才培养模式。高素质泰语口译人才的培养路径需要尊重“零基础”泰语教学的客观规律。在学生大量口译实践案例中，教师们深刻认识到学生口译能力的培养与提升，不能仅仅依靠口译课程“单打独斗”，不能只停留在传统口译领域，而应不断更新口译教学内容，拓展口译内容领域，构建口译教学课程群，打造线上线下双轨式教学模式。坚持以“动态教学”为指导理念，在“不变与改变”“传统与创新”中，保证高素质高水平泰语口译人才的持续培养与输出，为国家和社会在国际国内各领域汉泰口译活动提供有力的人才保障与智力支撑。

参考文献

任文. 疫情和后疫情时代的口译教学：基于教师视角的案例分析与反思［J］. 中国翻译，2020（6）：69－74.

邬大光，李文. 我国高校大规模线上教学的阶段性特征——基于对学生、教师、教务人员问卷调查的实证研究［J］. 华东师范大学学报，2020（7）：12.

张爱玲，丁宁. 抗疫背景下的远程专业口译教学［J］. 中国翻译. 2021（1）：81－88.

作者简介

张倩霞，女，1985 年生，副教授。主要研究方向：汉泰互译。

外语类院校通识教育评价体系的构建与探索*

张　庆　赵秀芬

（四川外国语大学教务处 重庆 400031）

摘　要：当前，通识教育理念在我国得到了普遍的认同，外语类院校也纷纷行动，不断强化通识教育的实践与发展。但从推行效果来看，通识教育还存在一些不足。本文通过回答“为何评”“评什么”“谁来评”“怎样评”等问题，厘清通识教育的评价目的、评价内容、评价主体和评价路径，以此提升通识教育质量，促进通识教育的未来发展。

关键词：外语类院校　通识教育　评价体系

习近平总书记在给清华大学的贺信中指出：“教育决定着人类的今天，也决定着人类的未来。人类社会需要通过教育不断培养社会需要的人才，需要通过教育来传授已知、更新旧知、开掘新知、探索未知，从而使人们能够更好认识世界和改造世界、更好地创造人类的美好未来。”② 通识教育作为一种人文素养教育，

* 本文系重庆市2021年高等教育教学改革研究重点项目“四川外国语大学通识教育教学质量评价体系研究”（212078）和四川外国语大学2021年教改立项重点项目“四川外国语大学通识教育教学质量评价体系研究”（JY2146103）阶段性成果。

② 中共中央文献研究室：《习近平关于社会主义社会建设论述摘编》，北京：中央文献出版社，2017年，第47页。

不仅可以弥补专业教育带来的知识碎片化、零散化问题，达到开阔眼界的目的，还可以向把公民塑造成“有教养的和完整的人”迈出重要一步。[①]

最近十年以来，外语类院校纷纷行动，不断强化通识教育的实践与发展。但从推行效果来看，通识教育在诸如课程设计、课堂效果、教学质量等方面还存在一些问题，通识教育评价体系不完善。

一、通识教育与通识教育评价

（一）关于通识教育

作为一种教育理念和人才培养模式，通识教育起源于欧洲，与古希腊时期的“自由教育”和“博雅教育”有着紧密联系。现代通识教育体系形成于美国。19 世纪末美国出现大学改革浪潮，多所大学展开关于通识教育的大讨论，并于 20 世纪 30 年代末 40 年代初最终形成本科通识教育体系。[②]

通识教育以“全人教育”为中心，旨在弘扬人性与完善人格，通过引导学生思考人生目的和价值，帮助学生树立正确的世界观、人生观与价值观，从而有助于克服高等教育中的功利主义、人文精神缺失、重专业轻人文等问题。

（二）关于通识教育评价

《中华人民共和国国民经济和社会发展第十四个五年规划和

① 甫玉龙、于颖、申福广：《大学通识教育比较研究》，北京：光明日报出版社，2019 年，第 15 页。

② 杨红琳、李严成：《我国高校通识教育评价体系的构建》，载《通识教育研究》，2020 年第 1 期，第 44—53 页。

2035年远景目标纲要》指出：深化新时代教育评价改革，建立健全教育评价制度和机制，发展素质教育，更加注重学生爱国情怀、创新精神和健康人格培养。[①]

通识教育评价作为通识教育的核心组成部分，具有对前和对后的双向功能：既对上一阶段教学实践做出终结性评价，也为下一阶段教学设计的开发、调整、实施提供依据。因此构建一个科学、完善的评价体系既有助于解决这些问题，又对促进高校通识教育的长期发展有着深远的意义。[②] 通识教育评价受到评价目的、评价内容、评价主体和评价路径的牵制，有效回答“为何评”“评什么”“谁来评”“怎样评”等问题，对于提升通识教育质量，促进通识教育未来发展具有重大意义。

二、外语类院校通识教育的现状与问题

外语类院校的通识教育理念和目标与其他高校具有一致性，旨在夯实基础，拓宽口径，加强学科精神和人文精神的贯通和融合，开阔学生视野，培养学生的批判性思维，激发学生勇于探究、勤于反思的学习意识，培养适应新时代要求的复合型、创新性和国际化人才。

相较于综合性大学，外语类院校的专业设置较为单一，大部分为语言类专业。为了促进人才培养由重视外语的工具性、技能性和应用性向强化学生的人文性、通识性与创新性转型，大多数外语类院校的通识教育既强调与语言相关的人文类课程，以满足

① 《中华人民共和国国民经济和社会发展第十四个五年规划和2035年远景目标纲要》，中国政府网，http://www.gov.cn/xinwen/2021-03/13/content_5592681.htm?Pc。

② 杨红琳、李严成：《我国高校通识教育评价体系的构建》，载《通识教育研究》，2020年第1期，第44—53页。

学生自身专业发展需要，同时增设一定的理科类和技术类课程，从课程内容的广度和深度上努力满足全人培养的需要。2006 年 9 月，上海外国语大学修订人才培养方案，启动通识教育改革。2007 年 6 月北京外国语大学全面调整了通识课程结构，将全校的公共选修课正式更名为“全校通识教育选修课”。2009 年，广东外语外贸大学根据更新的培养目标对课程体系进行系统设计和整体规划。其他外语类院校如四川外国语大学、西安外国语大学、天津外国语大学、大连外国语大学等也都先后开设了通识课程，加强了外语课程自身的通识教育功能，通识教育改革在外语类院校中全面铺开。①

受限于专业特色和办学资源，外语类院校通识教育评价体系仍不完善，具体表现在以下几个方面：

第一，评价体系目标不够清晰。评价体系目标的清晰度与通识教育本身追求的目标息息相关。部分外语类院校的通识教育教学质量评价忽略了“立德树人”的核心，没有把将学生培养成一个全面发展的人作为主要目标，只是简单地将课程质量与教师所授课程的受欢迎程度画等号。

第二，评价内容不够全面。由于评价目标不明确、不具体，部分外语类院校对于通识教育教学质量评价到底要评价哪些内容尚不能清楚掌握，把通识教育课程教师的教学态度是否端正、思路是否清晰、讲授是否清楚、学生课堂纪律好坏等作为衡量通识教育课程教学质量的主要指标，忽略了对课程教学目标、教学内容、教学形式以及教学效果等方面的评价内容。

第三，师生未能积极参与评价工作。目前，我国外语类院校大多依托教学管理部门对通识教育教学质量进行评价，开展学生

---

① 王鲁南、龙洋：《外语院校人文精神复归与通识教育的使命》，载《外国语文》，2013 年第 4 期，第 130－133 页。

评教、督导听课、问卷调查以及通识课程的立项等一系列活动，教师与学生参与不足。教师大多是通识教育评价的局外人和旁观者，通常被视为被动的评价对象，很少有作为评价主体参与评价的机会。而学生在评价活动中也仅仅做了一些对于通识课程看法的问卷调查。

第四，评价方法较为单一。外语类院校开展通识教育质量评价的方法不尽相同，有的以学生课程评估为主，老教授调研组以及校领导、院系领导听课为辅；有的以学生网上评价为主，教师自评及专家督导团听课为辅；还有的是以学生评教以及教务部组织通识课程立项、检查及验收为主，督导团评教为辅。虽然各校的评价方式各有所长，但基本上都以问卷调查法为评估手段，比较单一。①

三、外语类院校通识教育评价体系的构建

基于外语类院校通识教育评价体系现存的问题，本文试图从评价目的、评价内容、评价主体、评价方法提出应对之策。

（一）以通识教育目标为切入点设置评价目的

通识教育评价旨在通过系统科学的方法审视通识教育本身的目标是否达成。根据哈佛通识教育的实践，通识教育的目标在于培养学生的四大能力，即思考能力、沟通能力、判断能力以及对价值的认知能力，培养学生成为对社会负责的人和合格公民。②

通识教育实践固然离不开知识的传授，但获取知识绝不是唯

① 冯惠敏、黄明东、左甜：《大学通识教育教学质量评价体系及指标设计》，载《教育研究》，2012年第11期，第61－67页。

② 哈佛委员会：《哈佛通识教育红皮书》，李曼丽译，北京：北京大学出版社，2010年，第2页。

一目的，它要求知识传授者以知识为载体，启发学生树立价值观，学会思考的方法，培养人文素养和科学精神，成为现代社会的文明人。[①] 质言之，通识教育旨在为学生提供掌握均衡知识体系的平台，赋予学生追求真理的精神，激发学生开拓进取的能力，从而成长为同时具备人文素养和科学素养的人。

具体说来，外语类院校通识教育的评价主体包括学生、教师和学校等，各主体通过通识教育评价实现不同的目的。学生评价的目的更多的是给自己学习效果进行定位，希望通过评价体系来检测自己经过学习，是否掌握相关人文科学、社会科学和自然科学基本知识，是否能够成为通识型人才；教师评价的目的更多在于教学效果的实现，希望通过评价体系来检测学生是否达到各学科知识的均衡吸收，根据评价结果及时调整教学模式与手段，不断完善教学；学校评价的目的侧重于以评促教，希望通过评价体系来检测通识教育课程实施的效果，提升教师教学水平，提高通识教育课程教学质量，为政策制定提供有效的信息，促进通识教育实现更好的发展。虽然各评价主体希望达成的评价目标确有差异，但都是围绕通识教育的主要目标展开。因此，构建科学完善的通识教育评价体系，首先要准确理解通识教育的目的，各评价主体依据不同的角色定位制定相应的评价标准和教育评价内容，选择相应的教育评价方法对教学过程及结果进行判断，解决现有问题，规划下阶段的发展方向。[②]

（二）以通识课程体系为基础明确评价内容

通识教育评价内容应该以通识教育课程体系为基础，包括通

① 苏芃、李曼丽：《基于 OBE 理念，构建通识教育课程教学与评估体系——以清华大学为例》，载《高等工程教育研究》，2018 年第 2 期，第 129－135 页。

② 杨红琳、李严成：《我国高校通识教育评价体系的构建》，载《通识教育研究》，2020 年第 1 期，第 44－53 页。

识教育的教学目标、教学内容、教育方法、教学效果等。[①]

外语类院校构建科学完善的通识教学课程体系需要同时兼顾以下四方面内容：第一，课程必须以通识教育精神为引领，体现通识教育的特性；第二，必须加强通识教育必修课程和核心课程建设，奠定学生通识教育基础；第三，适当开设中外文经典阅读课程，重视培养外语类院校学生的人文精神；第四，适当开设专业基础课程，基于外语类院校特性做到通识课程和专业课程协调发展。[②] 外语类院校通识课程体系一般包括通识必修课程和通识选修课程两大类别。通识必修课程有教育部和学校所在省教育厅/市教委规定的必修课程，包括思想政治理论教育类课程、大学语文、计算机、体育、心理健康教育、就业指导等；通识选修课程由学校自主开设，可划分为“人文艺术”“社会科学”“自然科学”三个板块，学生须从三个板块中各选择一定数量的课程进行学习。针对每一类通识教育课程的不同特点，均需要在具体实施过程中制定相应的教学目标，拟定相应的教学内容，选择可行的教学方法，这些构成了通识教育的评价内容。

（三）以参与通识课程的师生构建评价主体

1. 教师作为通识教育的评价主体

在当前的外语类院校通识教育评价体系中，教师更多被视为专家和上级的评价对象，这容易消弭教师的主观能动性，不利于通识教育理念在外语类院校课程教学中的推广。外语类院校教师作为教学的主体，直接参与课程大纲的制定、教学计划的设计、教学活动的开展，能第一时间感知通识教育目标的落实情况。例

---

① 冯惠敏、黄明东、左甜：《大学通识教育教学质量评价体系及指标设计》，载《教育研究》，2012 年第 11 期，第 61—67 页。

② 李本义：《通识教育导论》，武汉：长江出版社，2017 年，第 26 页。

如，师生在通识课程中遇到的问题，哪些是可以克服的，哪些是不能克服而必须改进的，以及通识课程评价体系存在的弊端等。教师自身具有的这些优势，正是其成为通识教育评价主体的重要缘由。[①]

2. 学生作为通识教育评价的主体

在当前的通识教育教学评价体系中，针对学生多采取调查问卷的方式来检测通识教育的实施成效。这种评价方式的局限性在于很难掌握学生的全面信息，部分学生在评价过程中态度消极，不认真对待评价体系的分项指标，导致评价的信度不高。为此，要反复告知学生评价的重要性，鼓励他们尽量按照实际情况进行评价。例如，学生可从对教师的授课情况和自己的学习情况两方面进行评价，从而得出较为客观的评价结果。教师的授课情况包括教学态度、教学理念、教学内容、教学方法和教学效果等方面，学生的学习情况包括理论知识、思想方法和实践能力等方面。通过评价，学生可以学会自我反思、自我认识、自我发展，提高发现问题、分析问题、解决问题的能力。

（四）以传统和现代的视野打造多元化评价方法

目前，外语类院校采用的评价方法较单一，多采用考试测验类型的方法评价学生对知识点的掌握程度，采用观察法评价学生的品德行为，采用对话方法评价学生的交往表达能力。[②] 这些评价方法可以较直观地评价出通识教育某一方面的实施效果，但无法有效评价出整体成效。

---

① 张瑞、刘志军：《教师不可或缺的课程评价主体》，载《课程教材教法》，2008 年第 8 期，第 11—16 页。

② 冯惠敏、黄明东、左甜：《大学通识教育教学质量评价体系及指标设计》，载《教育研究》，2012 年第 11 期，第 61—67 页。

外语类院校的通识教育评价须与时俱进，既采用传统的观察法、访谈法、问卷法等，检测通识教育评价的科学性和有效性；也尝试如今备受关注的表现性评价法。该评价法主要通过观察学生在完成实际任务时表现出来的思维和能力来评价通识教育的实施效果。开展表现性评价需要具备三大要素：设计表现性任务和完成任务的适当情境、全面准确及时地收集信息、制定详细的评价标准和评分细则。① 例如教师首先要根据评价内容、教学目标和学生的实际水平，制定出学生学习任务的详细清单，设计可操作的实践环节。在学生学习过程中，全景性观察，及时收集评价信息，按照完成度进行分项评价，让学生及时了解自身的优缺点，从而优化通识教育的教学实践。

四、结语

构建科学系统的通识教育评价体系，有助于解决外语类院校通识教育过程中目标不清、内容不详、主体不明和方法单一等问题。从通识教育本身的目标出发，以通识教育课程体系为基础，调动教师和学生参与评价的积极性，采取传统与现代相结合的多元评价路径构建通识教育评价体系，有利于外语类院校充分发挥评价体系的导向功能，克服在“通专融合”人才培养方面遇到的难题，不断深化外语类院校通识教育教学改革，提高人才培养整体质量，为我国社会主义建设事业持续输送综合素质高、实践能力强，同时具备人文素养和科学精神的创新型人才。

参考文献

陈小红．大学通识课程研究［D］．厦门：厦门大学，2005．

① 史晓燕：《教育测量和评价》，北京：北京师范大学出版社，2016 年，第 112 页。

冯惠敏，黄明东，左甜．大学通识教育教学质量评价体系及指标设计［J］．教育研究，2012（11）：61－67.

哈佛委员会．哈佛通识教育红皮书［M］．李曼丽，译．北京：北京大学出版社，2010.

李本义．通识教育导论［M］．武汉：长江出版社，2017.

甫玉龙，于颖，申福广．大学通识教育比较研究［M］．北京：光明日报出版社，2019.

史晓燕．教育测量和评价［M］．北京：北京师范大学出版社，2016.

苏芃，李曼丽．基于 OBE 理念，构建通识教育课程教学与评估体系——以清华大学为例［J］．高等工程教育研究，2018（2）：129－135.

王鲁南，龙洋．外语院校人文精神复归与通识教育的使命［J］．外国语文，2013（4）：130－133.

杨红琳，李严成．我国高校通识教育评价体系的构建［J］．通识教育研究，2020（1）：44－53.

张瑞，刘志军．教师：不可或缺的课程评价主体［J］．课程教材教法，2008（8）：11－16.

中共中央文献研究室．习近平关于社会主义社会建设论述摘编［M］．北京：中央文献出版社，2017.

作者简介

张庆，男，1979 年生，博士，教授。主要研究方向：拉美政治、中拉关系、金砖国家。

赵秀芬，女，1980 年生，硕士。主要研究方向：通识教育。

四川外国语大学全英及双语课程学生满意度调查报告*

张艳萍

（四川外国语大学国际法学与社会学院 重庆 400031）

摘　要：本文以四川外国语大学开设了双语课程和全英课程的院系学生为调查对象，从教学方式、教学内容与过程、教学氛围、教学效果、教师能力和整体满意度方面了解学生对这两类课程的评价。结果如下：（1）学生对两类课程的整体满意度较高，且学生对两类课程的满意度不存在显著差异；（2）两类课程满意度的性别差异不显著；（3）双语课程在总均分和各维度上的满意度呈现出明显的年级差异，大四学生满意度最高，大三满意度最低，全英课程满意度未表现出年级差异；（4）教材类型、教学语言、个人投入等因素在双语课程满意度上呈现出差异性，在全英课程上差异不显著。在此基础上，本文从调整教学目标、整合教学内容、改革教学手段等方面提出对策与建议。

关键词：满意度　双语课程　全英课程　学生视角

2001年教育部高教司提出，今后本科教育20％以上的课程必须进行双语教学。由此全国各大高校纷纷试行教学改革，推行

* 本文系四川外国语大学教学改革研究项目“外语院校非外语专业学生全英课程满意度及其提升策略研究”（JY1965239）的阶段性成果。

双语教学。随后，出于高等教育国际化以及培养国际化人才的需要，中国高校全英课程建设实践也逐步推行，成为高校教育改革不可阻挡的潮流。全英课程和双语课程对中国推进世界一流大学和一流学科建设都具有重要的作用和意义。目前对全英课程及双语课程的学术研究多集中于教学模式探索和影响因素分析，近几年，线上线下结合的英语授课模型也开始被提出和实践。但是，总的来说，从学生角度关注全英、双语教学有效性和满意度的较少。作为知识的接收方和运用方，学生对这两类课程的满意度是检验教育改革有效性的一个重要方面，值得更多关注。

一、本调查的概念界定

（一）全英课程

在本调查中，全英课程是指针对非外语专业学生采用全英教学的非英语类课程，其中全英教学是指所有的教学环节全部使用英语进行教学，包括讲授、板书、教学软件、实验报告、讨论、作业、案例分析、考试、答疑等，但对于教学过程中出现的疑难问题、重点术语、重要理论概念等，可辅之以汉语翻译或解释。①

（二）双语课程

2002年颁布的《普通高等学校本科教学工作水平评估方案》将双语教育列入《普通高等学校本科教学工作水平评估指标体系》，指标体系中提出“外语授课课时达到该课程课时的50%以上”。这类课程一般要求课件、板书用外语，课堂教授部分使用

① 朱文忠：《对商务英语专业全英教学模式的调查与分析》，载《国际经贸探索》，2005年第6期，第50—53页。

外语，部分使用汉语，对其他教学环节如讨论、作业、期末考试、答疑等没有硬性规定，但多数也是汉语和外语同时使用。

（三）课程满意度

高校课程满意度是指大学生以及大学毕业生对课程是否满足其需求和期望的情绪反映程度，主要包括对课程目标、课程体系与内容、课程实施、课程资源、课程评价等方面的评价。① 综合现有研究，本文主要从教学方式、教学内容与过程、教学氛围、教学效果、教师能力、总体评价等方面考察学生的课程满意度，将教材、课程设置等作为影响因素加以考察。

二、问卷设计与发放

（一）问卷编制

自编问卷“非外语专业学生对全英课程的满意度调查问卷”和“非外语专业学生对双语课程的满意度调问卷”。问卷均由三部分构成，第一部分为基本信息，包括调查对象的性别、年级、所在院系和最高英语水平等级；第二部分为课程现状，包括课程性质、选用教材、学生学习投入、教学语言、考核方式等；第三部分为课程满意度，包括教学方式、教学内容与过程、教学氛围、教学效果、教师能力、总体评价等。

（二）调查实施

该调查以四川外国语大学开设了全英或双语课程的院系学生为调查对象。根据学校 2019 年版人才培养大纲，学校开设了全

① 周海银：《普通高校课程建设的向度——基于山东省普通高校毕业生课程满意度的调查》，载《教育研究》，2015 年第 10 期，第 37—46 页。

英课程的院系共 3 个，包括国际关系学院（非外语专业）、新闻传播学院、教育学院；开设了双语课程的学院共计 5 个，分别是国际关系学院（非外语专业）、国际商学院、新闻传播学院、社会与法学院、教育学院。邀请讲授全英或双语课程的教师利用课间转发问卷星二维码给学生，学生在手机上完成。最终收回全英课程满意度调查有效问卷 36 份，双语课程满意度调查有效问卷 262 份。对收回的数据通过 SPSS 进行分析。

三、调查结果与分析

（一）调查对象基本信息

以开设了双语课程或全英课程的院系中非外语专业学生为调查对象，采用院系全覆盖、整群抽样的方式开展调查。共收回有效问卷 298 份，其中双语课程满意度调查问卷共计 262 份，全英课程满意度调查有效问卷共计 36 份。

双语课程满意度的被调查对象中女生 228 名，男生 34 名。受调查者以大二、大三学生为主，近八成学生的英语水平在四级以上，54.6％的学生取得公共英语四级证书，22.1％的学生取得了公共英语六级证书。全英课程满意度的被调查对象中女生 24 名，男生 12 名。受调查者几乎都是大二、大三学生，其中取得公共英语四级证书的人占 36.1％，六级证书获得者占 19.4％。调查对象院系及年级分布详细情况见表 1 和表 2。

表 1　双语课程满意度调查对象基本信息表

学院名称		国际关系学院（非外语专业）	国际商学院	新闻传播学院	社会与法学院	教育学院	总计	占比（%）
年级	大一	0	1	0	0	0	1	0.4
	大二	43	25	0	1	31	100	38.2
	大三	20	21	29	58	25	153	58.4
	大四	1	6	0	0	1	8	3.1
性别	男	4	4	2	14	10	34	13.0
	女	60	49	27	45	47	228	87.0
英语水平	未过级	22	5	4	8	15	54	20.6
	公共四级	28	36	16	34	29	143	54.6
	公共六级	14	10	9	16	9	58	22.1
	六级以上	0	2	0	1	4	7	2.7
总计		64	53	29	59	57	262	

表 2　全英课程满意度调查对象基本信息表

学院名称		国际关系学院（非外语专业）	新闻传播学院	教育学院	总计	占比（%）
年级	大一	1	0	0	1	2.8
	大二	13	0	0	13	36.1
	大三	10	5	7	22	61.1
	大四	0	0	0	0	0
性别	男	8	4	0	12	33.3
	女	16	1	7	24	66.7

续表2

学院名称		国际关系学院（非外语专业）	新闻传播学院	教育学院	总计	占比（%）
英语水平	未过级	5	0	6	11	30.6
	公共四级	9	3	1	13	36.1
	公共六级	7	0	0	7	19.4
	六级以上	3	2	0	5	13.9
总计		24	5	7	36	

（二）课程的满意度调查结果

1. 总体满意度情况

本调查采用五级评分，了解学生对两类课程的总体评价。总体上学生对这两类的课程满意度较高。其中，对双语课程的总体评价中，选择“比较满意”和“非常满意”者总计高达 64.1%；全英课程这两个选项占比为 69.5%，选择“非常满意”的学生达 27.8%。也要看到，无论是双语课程还是全英课程，均有 15%左右的学生表示不满意。详情见图 1、图 2。

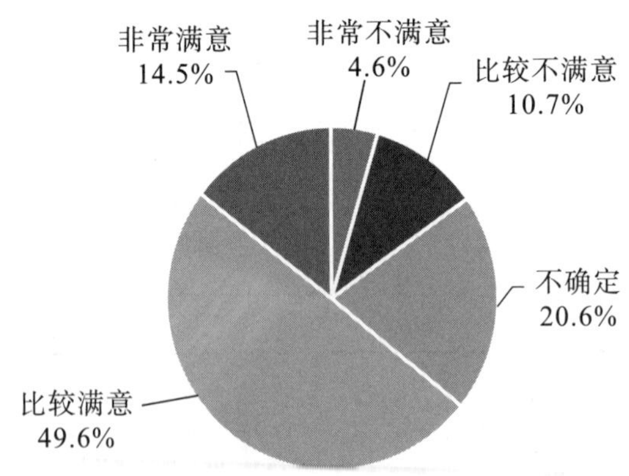

图 1　学生对双语课程的总体满意度情况

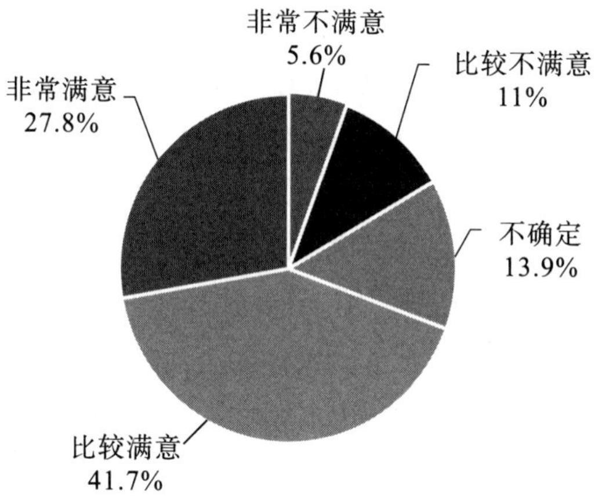

图 2　学生对全英课程的总体满意度情况

2. 在各维度上的满意度情况

为五级评分赋值，“非常不满意”记 1 分，“比较不满意”记 2 分，“不确定”记 3 分，“比较满意”记 4 分，“非常满意”记 5 分，计算平均分，统计问卷各维度得分。结果发现，两类课程在各维度上的得分均超过 3.0 这一理论中值，表明满意度比较高。满意度由高到低排列，分别是“教师能力”“教学方式”“教学内容与过程”“教学效果”“教学氛围”，即学生最满意的是教师能力，相对满意度最低的是教学氛围。详见表 3。

表 3　各维度上的满意度统计

维度	双语课程得分	全英课程得分
教师能力	4.1	4.2
教学方式	3.7	3.8
教学内容与过程	3.6	3.6
教学效果	3.6	3.6
教学氛围	3.3	3.4

3. 学生对两类课程的满意度差异分析

对五级评分赋值，分别计算学生对双语课程和全英课程的总得分均值，以及在各维度的得分均值。随后进行方差分析，以检验其差异性。结果发现，虽然无论是问卷总得分还是在各维度上，学生对全英课程的满意度得分均略高于双语课程，但对二者进行差异性检验发现，P 值大于 0.05，说明学生对这两类课程的满意度不存在显著差异。详见表 4。

表 4　学生对双语课程和全英课程满意度的差异性检验

	F 值	P 值
总得分	0.008	0.929
教师能力	0.285	0.594
教学方式	1.983	0.160
教学内容与过程	0.649	0.421
教学效果	0.426	0.515
教学氛围	0.015	0.904

（三）课程满意度的影响因素分析

1. 性别对课程满意度的影响

对两类课程满意度的各维度均分及总分均分进行性别差异性检验，结果显示，双语课程在总分和各维度上均不存在显著的性别差异；全英课程只有在教学效果上存在性别差异，女性评分显著高于男生，但在其他维度上均未呈现出显著差异性。详见表 5 和表 6。

表 5　双语课程满意度的性别差异性检验

	男（n=34）	女（n=228）	P 值
总得分	77.38	76.96	0.337
教学方式	18.41	18.45	0.270
教师能力	12.21	12.47	0.503
教学内容与过程	14.41	14.45	0.190
教学效果	21.94	21.61	0.403
教学氛围	10.41	9.99	0.309

表 6　全英课程满意度的性别差异性检验

	男（n=12）	女（n=24）	P 值
总得分	74.11	79.00	0.192
教学方式	18.22	18.93	0.932
教师能力	12.78	12.52	0.330
教学内容与过程	13.00	14.81	0.215
教学效果	20.11	22.33	0.024*
教学氛围	10.00	10.41	0.223

注：* 表示 P 值<0.05。

2. 年级对课程满意度的影响

通过比较分析发现，在总得分和各维度得分上，全英课程满意度均不存在年级差异。

采取同样的统计方式发现，双语课程无论是在总得分还是各维度上都存在非常显著的年级差异，具体见表 7。其中，在总得分上，大四学生的学生评分显著高于其他年级，其次为大二、大一，大三评分显著低于其他年级。在教学方式、教学内容与过程、教学氛围、教学效果等四个维度的评分均为大四显著高于其他年级，大三相对低于其他年级；在教师能力维度评分上，大二评分显著高于其他年级，评分最低的为大三学生。总体上，大三学生的满意度最低，大四学生的满意度最高。详见图 3。

表 7　学生所在年级对双语课程满意度的影响

	F值	P值
总得分	11.578	0.000***
教学方式	7.706	0.000***
教学内容与过程	5.491	0.001***
教学氛围	17.356	0.000***
教学效果	9.078	0.000***
教师能力	7.149	0.000***

注：*** 表示 P 值<0.01。

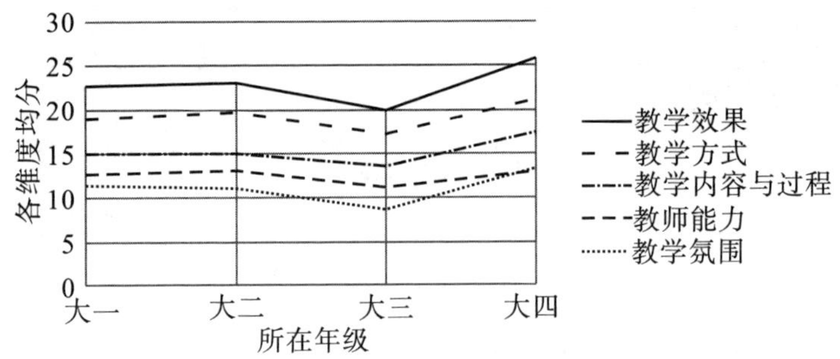

图 3　双语课程满意度的年级差异

3. 其他因素对课程满意度的影响

比较分析教材类型、教学语言类型、个人投入时间等三个方面因素对两类课程满意度的影响。结果发现，全英课程满意度在这些因素上均未呈现出差异性。但是双语课程满意度在这些因素上均表现出一定的差异，呈现出与这些因素的相关性。

在教材类型上，分为英文教材、中英混合教材、中文教材三类。差异性检验发现，首先，使用混合教材的满意度显著高于使用英文教材和中文教材的满意度，使用中文教材满意度最低；其次，教学语言在总分和各维度上的差异性非常显著，学生对“大部分使用英语”的双语授课满意度平均得分最高，对于“大部分使用中文”的授课评分最低；最后，个人投入时间不同，对双语课程满意度也有显著差异，其中每周投入 7～10 小时的学生对双语课程的满意度最高，每周投入 1 小时的学生满意度最低。详见表 8。

表 8　其他因素对双语课程满意度的影响

维度	教材类型	教学语言	个人投入时长
总得分	0.006***	0.000***	0.000***
教学方式	0.000***	0.002***	0.000***
教学内容与过程	0.132	0.000***	0.008***
教学氛围	0.240	0.000***	0.000***
教学效果	0.980	0.000***	0.001***
教师能力	0.005***	0.000***	0.000***

注：*** 表示 P 值<0.01。

四、结论

调查从学生视角了解他们对双语课程或全英课程的满意度，内容涉及教学方式、教学内容与过程、教学氛围、教学效果、教师能力等，整群抽样，院系全覆盖，但是全英课程受到样本数量影响，其结果有效性还有待进一步验证。在现有数据分析基础上，得出以下结论：

1. 学生对两类课程的整体满意度较高，但仍有部分学生表达出不满意。学生对双语课程表达出“比较满意”和“非常满意”的高达 64.1%；在对全英课程的总体评价中，这两个选项占比为 69.5%。但也要看到，15%左右的学生在评价时选择了“比较不满意”和“非常不满意”。

2. 学生对两类课程的满意度情况不存在显著差异。双语课程和全英课程在总均分、各维度均分上都未呈现显著性差异。

3. 两类课程满意度的性别差异不显著。分析发现，性别差异性仅表现在全英课程的“教学效果”维度，女性评分显著高于男性；在两类课程的总均分和其他维度上均未呈现差异性。

4. 双语课程在总均分和各维度上的满意度呈现出明显的年级差异。其中大四满意度最高，大三满意度最低。

5. 教材类型、教学语言、个人投入等因素在双语课程满意度上呈现出差异性，在全英课程上差异不显著。学生对“混合教材”“大部分使用英语”的双语课程评分最高，而对“中文教材”“大部分使用汉语”授课的评分最低；学生个人投入时间为“每周 7～10 小时”时满意度最高。

五、对策与建议

（一）调整传统教学目标，整合教学内容，培养学生“语言＋专业”双能力

调查发现，学生对“教师能力”满意度很高，对“教学氛围”满意度最低，并且对于双语课，学生更满意于选用混合教材和使用英语授课。可见，虽然现有研究均表明大学生对于双语课程或全英课程存在不理解、语言困难等问题，但是一旦课程确定开设，学生普遍能够接受，并且希望在保障传统授课中专业知识掌握的基础上还能提升自己的语言水平。对此，有学者认为，双重目标并不意味着“绝对平衡，而是要根据自己所承担的双语课

程的性质和任务以及学生的需求，合理确定两方面的目标”①。因此，教师在教学中需要结合学情对教材中的内容进行筛选、整合，改进教学方法，利用先进教学技术，营造开放包容的学习氛围，促进学生对知识的理解，并从多方面促进学生语言能力的提升。

（二）采用多样化教学手段，注重课后学习，提升不同层次学生的学习主动性

通过调查发现，学生的英语水平大多数集中在“未过级”和“公共四级”水平，这一方面跟大多数双语和全英课程开设在低年级段，学生还未来得及考级有关，另一方面也说明学生的英语水平普遍不高、良莠不齐。因此，更需要教师的教学手段多样化，既有大量有针对性的课堂互动式教学，满足高英语水平学生的学习需要，同时也需要有丰富可供选择的课后学习形式，使低英语水平的学生可以提前准备，以更自信的状态投入课堂，时下流行的“对分课堂”“翻转课堂”等形式的互联网教学手段都值得尝试。正如王敏娴所言，要充分利用信息技术的便利性和高效性，将单向填鸭式的课堂转变为具有高度交互性的课堂，让现代技术更好地服务于教育的根本任务——促进人的发展。② 尤其在此次调查中，与满意度显著性相关的一个因素是“个人投入时间”，课后能够花更多时间在课程学习上可以提升学习满意度，这就需要教师提供更多可供学生课后自主学习的资源和渠道。

---

① 张效珍：《CBI 教学理念指导下高校双语课程设计的策略》，载《广东外语外贸大学学报》，2010 年第 4 期，第 90－94＋106 页。

② 王敏娴：《SCAL 理念下旅游管理专业课程教学改革研究——基于住宿业管理（全英）课程改革实践》，载《旅游纵览》，2021 年第 22 期，第 72－74 页。

参考文献

段丹阳. 全英教学研究综述 [J]. 高等建筑教育，2017（4）：94-99.

冯敏. “蚕病学”全英课程教学设计的策略与探讨 [J]. 广东蚕业，2021，55（12）：16-17.

郭晶，周梦玥. 基于混合策略的高校金融学专业双语课程教学重构 [J]. 新课程研究，2022（3）：10-12+58.

李倩倩. “互联网+教育”背景下全英教学模式改革研究 [J]. 佳木斯职业学院学报，2020，36（2）：150-151.

林苡. 国内高校双语教学影响因素研究 [J]. 广东教育（职教版），2018（9）：8-11.

张宁. 探索 MOOC 平台教师对 EMI 课堂上语码转换的理解 [J]. 科教文汇，2020（14）：172-173.

作者简介

张艳萍，女，1979 年生，硕士研究生，讲师。主要研究方向：青少年心理，家庭治疗与家庭社会工作。

文科高校大学生创新创业教育生态环境建设初探

——基于四川外国语大学“互联网+”大学生创新创业大赛的调研

周　伟　徐　陶

（四川外国语大学教务处 重庆 400031）

摘　要：针对文科高校缺乏创新创业成长的生态环境，本文以2022年四川外国语大学“互联网+”大学生创新创业大赛调研为依据，从营造创新创业校园氛围、提高师生创新创业意识、培育创新创业重点项目、促进创新创业平台建设、完善学校孵化系统等方面探索建设学校创新创业生态环境，增强师生创新创业能力和实践应用能力。

关键词：创新创业　“互联网+”　生态环境

一、引言

在2015年国务院政府工作报告中，李克强总理指出：“打造大众创业、万众创新和增加公共产品、公共服务‘双引擎’，推动发展调速不减势、量增质更优，实现中国经济提质增效升级。”同年，国务院办公厅颁布了《关于深化高等学校创新创业教育改革的实施意见》（国办发〔2015〕36号），对全面深化高等学校创新创业教育改革做出战略部署。为深入贯彻落实此实施意见的精神，在教育部的牵头下，十余个国家部委联合举办了七届中国“互联网+”大学生创新创业大赛（以下简称“互联网+”大赛），成为深化高校创新创业改革的重要载体。2021 年，该赛事已经进行到第七届，共有来自 121 个国家和地区、4347 所院校的 228 万个项目、956 万人参赛，大赛旨在深化创新创业教育改革，引导高校积极服务国家战略和区域发展，切实提高大学生创新创业能力。

生态系统的概念于 1935 年由英国学者坦斯利提出，后由学者沃勒等人将其引入教育领域，经过多位学者专家论证、丰富，于 20 世纪 70 年代正式诞生了“教育生态学”理论，经过 40 年的发展，生态学理论广泛运用于教育领域，国内学界也高度关注此项理论创新。1993 年，摩尔创造性地将生态圈运用于技术创新领域，并提出了创新生态系统理论。2017 年，雅琳娜提出高校创业生态系统是企业家生态系统在高校创业环境中的应用，由大学生创客、技术专家、高水平的归国留学生回国创客、高管等组成的创业生态群落。对创新创业生态系统理论发展进行研究，可以发现高校创新创业教育不再简单地依托老师和学生的关系，而是逐渐形成了一个多角色协同发展的复杂生态系统。

二、在“互联网+”大赛校赛组织中发现的问题

通过对四川外国语大学 20 个学院在“互联网+”大学生创新创业大赛校赛组织的调查研究发现，全校约 15000 人，有 4696 名学生参赛，总共参与项目 625 项，校级重点培育项目 137 项，各学院都对“互联网+”大赛表现出极大的热情，也积极组织学生参与，但是在实际推进赛事的时候，却碰到不小的阻力。教师和学生对创新创业工作普遍存在认识不足，主动参与的积极性和预期有一定的差距。

（一）师资力量较弱

按教育部文件要求，当前高校创新创业导师数量基本上按照应届毕业生的 1∶500 进行。从这个配比来说，文科高校创新创业师资严重不足，生师比严重超标。通过调研了解，川外并无专门的创新创业师资，全部由专业老师和辅导员兼任，导致创新创业工作的投入时间并不充分，专业老师有心无力，辅导员老师参与度有限，大部分师生关于“互联网+”大赛一无所知，所以无从准备，缺乏必要的培训和指导，也没有可以参考的策划书模板。相较来说，部分国外的高校经验值得借鉴，例如美国百森商学院有 40 多名专职教师专门讲授创新创业课程，同时配有一定数量的创新创业助教。

（二）缺乏创新创业意识

老师把教学科研与创新意识相割裂，没有把创新理念贯彻到日常的工作当中，观念需要更新。老师在课堂上缺乏引导和理念渗透，导致学生认识不够、视野不宽，缺乏必要的创新创业意识和知识。通过调研发现，在“互联网+”大赛宣传初期，老师和学生普遍参与面小，对比赛认知有限，老师无法认同大赛的意义，学生也把大赛视为可有可无，并且在各类比赛层出不穷的情况下，根本无法分清主次，无法集中精力准备；另外，没有老师的带动作用，学生的自主性也就没有充分调动起来，即使在学校顶层大力造势之下，他们也只为了比赛而比赛，没有把比赛当成是一次认识创新创业和锻炼创新创业能力的机会。

（三）师生参与积极性不足

学校领导高度重视双创教育，也专门成立了实验教学管理科管理双创工作，但是师生投入双创教育的积极性并不高。通过调研发现，80%以上的师生认为搞好学习是大学里最重要的任务，将大学生双创教育看成是课外活动，认为没有必要一定参加；另外，学校及学院长效激励机制建设不足，师生缺乏参赛的动力，部分项目花费师生大量的时间和精力去准备，但由于实践经验不足或缺乏认识的深度，最终结果并不如人意，由于没有成就感和满足感带来的持续驱动，很多项目中途夭折。

（四）参赛项目质量较低

文科学校一般以文创类项目为主，科技发明类项目较少，同质化比较严重，要找到突破口比较困难，即使有迭代项目，但大部分换汤不换药，升级出现瓶颈。通过调研发现，学校初生项目难以和成熟项目相比，文科类项目难以落地，难以开展；项目迭代出现问题，难以为继，参赛过的项目不再继续参赛，浪费了很多宝贵的培育资源；还有的迭代项目尽管参加了几轮比赛，但是在原地停留，没有进行必要的培育；很多项目没有实质性内容，只简单处于创意阶段，没有进行必要的实践和准备工作。

三、问题原因分析

出现上述问题，主要有以下三个原因。

第一，总体上无论老师还是学生，长期受传统思想束缚，把双创和专业教学、学习相对立，认为双创不容于课堂，没有理顺双创与专业教学和学习的关系，没有意识到双创是检验学生学习成果的重要指标，是学生开展实践活动最重要的依托，双创意识存在于师生活动的方方面面，更加认识不到“互联网+”大赛是国家层面开展的最重要的双创活动之一，是双创意识凝结出成果的重要展现平台。

第二，双创教育教资队伍、课程设置等方面资源不理想。学校缺乏既有教学经验、又有创业实践经验的师资。专业教师关于双创教育的实践部分大多是纸上谈兵，谈不透彻。即使聘请企业家来校教学，但是企业家未必是合格的教育家。通过调研发现，有学生多反映学校请来的企业专家讲课抓不住重点、突破点，讲授内容杂乱无系统。其次，双创教育开课率普遍不足，课程体系并不严谨，学生出勤率较低，即使将双创教育课程纳入必修课体系，学生上课形式化严重，通过双创课程学到的知识并不能很好地用于实践。学校的双创教育课程体系设计不完善，存在课程形式单一、课程数量不足、课程细分不够等问题。在资源不足的条件下，参加“互联网+”大赛就变成了额外的负担，而不是通过课程自然形成项目进而进行培育。

第三，双创教育无教学水平和有效性全方位综合性评价标准及激励机制。学校开展了互评机制，但是由于师资力量本来就比较薄弱，双创教师数量较少，其他专业教师无法参与评价，评价结果并不能有效反映实际水平，无法通过评价机制来监督和促进教学成效；另外由于经费有限，学院层面无法对师生参与进行有效激励，很多双创活动也无法有效开展，因此在“互联网+”大赛的备赛就会受到很多限制。

四、建设创新创业教育生态环境

如何提升“互联网+”大赛中师生的参与度，使创新创业教育落到实处？事实证明，只要顶层设计合理，大部分师生都愿意积极参与比赛，但是由于很多老师和学生都是初次接触此类比赛，并不知道如何操作，需要花费额外的精力和时间去准备，故而要进行相应的培训指导，并出台长效激励机制。这需要重新反思与定位高校双创教育体系，在地化研究高校双创教育生态环境，合理安排教育教学活动，将创新创业教育真正融于学生学习的全过程。

（一）营造创新创业氛围

文科高校在开展创新创业教育时，要注重引发学生对创新创业的情感关注，提高学生对创新创业的认知水平，使“高、大、远”的创新创业目标转换为“真、实、近”的教学情境，以实践教学为导向，注重比赛创新创业性与学科专业性相结合、理论性与实践性相结合，优化课程设计，增强创新创业思想意识、能力培养的针对性和实效性；增强专业师资的社会化能力，定期对教师展开相关培训，弥补“学院派”教师在创新创业教育上的局限性，同时促进其向专业型教师转变，拓宽师资队伍渠道，引入校外导师、企业家等，优化师资结构，提升创新创业教育的实践能力，鼓励老师培养双创意识，并在教学科研中向学生施加潜移默化的影响；要发挥创新文化的育人功能，利用创新学科竞赛、创业项目挑战赛以及实践类专业赛事等载体，激发广大学生的创新热情，增强学生的创新意识与能力；加强创新创业宣传工作，营造创新创业的良好氛围，成立优秀项目团队宣讲团，介绍经验，并让这些项目作为经典案例，上传官网分享。

（二）建立激励机制

为激发学生和教师参与“互联网+”大学生创新创业比赛的积极性，可以进行必要的经费支持；加强创业扶持，在评优评先、毕业授予条件中加大对创新创业的倾斜力度；鼓励教师参与创新创业，给予奖金激励，并在教师专业技术职务评聘中予以考虑；扩大比赛奖项设置面，增加获奖项目和新奖项，单列萌芽项目，单列新手指导老师奖。

（三）建设项目来源多样性平台

鼓励学校利用实习实践基地、实验室、研究所等研发项目，进行产品开发和样品生产；鼓励老师通过在课堂上布置作业等方式发现和发展项目；鼓励对课程、专业、老师的课题、各类实践活动进行项目转化，鼓励语言类专业学会跨国、跨专业、跨领域结合；鼓励学校与国外高校建立密切的联系，从毕业生海外校友入手，积极说服和影响外国学生参与比赛，努力扩大孔子学院等海外机构在国外的影响力，组织外国学生参赛，对参赛外国学生、帮助外国学生参赛的中国学生进行一定的奖励。

（四）建立项目培育机制

定期遴选院级及校级培育项目，对培育项目配套经费和导师，并对项目进行追踪指导，建立短期和长期成果验收机制；建立导师库，对重点培育项目进行打磨，对项目的各个薄弱点进行专项专人指导，并积极推荐指导这些项目参加各种创新创业比赛；组织培育项目团队参加实践活动，把项目扎实落地，通过实践活动收集各种真实可靠的素材和数据作为项目的支撑和可持续发展的依据，并真切地锻炼学生的全方位能力。

（五）完善学校项目孵化体系

文科高校立足自身情况与社会发展现实，积极联系政府机构、企业、校友等合作方，为学生构建创业资源渠道，扩大创业孵化园规模，建设科技园、创客等创业基地，为有创业意向的大学生提供全过程、全方位支持，为学生从创新走向创业铺路架桥，推进学生双创实践有力落地。

从历届创新创业比赛的结果来看，文科高校难以和综合类大学及理工类大学相比，这也从侧面反映了文科高校在创新创业上的困境。从长远来看，要让创新创业理念真正深入人心，创新创业工作富有成效，在“互联网+”等创新创业大赛中取得硕果，必须重构创新创业教育体系，建设生生不息、良性循环的生态环境，逐渐改变师生传统观念和固有成见，培养出符合社会需要的创新型复合人才。

参考文献

丁刚，卢继超，陈超逸．构建“互联网＋”领域创新创业生态圈的研究［J］．信息技术与信息化，2017（3）：68．

韩燕霞．创新创业教育生态圈研究——以中国“互联网＋”大学生创新创业大赛为载体［J］．科技创新与生产力，2019（7）：87．

胡家保．创新驱动视域下构建高校创新创业教育生态圈［J］．教育评论，2018（3）：65－66．

罗玉龙．乡村振兴视域下地方高校创新创业教育生态圈构建研究［J］．湖南邮电职业技术学院学报，2021（9）：104．

李储学．应用技术型高校创新创业教育生态圈建设研究［J］．职业教育研究，2020（8）：58．

田贤鹏．教育生态理论视域下创新创业教育共同体构建［J］．教育发展研究，2016（7）：67．

徐维莉．高职院校创新创业教育生态圈构建路径研究［J］．中国职业技术教育，2020（1）：83．

杨士富，赵立敏，郭佳林．辽宁省创新创业生态圈发展驱动因素研究［J］．中国市场，2021（11）：32．

作者简介

周伟，男，1979 年生，硕士，讲师。主要研究方向：实验教学管理。

徐陶，女，1977 年生，硕士，实验师。主要研究方向：教育学、实验教学管理